D1695696

Franziska Hager · Hans Heyn   Das alte Dorf

Ein Band der Reihe
»Rosenheimer Raritäten«

Friedrich Johann Voltz
1817–1886, Hirtenbube (Bleistift)

Franziska Hager · Hans Heyn

Das alte Dorf

Vom Leben in der
guten alten Zeit

Weihnacht
1982

Rosenheimer

Zu diesem Buch

Das vorliegende Buch berichtet von den zurückliegenden Zeiten. Alles, was darin in der Gegenwart erzählt wird, gehört der Vergangenheit an. Der Radius des beschriebenen Bereiches ist scheinbar klein. Er reicht gerade von einem Donauzufluß zum anderen, von der Salzach bis zum Inn. In Wirklichkeit schließt er das ganze Sprachgebiet des altbairischen Stammes ein. Die Niederschrift ist eine aus persönlichem Erleben heraus geschriebene Volkskunde. Sie erzählt von den Verhaltensweisen der Menschen, die vor uns waren, von ihrem Alltag, ihrer Arbeit, vom Gemeinwesen und von der Siedlungsform, von Freundschaften und Feindschaften, von Nachbarn und Verwandtschaft. Die Berichte stammen aus einer Zeit, da im Dorf noch jeder jeden gekannt, wenn auch nicht immer gegrüßt hat.

Es ist kaum noch etwas bekannt, vertraut, was Franziska Hager festgehalten hat. Denn der Zeitraum einer Generation reicht in dieser raschlebigen Zeit, um eine Überlieferung in Vergessenheit geraten zu lassen. Mit den Errungenschaften und Veränderungen, welche die Technik nicht nur in das Dorf, sondern hinein bis in die Kammer und in den Stall getragen hat, ist vom Vater zum Sohn mehr altes Herkommen gestorben als vorher in Jahrhunderten. Hinzu kommt der Einbruch, der mit dem politischen Geschehen in der ersten Hälfte des Jahrhunderts erfolgt ist und eine Bevölkerungsumschichtung mit sich brachte, die auch auf dem letzten Dorf zu bemerken war. So gibt es keine Ortschaft mehr, von deren Bild nicht abzulesen wäre, daß ein Wandel erfolgt ist, der einer Umwälzung gleichkommt. Man muß kein Prophet sein, um zu sagen: Im Jahr Zweitausend wird es nur noch ein oberbayerisches Dorf geben, das sich zumindest nicht vergrößert hat, das nicht ausgeufert ist. Es wird Frauenchiemsee sein, die Insel, deren Wachstum der See die Grenzen gesetzt hat.

Mit dem Buch liegt der dritte Teil einer altbairischen Volkskunde vor. Der erste Band »Drudenhax und Allelujawasser« hat heidnisches und christliches Brauchtum zum Thema. Der zweite Band »Liab, leb und stirb« erzählt von Hochzeit, Geburt und Tod. Der dritte Band behandelt nun das alte Dorf. Alle drei Bände sind aus einer Quelle geschöpft. Es ist Franziska Hagers Chiemgauer Kulturgeschichte »Meine Erde«, die überarbeitet, 25 Jahre nach ihrer Niederschrift, damit erstmals aufliegt.

Im ersten Band habe ich Franziska Hagers volkskundliche Arbeit fortgesetzt und die Gegenwart mit einbezogen. Brauchtum, das in der zweiten Hälfte dieses Jahrhunderts noch feststellbar war oder sich neu gebildet hat – auch das gibt es –, ist darin erstmals aufgezeigt. In den beiden folgenden Bänden beschränkte sich meine Arbeit auf die zusammenfassende Herausgabe der Texte. Hinzugekommen sind einige neue Kapitel. Autoren- und Zeitangabe ermöglichen bei der Lektüre die Orientierung.

Die Niederschriften Franziska Hagers sind weitgehend aus persönlichem Erleben geschöpft. In ihnen ist Vergangenheit für die Zukunft festgehalten. Ohne die Arbeit dieser Frau wären wir an historischem Wissen ärmer. Es ist ihr Verdienst, Unwiederbringliches festgehalten zu haben.

Rosenheim, April 1977
Hans Heyn

Inhalt

Zu diesem Buch

Haus, Hof und Feld
Haus und Hof 11 · Singets, Pfetten und Hausnamen 12 ·
Die ausweichenden Geschwister 14 · Die Zehentner 16 ·
Die Pimperlhöfe 19 · Hauspatron und Hausspruch 19 · Die
March 26 · Der Hausbaum, der Blitze frißt 29 · Vom
Nutzen und Segen des Hollerbaums 30 · »Pluto, a Wassa
brauch ma« 36 · Das Herdfeuer 36 · Rauchheu für das Vieh
37 · A Liacht is a Hoagascht 39 · Liebeszeichen 43 · Der
Zunder 45 · Die Bauernstube 46 · Am Tisch 49 · Die
Haustafel 51 · Das geschirrte Zimmer 53 · Vom Hausbau
57 · Von den Brunnen 62 · Blumen und Blüten 63

Hausgartl und Obstanger
Das Hausgartl 69 · Die Hauswurz 71 · Das Wurzelzeug
73 · Die Brennat Liab 73 · Vom Obstanger 78 · Apostelbäume 80 · Von ländlicher Sparsamkeit 95 · Im Wirtshaus 98 ·
Die Sonne als Uhr 99 · Der Nachbar an der Hand 100 ·
Volksmund 104

Von Handwerk und Gewerbe
Die Störgeher 112 · Der kalte Schlag des Schmieds 114 ·
Der Nagelschmied 116 · Die Zimmermannslitanei 122 ·
»Eine Maß Bier, zwei oder drei« 129 · Das Schieferdeckergebet 134 · Der Hinterglasmaler 135 · Hafner und Hafenbinder 139 · Mit dem Winter kam der Weber 140 · Die
guten Zeiten der Zinngießer 146 · Ausgestorbene Berufe
146 · Von Holzknechten und Holzweibeln 147 · Holz-

knechtkirta 153 · Das Triften 157 · Der Schopper 163 · Der
Goldwäscher 165 · Inngold 168 · Verhaßte Saliter 170 · Die
Privilegien des Klosterbaders 173 · Die Troadfahrerei 174 ·
Die Schlittenmacher 176 · Der Schäffler, der ein Skimacher
war 177 · Auf der Kohlstatt 179 · Der Kalkbrenner 182 ·
Der Schindler 183 · Reifenschneider und Rohrschneider
184 · Der Ameisler 185 · Der Pechkratzer 187 · Zundersu-
cher und Zinnkrautsammler 189 · Kräuter-, Wurzin- und
Bleamlbrocker 190 · Die Kraxentrager 192 · Die Lemoni-
frau 195 · Bandlkramer und Guckkastenmann 198 · Der
Jahrlingshandler 199 · Das Kramerladl 205

Von der Straße

Die Samer 209 · Von der Straße 213 · Räuberlieder 216 ·
Reisesegen 223 · Stolze Fuhrleute 224 · Vom Botenwesen
229 · Der Hausl 233 · Der singende Nachtwachter 234 ·
Der Quartierer 238

Vereine, Feste und Spiele

Vom Schützenwesen 244 · Die Landfahnen 247 · Die
Gebirgsschützen 249 · Die Feuerwehr 255 · Die Liedertafel
260 · Ländliche Jubelfeier 261 · Primiz 264 · Der lateinische
Bauer 274 · Gmustert werde 276 · Von den Kraftspielen
288 · Das Ranggln 289 · Fingerhakeln 292 · Kegelspiel
296 · Das Karteln 299 · Dorffeindschaften 301 · Überliefer-
te Spitznamen 303 · Es geht um die Schneid 317

Haus,
Hof und Feld

Friedrich Johann Voltz, 1817–1886, Bäuerliches Idyll (Bleistift)

Und so gwürflat rundum
und so schö is dö Welt,
als wann's unsa Hergott
hätt' selba hingstellt.

Eingesenkt in ihren Rhythmus, wachsen aus der Erde die
chiemgauischen Herdstätten wie Bäume auf, die sich selbst
gesät haben.
Eine seltene Verbindung von Wald und Gebirg, Fluß und
See, Moor, Weiden und Ackerland hat den Siedlungen im
Chiemgau und Inntal Gesetz und Maß gegeben.
Es bauen sich Märkte auf und Städte. Zwischen ihnen liegen
Höfe, Weiler, Dörfer. Die bäuerlichen Siedlungen stehen
breit und geruhsam. Sie stehen am liebsten so, daß ein jeder
»in seinem Revier allein zwischen den Nachbarn guten
geraumen Platz gehabt, weil dem Teutschen natürliche Neigung zur Freiheit eingepflanzt, daß ein jeder mit seinem
Garten und Ackerbau von seinen Nachbarn absonderlich
frey und ungeirrt wohnen und wen jeden gelüstet, tun und
lassen könne.«
Dieser »natürlichen Neigung zur Freiheit« entspringt die
Vorliebe des Chiemgauers für die Einödsiedlungen, die in
solcher Vielzahl zu finden sind, daß das Pfarrgebiet Schnaitsee allein 149 bäuerliche Einöden und Weiler aufweist und
im Bereich des früheren Landkreises Wasserburg die meisten
Einödhöfe Deutschlands liegen. In dieser Struktur aber sind
die Ursachen zu suchen, warum sich hier so schwer landwirtschaftliche Genossenschaften bilden.
Die Landschaft auf und ab siedeln diese Einschichthöfe: von
ihrem Ackerland umfangen, liegen sie hoch oben auf Kup-
pen und Kegeln wie auf mächtig sich aufbuckelnden Urtie-
ren, thronen auf Moränenzügen, stehen in Einsamkeit gebet-
tet hinter lautlosen Wäldern, nur den Himmel über sich und
den Bogen ihrer Geschicke.

Nichts bedrängt diese einschichtigen Anwesen, und bläst der Wind den Rauch ihrer Feuerstatt, wohin auch immer er mag, rundum ist eigener Besitz.

Denn von allen Trieben und Leidenschaften des bäuerlichen Menschen ist nichts unbändiger als das Verlangen nach eigenem Grund und Boden. Selbst ein Teil dieser Erde, steht der Bauer in sicherem Selbstbewußtsein auf ihr, seit langem schon niemandem mehr untertan. Seine Schicksale erwachsen ihm aus der Begegnung mit der Erde und aus der Erkenntnis: Wachsen, Blühen und Reifen brauchen ihre Zeit. Der Besitz macht ihn ruhig in harten Tagen.

Haus und Hof

Im nördlichen Chiemgau gibt es Höfe, die, wie man so sagt, »Hans« heißen. Um Kraiburg, Kienberg, Trostberg, Tittmoning, der Salzach entgegen, stehen die Gebäude trutzig und wehrhaft zum Vierkant um den Hof geschlossen. Nagelfluh und klotzige Findlingsblöcke binden ihr Gemäuer.

Einst gehörten zu ihnen Jahrhunderte hindurch, wie zum Regen der Schirm, die »Boschen«, haushoch gewachsene Fichten mit geköpften Gipfeln. In Reih und Glied gepflanzt, nicht selten bis zu zwanzig Meter hoch, ragten sie wie eine grüne Wand hinter der geschindelten westlichen Wetter- oder Scharmauer empor. Sie hielten mit schier undurchdringlich ineinander verwachsenen Ästen die prasselnden Regenschauer und die Schneefahnen dem Hause fern. Bald wird freilich der letzte dieser »Boschen«, die schon um 1600 in Urkunden stehen, für immer verschwunden sein.

Jeder Hof hatte auch in nächster Nähe seine »Feuergruam«, einen künstlich angelegten Teich als Wasserspeicher für Brand- und Notfälle.

Bei Riedering nannte man die im Vierkant stehenden Höfe »in der Wiederkehr gebaut«. Der Gebäudeblock ist hier so angelegt, daß er an der Hofeinfahrt mit dem Wohnhaus beginnt und mit Stallgebäuden und Scheunen wieder an der Hofeinfahrt schließt, so daß mit dem Wohngebäude die Reihenfolge »wiederkehrt«. Über dem Torbogen hängt oft ein mächtiges Rindergehörn, Künder eines gesegneten Viehstandes.

Außer der ebenerdigen Scheuneneinfahrt gibt es im Chiemgau vielfach – mit oder ohne gemauerten Brückenbogen – die »hohe Einfahrt«, »Tennabruck« genannt. Über sie ziehen stampfend und dampfend die Rösser die Ernte in die Obertenne, den im ersten Stockwerk gelegenen Heu- und Getreideboden.

Singets, Pfetten und Hausnamen

Wie die Bruthenne über dem Nest, so sitzt mit überhängenden, schirmenden Enden das stumpfwinkelige Dach auf dem Haus. Darauf reitet gerne bei Einschichthöfen das Glockendachl, ein kleines offenes Gehäuse mit dem »Singets«, der singenden Hausglocke, auch »Freßglöckl« genannt. Es ruft zu den Mahlzeiten, beschwört die Wetter und holt in Gefahr und Bedrängnis die Nachbarn zur Hilfe herbei. Auf dem Glockendachl stolziert mit gravitätisch gehobenem Bein der blecherne Wetterhahn und dreht sich einmal hinum, einmal herum im Wind.

Im Voralpenland weist das erste Stockwerk oft eine Altane, »Labn« (von Laube) genannt, auf, die um eine oder gar zwei Ecken führt. Vom Wetter gebeizt, ist sie oft mit kunstvoll ausgesägten Brettern und gewundenem und geschnörkeltem Säulenwerk gearbeitet. Den Sommer über werden die Altanen zu hängenden Blumengärten, im Herbst brennen sie im roten Gold ihrer eingeflochtenen Türken- oder Maiskolben und Zwiebelzöpfe und erst der Winter entkleidet sie ihrer blühenden und reifenden Poesie. Stricke laufen von einem Ende zum anderen, und an ihnen hängt »d' Wasch«.

In früherer Zeit gehörte zum Bauernhaus auch eine Badstube. Wo sie sich mit dem Backofen unter einem gemeinsamen Dach befand, hieß sie »Brotbad«; so noch zu sehen in Kirchbichl bei Sachrang. Ein Dutzend anderer alter Badestuben, heute meist als Flachsstuben benutzt, stehen rund um Wasserburg.

Die ursprünglich ganz in Holz ausgeführten Häuser sind verschwunden. Aber noch in meiner Kindheit war in Prien mitten auf dem Marktplatz das »Zepferhaus« aus schweren Eichenbohlen aufgerichtet und mit hölzernen Nägeln zusammengefügt. Die Sonne hatte es braun gebrannt wie die Skabiosen, die im Schulgarten blühten.

Die am Dachrand hinlaufenden Windbretter heißen »Pfetten«. Daß sie mehr sind als nur Zierde, zeigen die in sie geschnittenen Zeichen, die nur dem bestimmten Haus zugehören. Pfettenbrettl sind nämlich eine Art bäuerlicher Besitz- und Sippenzeichen aus jener Zeit, da die Leute noch nicht lesen und schreiben konnten. Das dem Haus zugehörige Zeichen vertrat auch bei Beurkundungen die Namensunterschrift, bei gefürsteten Geschlechtern dem Wappen vergleichbar.

Hauszeichen sind auch die heute noch gebräuchlichen Hausnamen, d. h. die Namen, die auf den Häusern liegen und auf ihnen ruhen bleiben, auch wenn ihr Besitzer wechselt. »Auf'n Haus hoaßt ma's halt beim Greamandl«, bekommt zur Antwort, wer sich nach dem Schreibnamen des Besitzers erkundigt. Oder es kann geschehen, daß es auf die Frage eines Fremden, wo der und der Bauer wohne, eine Weile dauert, bis der Angesprochene versteht, wen der Mann

sucht: »Iatza hab i di. Zum Hansl in der Rutsch mögst Du!
Ja, dös muaßt ja glei sagn!«
In der Kirche unterließ es im übrigen früher der Pfarrherr
nie, bei gottesdienstlichen Verkündigungen dem Schreibnamen des Hofbesitzers auch den Hausnamen anzufügen.

Die ausweichenden Geschwister

Mag die bäuerliche Kinderstube sich füllen, der Stolz des
Hauses ist der künftige Erbe. Er hat den Vorrang vor den
»ausweichenden Geschwistern«, den dem Erstgeborenen
nachfolgenden Brüdern und Schwestern. Wohl sind die Eltern bemüht, deren Los zu mildern – jenen, die nicht heira-
ten, wird notariell ein Heimatrecht auf dem elterlichen Hof
eingeräumt –, aber sobald der Hof übergeben und eingehei-
ratet ist, sobald der junge Bauer und die junge Bäuerin in
ihre Herrenrechte eingesetzt sind, haben die Geschwister
das Bündel zu schnüren und »auszuweichen«; denn die
Eltern sehen es nicht gerne, wenn Geschwister des Bauern
oder der Bäuerin als Knechte und Mägde dem väterlichen
Hof dienstbar sind.
Viele Chiemgau-Höfe können dabei auf eine lange Familien-
tradition zurückblicken:
Auf dem »Paumgarthoff« in Antwort bei Endorf hausen seit
1310 die Baumgartner. Das Jahr 1367 nennt in Vogtareuth
bei Rosenheim einen »Friedrich Chrannest«, heute Kronast.
1435 berichtet eine Urkunde von einer Teilung des Hofes
zum »Großrachl« in Grassau, die unter »Heinrich und
Ullrych dy Reichl« stattfand. Als abgabepflichtig von 1639
bis 1718 im Salbuch des Klosters Herrenchiemsee geführt,
ist das Geschlecht der Reichl eines jener zwei Bauerngeschlechter, die im Tal der Achen allein die Pestjahre 1626
und 1633 überstanden hatten.

Schon im 15., 16. und 17. Jahrhundert bestanden auch folgende Chiemgauer Stammhöfe:

seit 1435 das Anwesen des Georg Sichler in Grassau

seit 1464 das Anwesen des Riepertinger zum Lang in Hörzing bei Prien

seit 1470 das Anwesen des Mathias Dieplinger in Diepling bei Stein an der Traun

seit 1497 das Anwesen des August Asböck in Reisach bei Wasserburg

seit 1522 das Anwesen des Kaspar Walcher in Walchen bei Petting (seine Ahnen waren wohl Welsche)

seit 1530 das Anwesen des Josef Wieser in Wiesmühl

seit 1532 das Anwesen des Josef Schmidhuber zum Brand in Schönharting, Gemeinde Oberfeldkirchen

seit 1552 das Anwesen des Michael Hofmann in Rottau bei Übersee

seit 1577 das Anwesen des Korbinian Riedl in Thann

seit 1580 das Anwesen des Fritz Steinbrecher in Högl bei Anger

seit 1591 das Anwesen des Otto Bauer zum Bauernwirt in Ranoldsberg

seit 1554 das Anwesen des Josef Westner zum Westner in Kafterbaum, Gemeinde Albertaich

seit 1602 das Anwesen des Josef Schweiger in Dettendorf bei Aibling

seit 1603 das Anwesen des Johann Gasteiger in Oberpremrain

seit 1609 das Anwesen des Georg Sonderbauer in Sonderhausen

seit 1611 Das Anwesen des Christian Gruber in Grub bei Kienberg

seit 1611 das Anwesen des Joh. B. Gmeiner in Mauerkirchen bei Endorf seit 1657 das Anwesen des Vodermeier in Unterbrunnham bei Tacherting

seit 1674 das Anwesen des Josef Stinn in Labering

seit 1678 das Anwesen des Laxganger zum Schusterhof in Hittenkirchen

seit 1678 das Anwesen des Mich. Steffinger zum Wagenhuber in Reichertsham.

Die Zehentner

Als noch in der Gegend um Waging die Tettlhamer auf Burg Tettlham ihre Fehden gegen herzogliche Herren und gegen streitbare Fürstbischöfe von Salzburg austrugen, saß auf weitschauender Höhe auf seinem damals mit Mauern und Türmchen versehenen Herrenhof ein Geschlecht, das in ununterbrochener Generationsfolge bis heute herauf reicht: die Zehentner. Sie zählen zu jenen Bauern, die einst mit einem Adelsbrief ausgezeichnet worden waren, nachdem man »gütlich angesehen, wahrgenommen und mit Sonder Gunst bedacht die Ehrbarkeit, Redlichkeit, Ehre, Vernunft, Geschicklichkeit Fürtreffliche Tugend und Adelige wohlgezierte Sitn damit womit die ehrenhaften und ehrbaren Christoph, Georg, Hanns, Wolf und Leonhard, alle fünf eheleiblichen Gebrüder, nach ihren Zunamen die Zehent genannt, von dem wahren lebendigen Brunnen, davon alles Gute seinen Rinnsal nimmt und herfleußt, begabt und für uns berühmt worden sein in Erwägung, wie mannigfaltige getreue Dinste solche fürtreffliche Ehr, Tugend, Vernunft und Geschicklichkeit kais. und kinigl. Maj. und dem heiligen Reich durch diese fünf Zehendtner Gebrüder nach vielen Beweisen geleistet und ganz gehorsamst erzaigt werden kann, soll und mag, darzu sie desto begieriger sein, da sie die Belohnung der Tugenden empfinden werden ...«

16

»Des zur wahren Urkund haben wir obbesagter Herr Joan Jakob Propst und Erz-Diakon zu Herrn Chiemsee aus der lateranischen Pfalz römischer kiniglicher Majestät und des heiligen römischen Reiches Vizedomus palatinus uns mit aigner Hand unterschrieben und unser Insigl so wir zu solchen Genad- und Freiheitsbriefen gebrauchen darwegen anhangen.

Geben und beschehen in Herrn Chiemsee am Abend der heiligen Jungfrau Sannt Margarethen so gwest in der zwelfte Monatstag July als man nach Christi unseres lieben Herrn Erlösers und Seligmachers Geburte gezählet hat aintausend fünfhundert und im sechs und neunzigsten Jahre.«

Noch heute liegt auf dem Zehentnerschen Hof dieses Adelspatent in einer hölzernen Kapsel verwahrt.

Nach Mitteilung des Instituts für österreichische Geschichtsforschung ist der erste Zehentner frühestens für das Jahr 1382 urkundlich festgestellt worden. 1396 werden oben erwähnte fünf Zehentner geadelt, ohne nähere Angabe, wo diese Brüder ansässig waren. (1559 hat dann Karl V. einem Hanns Andreas und einem Wolfgang Zehentner die Adelsfreiheit bestätigt. In Unterscheidung der österreichischen und bayerischen Linie-Zehentner wird vermutet, daß die ersteren aus Schlesien zugewandert seien.)

Bayerischerseits eröffnet die Ahnenreihe Jobst der Zehentner, 1444 Richter zu Trostberg. In Landshut segnete nach dem dortigen Totenbüchl der Franziskaner im Jahre 1454 Ulrich Zehentner das Zeitliche. Das Jahr 1497 nennt zu Pietendorf bei Saalfelden, woselbst heute noch ein ehemals herrschaftlicher Hof steht, einen Hanns Zehentner, das Jahr 1595 bucht einen Hanns Zehentner als Törringischen Verwalter zu Farmach.

1602 verzeichnet das Begräbnis einer Frau Juliane Kreuzer durch Stefan Zehentner, Bürger von Laufen. 1641 nennt einen Regimentsrat Seb. Zehentner zu Straubing.

Von 1617 bis 1642 amtete Fabian Zehentner, kurbayerischer Rat, Pfleger und Salzmayr zugleich als Forstmeister der oberen Verwesung Reichenhalls mit dem Sitze zu Farmach bei Saalfelden und zu Oberhausen bei Reichenhall. 1622 wurde zu Weilheim Johann Wolfgang Zehentner geboren, der 1641 Profess des Klosters Baumburg wurde und von 1652 bis 1671 als Propst des Klosters Höglwörth regierte. Er errichtete hier 1669 den Marmorbrunnen mit dem Standbild des Johann Nepomuk.

Fabians Sohn, Ferdinand Zehentner, trat 1649 nach damaligem Ämter-Erbrecht die Nachfolge des Vaters an, sein Bruder Karl war von 1619 bis 1622 Salzmaier in Traunstein und nebenamtlich Verwalter des dortigen herzoglichen Hofbräuhauses, später Kastner und Mautner in Rosenheim.

1650 amtete ein Benefiziat Wolfgang Z. in Grabenstädt am Chiemsee. 1660 leistete Anna Maria Zehentner, geborene Mandl, mit ihrem Bruder Andreas, Freiherrn von Deutenhofen Bürgschaft für den Bruder Christoph Mandl aus Deutenhofen. Von 1654 bis 1681 amtete zu Rückertsdorf Paris Zehentner als Zollverwalter in Reichenhall. Des Paris Schwester ehelichte einen Johann Albrecht Rosenberger, Gewerken, das ist Bergherr der Grafschaft Tirol und Verweser im Pinzgau.

1681 lesen wir von einem Dr. Christoph Zehentner, Regierungsrat mit umgeschnalltem Degen, jedoch ohne den beim Hofrat üblichen Mantel. Er saß mit elf Kollegen auf der Gelehrtenbank, die der Ritterbank zahlenmäßig gleich war. In der Zeit von 1701 bis 1800 lebte der Pflegsverwalter Hanns Lukas in Pfaffenhofen, der eine geborene Zehentner zur Frau hatte. Zu nennen ist noch Pfarrer Zehentner von St. Martin in Lofer, der sich vom Kaiser Karl VI. sein Adelsprädikat bestätigen ließ, ein Pfarrherr Josef Zehentner, gestorben in Salzburghofen und ein Oberhofmeister Zehentner in Salzburg.

Die Pimperlhöfe

Am 1. Oktober 1933 wurde unseren alten Bauerngeschlechtern ein Adelsdiplom durch den landwirtschaftlichen Verein von Bayern ausgehändigt. Neben ihrer familiengeschichtlichen Bedeutung stellen diese alten Bauerngeschlechter auch eine wertvolle kulturhistorische Fundgrube dar. Ich nenne nur die Namen eines Alois Hinterneder von Hinteröd, eines Pürstlinger von Pürstling, eines Brandhuber in Brandhub, eines Sonderhauser in Sonderhausen, eines Gruber in Grub, die für sich selbst sprechen. In diesem Zusammenhang sei noch der Bezeichnung »Pimperlhof« gedacht, wie einige Höfe genannt werden in Tengling und Gars. Mit ihrem Namen greifen sie zurück in die Zeit der Burgherren und deren Hofnarren, im Volke »Pimperl« genannt.

Als historischen Bauernhof nenne ich noch den »Manzenbergerhof« in der Gegend von Unterwössen. Zur Erklärung des Namens sei auf eine Stelle im Landrecht von 1616 verwiesen, die u. a. besagt: »Die Galtkuh, welche in der Almzeit kein Kalb gibt, oder nicht zum Stier gelassen wird, läßt man manz gehen.« Das heißt, der heute noch lebende Hausname zum »Manzenberger« geht zurück auf den einst vom Almbesitzer zum Kastrieren oder »manzn« des Almviehs aufgestellten Untertanen.

Hauspatron und Haussprucht

Der Chiemgauer Bauer pflegt Haus und Hof dem Patronat der Heiligen Dreifaltigkeit oder dem Schutz eines Heiligen zu unterstellen und verhehlt dieses Bekenntnis auch nicht vor der Öffentlichkeit. Die Heiligenfigur als der gute Geist des Hauses steht in einem Mauergewölbe über der Haustür oder hat in einer zum Hof gehörenden Kapelle Wohnung genommen.

Da mahnt, von einem Strahlenbündel umrandet, das blaue Auge Gottes: »Sündige nit, Gott sieht alles.« Da trägt auf seinem Arm der hl. Josef das göttliche Kind, da brennt zwischen zwei Fensterstöcken das Herz Mariens, oder es thront hoch oben im Giebelfeld schirmend die hl. Dreifaltigkeit. Oft wachen der hl. Florian, die Viehheiligen Wendelin und Leonhard über Wohl und Wehe von Haus und Mensch und Tier.

Gerne trägt das bäuerliche Haus auch einen Sinnspruch, der an die Stirnwand oder an die Seitenwände, bei ganz alten Häusern sogar auf die Windbretter am Dachrand geschrieben ist:

Das täglich Brot, das uns erhält,
Gib uns, so lang es Dir gefällt.
Gib aber auch ein Herz dabei,
Das dankbar und genügsam sei.
Vergib, wir fehlen oft vor Dir,
Vergib uns, Vater, doch, wie wir,
Um Deiner Huld uns zu erfreun,
Auch unsern Brüdern gern verzeihn.

Der Spötter gibt es gar zu viel,
Der Neider auch nicht minder,
Ich zier mein Haus nach meinem Will
Für mich und meine Kinder.

Die Liebe, die Treue, der Glaube, das Recht,
Die vier, die haben sich schlafen gelegt.
Und wenn diese vier wieder auferstehn,
Dann wird's in der Welt wieder recht zugehn.

Wenn Neid und Hass prennet wie das Feur,
so werd das holcz nit sein so deier.

Ich geh aus oder ein, so werd der dott mein,
wann gott will, so muß es sein.

Ich lebe und weiß nicht wie lang,
ich sterbe und weiß nicht wann,
ich reiss und weiß nicht wohin,
mich wundert's, daß ich so fröhlich bin.

Um Glück und Segen bitt ich Dich
o großer Gott, erhöre mich.
Was Gott will, das muß geschehn,
wenn's die Leute auch nicht gerne sehn.
Sind die Gönner noch so viel,
muß geschehen, was Gott will.

Gelobet seist Du, o Jesu Christ,
der Du uns Opfer und Opferlamm bist.
Herr Jesu Christ, Dein Lohn dies ist,
Du bist der einzige Herr im Haus,
die andern gehn nur ein und aus.

Ich legte mich gerad
ins Bett.
Da kam des Frevlers Hand
und steckte jählings mir mein Haus in Brand
den 18. Oktober 1818

Das schönste Wappen in der Welt,
Das ist der Pflug im Ackerfeld.
(An einer Scheune)

Albert Spethmann, geb. 1894, Hinterhof (Bleistift)

In Gottes Segen
ist alles gelegen,
sein Segen und Gnad
ist mein bester Haus Radt.

Einer acht's der andre verlacht's
Was macht's

Wenn's nur halt
und mir gfallt
und kost net viel Geld
muß's recht sein aller Welt.

Wer will Jesum einquartieren,
muß sein Herz mit Tugend zieren.

Heilige Agathe, durch Deine Fürbitt
bewahr uns vor Feuerbrünsten
und Donnerstreichen
mit dem Kreuzeszeichen.

O breite Deine Arme aus,
Maria, die wir grüßen.
Leg schützend sie auf dieses Haus
Im Tal zu Deinen Füßen.
O segne dieses kleine Nest,
in Deinem Schutze steht es fest,
mag rings der Sturm auch wüten,
voll Gnaden wirst Du's hüten.

Flueche nit in meinem Hauss,
oder geh vor die Dir hinaus,
es macht uns Gott von himmel reich
pede strafen mich und dich zugleich.

Gottes Segen und gutes Futter
macht fette Küh und viel Butter.
(An einem Tor)

Der Segen Gottes insgemein
Soll über dieser Hofstatt sein.
Vor Schauer, Krankheit und Feuergefahr
Der liebe Gott uns alle bewahr.
Wohlan, lieber Bauersmann,
das Feld bauen ist eine Freud,
Wenn Gott seinen Segen dazu verleiht.
So wird der Stadel voll Getreid.   1758
(An einem Stadeltor)

Zwischen Tittmoning und Fridolfing stand noch im Jahre
1886 ein Bauernhaus mit einer Altane, die als Karyatiden,
weiblichen Figuren, die das Gebälk trugen, Allegorien der
vier Jahreszeiten hatte. Den Feldern zwischen den Figuren
waren folgende Verse eingeschrieben:

Die angenehme Frühlingszeit,
die Solt niemals Verschwinden,
die unns so vill Zufriedenheit
und Freide lasset finden.

O grosser wert der Frühlingszeit
in unsser zarten Jugend,
da drückt uns noch kein Herzens Leid,
da schezt man nicht die Tugend.

Und ist in unss die Frühlingszeit,
der Jugend Lust vergangen
und werden wir zur Eitelkeit
und nutzen verlangen,
dann wird die Freid uns Bitterkeit,
wenn Leidenschaften Blagen,
dann wird die schöne Sommerzeit
unns manche Freid versagen.

Und hat der Heise Sommer hir
Dein Herz schir ausgestossen,
wie kann der spade Herbst von dir
noch gute Früchte hoffen?
Wan Tugend, Man- und Leibeskraft
auf imer sind Begraben,
wo finden wir im Herbst noch saft,
das wir noch früchte haben?

Der Winter kommt mit schne und Eis,
mit 100lei beschwerten,
verzeret wieder unsern fleiss,
was wir im Sommer heimgefahren.
Es stirmt auf unser Leben los,
Er Reitet unsere Hare,
er stirzt uns in die Erde Schoss
nach unbestimmten Jahren.

An einem alten Haus in der Nähe von Rottau steht:

Hl. Florian, goiss mit'n Sechter dran,
Wenns brennt, spannlang,
Ellenlang, Klafterlang, beim Fenster aus,
Bewahr 's Klaushaus,
Bewahr uns auch allezeit uns
Klausleut vorm Klausweib.

Die March

Schon der Germane grenzte seinen Bodenbesitz ab, wobei er ursprünglich die Natur und ihre Gegebenheiten zu Hilfe nahm, etwa ein Bach- oder Flußbett, einen Hügel, einen Höhenzug oder markanten Baumwuchs. Als sich diese natürlichen Grenzen später als unzureichend erwiesen, schuf man künstliche Grenzen. Um einen Bodenbesitz wurde ein Wald- oder Wüstungsgürtel gezogen. Dem folgten die drei Grenzsicherungsarten des Agilolfingischen Zeitalters: Erdrain, Markstein und Lach- oder Lochbaum, als solcher am liebsten eine Eiche, eine Linde, ein Vogelbeerbaum oder ein Birnbaum, die dann jeweils die Lache, das Grenzzeichen, waren. Im christlichen Zeitalter wurde in diesen Baum gern ein Kreuzzeichen eingekerbt oder auch eingenagelt. – Neben dem Erdrain dienten als Grenzmarke noch der Graben und der Grenzhügel oder der »Marachl«, ein am Flurende aufgeworfener Erdhügel in Form einer Morchel, die vom Volk Marachl genannt wird.

Die Grenzmark vertrat auch der »Stempn«, ein Holzpflock, wie er im Salzburgischen gebräuchlich war. Diesem »Marchstecka« blieb manch alter Bauer sogar dann noch treu, als die spätere Zeit allgemein den Grenzstein eingeführt hatte, und so schlug er in Übung des alten Herkommens neben den Markstein noch seinen gewohnten »Moastempn« ein. In früheren Zeiten hieß im übrigen der Grenzstein auch »Wahrsager«, weil er wahrheitsgemäß die Grenze angab.

Zur Dorfgemeinschaft zusammengeschlossene Höfe friedeten sich mit einem Stein- oder einem Heckenzaun ein, während es schon seit der Zeit der Agilolfinger bei Strafe verboten war, auch das Weideland voneinander abzuzäunen. In nicht umfriedeten Grundstücken untersagt aber zuweilen heute noch eine in die Flur gesteckte Stange mit einem Strohwisch, dem »Bannschab«, den Eintritt.

Ein Grenzsicherungswesen ist schon im 15. Jahrhundert bezeugt. Einst schwor man bei Grenzstreitigkeiten nach germanischer Sitte bei der Sonne Treu und Glauben, nun bestellte man »Feldgeschworene«, eine bestimmte Zahl vertrauenswürdiger Männer – in Franken waren es sieben, daher die Bezeichnung »Siebener« –, die »beim Schwur«, also unter Eid zur Setzung, Instandhaltung und Überwachung der Unverletzlichkeit der Grenzsteine verpflichtet waren.

Um keinerlei Mißstand einreißen zu lassen, geschah die Grenzsteinsetzung durch diese Männer unter Ausschluß der Öffentlichkeit. Unter den Markstein wurde in streng geheimer Ordnung »das Geheimnis« gelegt, gewisse nur den Feldgeschworenen bekannte Gegenstände, meist Ton- oder Glasplättchen, Scherben, Münzen.

Diese »Geheimnisse« waren zusammen mit der Art und Weise ihrer Ablage das Unterpfand der rechtmäßig vorgenommenen Handlung und verliehen ihr einen mystischen Hauch; denn ursprünglich stand »das Geheimnis« im Dienste der Magie und hatte als Zaubermittel unheilvolle Einflüsse von der Grenzmark abzuwehren. In alten Zeiten erfolgte das Begehen der Grenze mit Schild und Schwert, zu Fuß oder hoch zu Roß. Nun schritten beim Grenzumgang, an dem auch die Öffentlichkeit sich beteiligte, die »Steiner«, die Grenzsteinsetzer, mit der Hacke auf der Schulter voran. Unerläßlich war hierbei die Anwesenheit von Buben. Ihnen wurden an den Hauptgrenzzeichen »Dachteln« (Ohrfeigen) verabreicht, um ihnen die Lage dieser wichtigen Punkte für immer einzuprägen, so daß sie dereinst als Männer oder Greise ihrer nicht vergäßen und vom Standort der Grenzzeichen Zeugnis geben konnten. Das war notwendig, da in früheren Zeiten die mündliche Überlieferung anstelle der schriftlichen Niederlegung amtete.

So wurde einmal im Austrag eines Grenzstreites im Rentamt

Burghausen ein alter gichtbrüchiger Mann mit dem Fuhrwerk herbeigeholt, damit er die Stelle der Grenzmarke bezeichne, die er als Bub beim Grenzumgang gesehen und wo er bedachtelt worden war. Die Dachtel selbst war die Fortsetzung eines alten Rechtsbrauches, nach welchem bis in das 13. Jahrhundert hinein Erwachsene, so sie als Ohrenzeugen aufgerufen worden waren, an den Ohren gezupft wurden. Daher kommt es, daß manchenorts beim Grenzumgang beteiligte Buben zu ihrer Dachtel auch noch in die Ohren gezwickt wurden.

»Dreimärker«, d. h. Grenzsteine an drei zusammenlaufenden Grenzpunkten, gelten im Chiemgau als glücksbringend. Heilkräuter, die man in ihrem Umkreis findet und sammelt – meist sind es Thymian, Labkraut und Schafgarbe –, sollen dreifache Heilkraft haben. Auch legte die Summerer Großmutter, wenn sie die ersten Beeren zufällig bei einem »Dreimärker« gefunden hatte, Beeren mit Krug als Opfer auf ihn, um ihr Gefäß schneller voll zu bekommen.

Wie die Grenzsteine, so galten auch oben erwähnte »Lachbäume« oder »Lochbäume« als unverletzlich. Kein Laub, kein Zweig durfte von ihnen genommen werden. Hunderte von Jahren hindurch hat mancher dieser lebendigen Zeugen alter Rechtsbegriffe Menschen und Schicksale kommen und gehen sehen. Wo es noch welche gibt, wie in der Gegend von Ruhpolding, stehen sie unter gesetzlichem Schutz.

In Zeiten der unwegsamen Wälder dienten Bäume auch als Wegzeichen. So kann der Wanderer im Dürnbacher Forst noch Bäume mit seltsam verknotetem Geäst sehen. Wallfahrer haben die damals noch biegsamen Gerten geknotet, damit sie ihnen auf dem Rückweg durch den unwegsamen Wald den Weg weisen konnten.

Habsucht und Not, die beiden Triebfedern für ehrloses Handeln, haben zu keiner Zeit vor den Grenzmarken halt gemacht. Aber furchtbar war die Strafe, die in alten Zeiten den Fevler an den Grenzgesetzen traf. Man versenkte ihn entweder mit dem Kopf nach unten lebendigen Leibes in eine Grenzsteingrube und füllte diese zu, oder man stellte ihn bis zum Hals in die Grube, füllte das Erdreich ein und führte dann über den freigelassenen Kopf des Missetäters einen mit vier Pferden bespannten Pflug, welcher den Kopf buchstäblich vom Rumpf riß.

Der Hausbaum, der Blitze frißt

»Vom Bühel lugt das Bauernhaus / blitzblank in's gute Land hinaus. / Daneben steht mit Schild und Kron / der Nußbaum wie ein Schutzpatron. / Man weiß nicht mehr, wie alt er ist, / man weiß nur, daß er Blitze frißt / und Wetter bricht und Stürme lenkt / und einen kühlen Schatten schenkt. / Er ist ein wunderbarer Baum, / ihn klaftern wohl drei Männer kaum, / und mancher, der mit Holz umgeht, / möcht gern ihn kaufen, wie er steht. / Doch, wenn so einer klingelnd kam / und aus dem Sack den Beutel nahm, / dem fiel der Bauer kurz ins Wort, / der Baum ist recht an seinem Ort. / Er war schon da, als ich nicht war. / Der hatt's von seines Ahnen Mund, / daß er zu seiner Zeit schon stund. / Ich wär ein schlechter Mensch und Sohn, / gäb ich ihn hin für schnöden Lohn. / Noch ist nicht alles feil um Geld, / der Baum wird stehn, bis Gott ihn fällt.«

Nach dem Glauben unserer Vorfahren, welche die Natur als heilig achteten, waren das Leben des Baumes und des Menschen untrennbar miteinander verbunden. Wald und Baum, vor allem alte und große Bäume, galten als Seelensitz, als Wohnung guter Geister. Und um diese an den häuslichen Herd zu bannen, pflanzte man für sie an Hütte und Gehöft einen Baum, von dem aus die Geister des Hauses Hof und Sippe in ihren Schutz nahmen. Unter der Hut dieser Schutzgeister zogen nach alten Vorstellungen auch die Seelen der Ahnen in den Schutzbaum ein und nahmen von dort aus teil an den Schicksalen ihrer Nachgeborenen. Denn es war bajuwarischer Glaube, daß die Seelen der Verstorbenen in die um das Haus stehenden Bäume fahren würden, und die Astlöcher galten als ihr Werk.

Dieser Glaube an die Ahnschaft gütiger Geister ist im bäuerlichen Volk vielfach lebendig geblieben. Noch ragt da und dort der Hausbaum oder Ahnenbaum an der Hofstatt auf. Er hält an Haus und Scheune Wacht, entweder als winddurchrauschter Birnbaum, einst germanischer Schicksalsbaum, als bienendurchsummte Linde, den Germanen heilig, oder als geisterbannende Ulme.

Der Hausbaum ist nicht nur an der Hofstatt des Großbauern zu treffen, er ist auch am bescheidenen Heim des Gütlers zu finden. Als ich eines Tages an einem Sachl einen mächtigen Birnbaum sah und im Vorbeigehen die am Brunnen beschäftigte Hauserin fragte: »Da habts aba an schöna Birnbaum«, erwiderte die Hauserin mit sichtlicher Ehrfurcht: »Dös is ja koa Birnbaum. Dös is insa Häuslbam!«

Beginnt der Hausbaum (nicht infolge des naturbestimmten Verfalls) plötzlich zu kranken und einzugehen, oder tötet ihn vielleicht in gesunden Jahren ein Wetterschlag, dann glaubt man noch vielfach, daß das Ende des Hausbaumes einen Todesfall innerhalb der Familiengemeinschaft ankündigt.

Vom Nutzen und Segen des Hollerbaums

Fehlt bei einem Gehöft der mächtige Hausbaum, dann ist es bestimmt ein sich an den »Bachofen« oder an die Stadelmau-

Karl Raupp, 1837–1918, Auf der Insel (Bleistift)

er lehnender hexenbannender Hollerbaum, der das Amt des Beschützers innehat und in dem der gute Hausgeist wohnt.

»Drei Hollastaudn muaß ma hab'n, sunst hat ma koa Glück net«, erklärte mir vor Jahren in gläubiger Überzeugung die alte Fürstnermutter von Fürst. »Und in an jedn Jahr«, so erzählt sie weiter, »da tuat der Ahndl dö Hollabam speisn, tuat am Stefanitag a gweichts Salz und a gweichts Brot unta dö Hollabam eigrabn, damit daß dö guatn Hausgeista bannt san, daß sie neamad net okena, daß koa Brunst net ausbricht und daß 's Viech net krank werd. Und damit daß nacha koa Blitz net einschlagn tuat, tuat der Ahndl a Astl vom Hollabam über d' Haustür und über d' Stalltür aufinagln.«

»Und gel, Fannerl, daßt es fei woaßt, wannst Du amal groß bist und draußtn üba Nacht bleibn muaßt oder magst, nacha muaßt Du Di unta an Hollabam legn, denn dort kon koa giftiga Wurm net hi. Koa giftige Fliagn, und überhaupts koa giftigs Unziefa kon Dir unta der Hollastaudn ebbas Bös otoa und koa Hex ko Di dort a net vozaubern.« – Die alte Fürstnermutter hatte mich in ihr Herz geschlossen, weil sie in mir immer eine andächtige Zuhörerin fand.

Auch der Haselnußstaude, die ebenfalls gerne in der Nähe menschlicher Wohnstätten zu finden ist, schrieb man schützende, Feuer und Blitz bannende Kraft und andere zauberhafte Wirkungen zu. Einmal sagten mir in der Schulzeit der Huterer Bub und der Brunnhuber Karl im Flüsterton, wenn ich mich morgen, am Johannitag, auf d'Nacht von zwölf bis eins unter unsere Haselnußstaude hinsetzte, dann könnte ich die Schlangenkönigin sehen: eine weiße Schlange mit einer goldenen Krone auf dem Kopf. Er wüßte das – so der erstere – von seiner Großmutter, die auch einmal als Kind unter der Haselnußstaude die Schlangenkönigin gesehen hätte. Er hatte freilich gut reden, der Huterer Karl, denn, wie sollte ich, da ich schon morgens kaum aus dem Schlaf zu rütteln war, um Mitternacht zu unserer Haselnußstaude gehen können? Aber von Stund an habe ich doch einen Bogen, halb ehrfürchtig, halb scheu, um unsere Haselnußstaude gemacht.

Sie stand übrigens in der hinteren Ecke unseres Hühnerzäunls, weit ausgebreitet wie eine dicke Frau, und mir immer ein Dorn im Auge, weil sie keine einzige Nuß getragen hatte. Ich habe es nie verstehen können, daß Vater, der doch jeden faulen Obstbaum, und wenn er noch so schön gewachsen war, unbarmherzig umschlug, nicht Hand an sie legte, aber er wußte, warum er sie verschonte. Daß freilich die Lehrbuben vom Maier-Beck, diese Lausbuben, die ein gutes Stück früher als wir aufstehen mußten, inzwischen immer die Nussen ableerten, das haben sie mir erst gesagt, als wir miteinander schon groß geworden waren.

Mutters Schützling dagegen war der Hollerbaum, der neben dieser Haselnußstaude seine Krone wie einen weiten Schirm über das Dach der Holzlege hinaushob. Er schien ihr ein Baum des Heiles und der Hilfe, denn vieles stellte er ihr bereitwillig und, was bei der großen Kinderschar und dem allzeit mageren Geldbeutel die Hauptsache war, unentgeltlich zur Verfügung: seine Blüten, seine Blätter, seine Beeren, den heilkräftigen Bast unter seiner Rinde und sein Mark. – Auch heute weiß man ja noch: Eine Schale Tee von getrockneten Hollerblüten und eine Duckert (Decke) aus Hühnerfedern, das treibt den Schweiß samt der Krankheit aus allen Poren. Nichts kann unsere kleinen Wunden besser heilen und kühlen, als ein Umschlag von grünen Hollerblättern. Bei Zahnwurzelentzündungen in den Zahnbund gelegt, vollbringen sie richtige Heilwunder.

Anderes gehört mehr in den Bereich alten Sympathieglaubens: Der grüne Bast unter der Rinde etwa wirkt abwärts geschabt »unterschie«, d. h. führt ab, aufwärts geschabt »überschie«, d. h. führt zum Erbrechen. Gesottener Holler-

schwamm, Judasohr genannt, weil Judas an einem Hollerbaum sich erhängt haben soll, hilft, wie mir versichert
wurde, gegen »werkelnde Augen«, d. s. blöde Augen. Drei
Äugerl von der Hollerstaude, drei Gerstenkörndln und drei
Stückerl von der Felberwurz helfen gegen »das Fell« in den
Augen, die Hornhautentzündung. Oft kann man auch auf
dem Lande beim Ableben eines Lungenkranken hören: »Ja,
die frühe Hollerblüah, die nimmt den Lungenkranken mit,
die spate (seltene im September) heilt ihn.«

Dieser Sympathieglaube um die Hollerstaude lebt im übrigen schon Hunderte von Jahren, denn wir lesen bei Joh. B.
van Hellmond, gestorben 1644, nach dessen Anschauung das
Leben von einer Grundkraft und anderen untergeordneten
Kräften regiert wird: »... es gehorchen die Blätter von der
Haselwurz und Hollerstaude der gebietenden Einbildung
dessen, der sie abbricht«.

Nicht selten aber mündete im Laufe der Zeit das Vertrauen
des Volkes in die im Hollerbaum tatsächlich schlummernden
Heilkräfte, die schon Plinius erwähnt hat – er berichtet, daß
es gut sei, an Masern erkrankte Kinder mit Hollerruten zu
schlagen – in die Bahn reinen Aberglaubens. In der Meinung, daß das Fieber von bösen Geistern bewirkt würde, rief
der Fieberkranke die geisterbannende Kraft des Hollerbaumes zu Hilfe und schrieb auf einen seiner Äste: »Holler, heb
Dich auf, Fieber, setz Dich drauf.« Oder man übertrug
kurzerhand die von bösen Geistern empfangenen Krankheiten dem Hollerbaum, indem man die erkrankten Körperteile
mit einem Zweig, den man vom Baum bog, berührte und
diesen samt der von ihm aufgenommenen Krankheit wieder
zurückschnellen ließ. Dabei mußte man »arschling«, d. h.
rückwärts gehen, damit die Krankheit hinter einem zu liegen
kam.

Wer ferner die Wasserschösse eines neben einem alten Fel-
berbaum wachsenden Hollerbaumes als Amulett bei sich

trug, der war gegen unheilvolle Einflüsse geschützt. Gegen das »Hinfallet«, die Epilepsie, wurden neun Scheiben eines Hollerastls in ein Leinensäcklein genäht. Man trug dieses an einer langen Schnur so um den Hals, daß das Säcklein den Magen berührte, und zwar so lange, bis es von selbst und mit ihm die Krankheit abfiel. Bis das der Fall war, durfte der Kranke außerdem seinen Trunk nur durch ein Hollerröhrl zu sich nehmen.

Im Volk besteht auch folgender Glaube: Drei Kreuze aus Hollerzweigen, dem Toten in die Truhe gelegt, bürgen dafür, daß der Verstorbene Ruhe vor bösen Geistern hat. Aus dem gleichen Grund soll der Schreiner das Maß zur Totentruhe mit einem Stab von einem Hollerbaum nehmen. (Der Hollerbaum selbst zählte zu den Hölzern, die den Germanen bei der Bestattung ihrer Toten dienten.)

Wer noch auf alte Bräuche hält, der schmaust am Johannitag Hollerküchln, die zu den germanischen Kultspeisen gehörten. Um die Zeit, da die Hollerbeere reif ist, steht auf allen ländlichen Tischen, duftend und voller Köstlichkeit, der »Hollerritzl«, das Hollermus.

Hollerbüchsen, Wasserspritzen und noch allerlei anderes Spielzeug schneiden die Buben dem geduldigen Hollerbaum vom Leib.

Erstere bastelt man so: Aus einem 3–4 cm dicken und 15–20 cm langen Hollerastl wird mit einem glühenden Eisendraht das Mark ausgebrannt. Man schneidet dann ein in das Hollerröhrl passendes Haselnußsteckerl und zwar so, daß es an einem Ende eine Verdickung bekommt. Das Steckerl darf nur dreiviertel so lang sein wie das Röhrl. Es wird mit seinem dicken Ende als Ladestock benützt. Aus einem mit Mehlpapp durchfeuchteten Werch von Flachs oder Hanf werden kleine Kugeln gedreht. Das erste Kügerl wird mit dem Ladstock bis vorne in das Röhrl geschoben. Ein zweites wird bis auf etwa 3 cm nachgeschoben. Dann stößt man den

Ladstock mit starkem Druck in das Röhrl, und die erste
Kugel fliegt mit lautem Knall aus der Mündung.

»Pluto, a Wassa brauch ma«

Zusammen mit dem Hausbaum betreut meist ein vierbeini-
ger Wächter, der Bello oder Phylax, auch einmal ein breit-
brüstiger Sultan, Nero oder Wotan Haus und Hof.
Der Hund ist vor allem Torhüter. Freunde des Hauses
begrüßt er je nach Temperament mit vertraulich geschäfti-
gem Schwänzeln oder mit einem Luftsprung an seiner Lauf-
kette. Mit wütendem Gebell oder bedrohlichem Laut meldet
er dagegen den Fremden, mit ausfälligem Lärmen den ihm
besonders feindselig dünkenden Handwerksburschen, und
mit eindringlichem Geheul warnt er, wenn sich drinnen im
Stall ein Stück Vieh von der Kette gelöst hat.
Mancher dieser vierbeinigen Wächter diente früher auch als
»Pumphund«. Ein solcher war noch in Tyrlaching bei
Traunstein bekannt. Wenn das Wasser besonders tief im
Brunnen lag, wurde es durch ein Pumpwerk gefördert, was
einst der Hund besorgte. Ich erlebte es einmal, als eine
Bäuerin mit den Worten: »Pluto, a Wassa brauch ma!« den
Hund von der Kette löste. Mit breiten Pfoten stieg er in das
Tretrad und setzte das Pumpwerk des »Hundebrunnen«,
wie ein solcher genannt wurde, in Lauf.

Das Herdfeuer

Seit alten Zeiten war das Feuer, war die Feuerstätte oder der
Herd, ursprünglich aus einem Kranz von Feldsteinen beste-
hend, eng mit der Besiedlung verbunden. Als einzige Licht

und Wärme spendende Quelle wurde der Herd zum Mittelpunkt der Wohnstatt.

An den Herd bettete man in früheren Zeiten das Familienoberhaupt, den Herrn des Hauses, zu seinem letzten Schlaf, und dreimal trug man um den Herd das neugeborene Mädchen. Am Herd hatte der Gast seinen Ehrensitz. Am Herd fanden Verlöbnis und Ehe ihren sinnbildlichen Abschluß, und an den Herd flüchtete der gerichtlich Verfolgte, wissend, daß der Herdfriede für jeden unverletzlich war.

Rauchheu für das Vieh

Von den Rauchhäusern, die es ehemals insbesondere am Inn gab, wird wohl kaum mehr eines stehen. Bei ihnen befand sich im Flötz, dem Hausgang, gleich hinter der Haustüre die offene Feuerstatt. Kamin gab es keinen. Der Rauch mußte sich vielmehr durch Mauerfugen, Fensterritzen und Türöffnungen in Haus, Stall und Dachboden seinen Weg ins Freie suchen. Solcherweise wurde alles, auch das Heu auf dem Boden, durchgeräuchert. Noch erzählen alte Leute, daß geräuchertes Heu dem Vieh außerordentlich zuträglich gewesen sei, daß es im Viehstand weniger Krankheiten habe aufkommen lassen und daß die Rauchkühe gegen Seuchenbefall ganz besonders widerstandsfähig gewesen seien. – Rauch wurde auch sonst genutzt. So räucherte man in Ruhpolding bis in die späte Zeit herein die buchenen Dachschindeln wegen besserer Haltbarkeit.

Offene Herdfeuer waren im bäuerlichen Haus noch Mitte des vorigen Jahrhunderts allgemein üblich. Ich habe als Kind noch um 1900 am Kirchweihsamstag bei unserem Pfeiferbauern-Vetter in Hörzing der Base zugeschaut, wie sie über dem offenen Feuer in der Pfanne die Schmalznudeln sott. Daneben brodelten die übrigen Speisen in hohen drahtumflochtenen irdenen Kochhafen, »Höllhafen« genannt. Außer den hohen gab es noch rundbauchige henkellose niedere Höllhafen. Auf ihren Boden zog die Pfeiferbasn beim Nudelbacken die Teigstücke für die ausgezogenen Fensternudeln papierdünn aus, ehe sie diese in das siedende Schmalz gleiten ließ. Gegen »aufgerissene« Nudeln goß die Base, nachdem sie die unausgezogenen Teigstücke in das siedende Schmalz gegeben hatte, schnell einen Schuß kaltes Wasser nach und setzte der Pfanne einen gut schließenden Holzdeckel auf.

Den vom Herdfeuer und vom Kochen aufsteigenden Rauch und Dampf fing über der Feuerstatt die »Rachkuttn« oder »Hur« auf. Sie war ein baldachinartiger hölzerner oder gemauerter Rauchfang, um dessen unteren Rand sich ein Brett zog, darauf die Kaffeeschal'n, die Zuckerbüchse, das Salzfaßl und das Gefäß für den Zunder standen. Aus der »Rachkuttn« zog der Rauch in den weiten, durch das Haus zum Dach aufsteigenden Kamin. Unterwegs selchte oder räucherte er die an Querstangen im Kaminraum hängenden schweinernen Speckseiten, daß das Fett in der Hitze zu schwitzen begann und bräunlich abtropfte. Am Boden des Kamins angebranntes Wacholderreisig verlieh dem Rauchfleisch einen besonderen Duft.

So merkwürdig es klingen mag, die weiten Kamine wurden vom Kaminkehrer, der zur Winterzeit tagelang auf entlegenen Bauernhöfen unterwegs war, mit Vorliebe als Schlafstatt benutzt. Stunden um Stunden hielten nach Erlöschen des Herdfeuers seine Mauersteine die Wärme zusammen, und morgens um drei oder vier Uhr mußte der Kaminkehrer ohnehin wieder sein Tagwerk beginnen. So stieg er am Abend auf einem Stuhl oder mit einer Leiter in den Kamin ein und verschlief dort sitzend die Nacht. Dem Kaminkehrer taten dies, sofern der Bauer die Erlaubnis gab, zur Winterzeit gerne die Hausierer gleich.

A Liacht is a Hoagascht

Noch zu Beginn des vorigen Jahrhunderts war das Herdfeuer auch gleichzeitig die Lichtquelle, um die sich die weiblichen Familienglieder und Dienstboten zum abendlichen Flicken, Stricken und Spinnen scharten. Nachbarn kamen dabei einmal in diesem, einmal in jenem Gehöft zum »Herdln« oder »Herschtln« in den Kuchlhoagascht. Man verplauderte als Heimgast, auf dem Herdrand sitzend, die winterlichen Mußestunden.

Von hier aus nahm das gesellige Leben im Bauernhaus seinen Anfang. Wenn das Spinnrad schnurrte, das züngelnde, flackkernde Herdfeuer seine gespenstischen Schatten warf, dann wurden die Mythen und Sagen wieder lebendig. Im Schutz des Zwielichtes liefen Geistergeschichten von Mund zu Mund, huschte das Unfaßbare, das überall Seiende und nirgends zu Greifende durch den Raum, erwachte das Verlangen nach Schau in die übersinnliche Welt und nach Zwiesprache mit ihren guten und bösen Mächten in Rätselraten und orakelnder Schicksalsbefragung, bis man unter Scherzen und Schäkern, doch mit einem geheimnisvollen Prickeln im Blut heimwärts wanderte, um gleich darauf mit wohligem Gruseln und allen Schauern der Erwartung in Federbett und Schlaf zu versinken.

Zur Küchenarbeit leuchtete die in einen eisernen Mauerring gesteckte »Kealeuchtn«, das Spanlicht oder der Kienspan, der am eisernen Spanhalter in einen Kneif geklemmt wurde. Der Spanhalter selbst stand auf der blechbeschlagenen brandsicheren »Räuschtafel«, zu der im Gebirg meist eine Steinplatte verwendet wurde. Kaum hatte man aber das brennende Spanlicht im Kneif befestigt, war es schon wieder ein Stück niedergebrannt und mußte »abgeräuscht« werden. Die »Räusch«, der schwarze, verkohlte, die Flamme erstickende Butzn wurde weggeputzt, der Span auf die andere

Seite gedreht und wieder im Kneif befestigt. Außer den feststehenden Spanhaltern gab es auch bewegliche in Armeslänge, die vorne in eine Schnauze geklemmt wurden und hinten in einer Spitze endigten, so daß man den Spanhalter in den nächstbesten Holzbalken spießen konnte. Darunter stand ein mit Wasser gefülltes Schaff, in das die glühende, feuergefährliche »Räuschb« (wohl von räuspern, abstoßen) fallen konnte.

Der Kienspan war auch Lichtspender zu allen anderen häuslichen Arbeiten in Keller, Stall, Scheune und Hof. Man steckte ihn kurzerhand in den nächstbesten Mauersprung, in der Tenne sogar in das Gebälk des Getreideschobers, wobei man unter den Kienbrand ein Sechterl mit Wasser stellte. Gelegentlich des samstäglichen Hausputzes klemmte die Hausmagd den brennenden Kienspan der Einfachheit halber während des Putzens zwischen ihre Zähne.

Zu nächtlichen Wanderungen über Land, namentlich durch die unwegsamen Wälder, band man als Leuchte vier bis fünf Meter lange ferchene (föhrene) Späne zum Fackelbrand zusammen. Noch erzählen die Alten, daß ihren Vätern dieser Fackelbrand auf dem Weg zum Engelamt in das nicht selten eine Stunde weit entfernte Kirchlein leuchtete. Später – die Laterne hatte inzwischen die Kienfackel abgelöst –, nachdem wirtbare Wege und Stege die Landschaft durchzogen und damit eine Leuchte eigentlich überflüssig geworden war, trug man noch lange gewohnheitsmäßig auf einem späten Heimweg eine »Zündn«, ein Laternenlicht, mit sich, denn, so hieß es, ein Licht mittragen ist halbe Begleitung oder »a Liacht mittragn is a Hoagascht« (geselliges Beisammensein). Die beseelte Ruhe der Laterne ging auf den Träger über, so daß es war, als schritte man mit einem lebenden Wesen Hand in Hand, wie die Leute in gleicher Weise ein Feuer im Herd als einen geselligen Genossen empfinden nach dem schönen Wort: »A Feuerl is a a Hoagascht«.

Wilhelm Velten, 1847–1929, Bauernhaus (Bleistift)

Im Gebirg wurde als Lichtquelle nur buchener Kien verwendet. Die aus ihm gefertigte Wegfackel oder Wegleuchte hieß »Buchtl« oder »Kentn«. Sie bestand aus gespaltenen Buchenscheitern, die an ihren unteren Enden mit einem eisernen Ring zusammengehalten wurden. Eine Buche, die besonders taugliche Fackelscheiter lieferte, hieß Lichtbuche.
Der Buchenspan fiel freilich nicht fertig vom Baum, sondern seine Gewinnung war eine recht beschwerliche Arbeit. Er

mußte auf der »Spangeis«, einem viereckigen Gestell, mit einem langen Hobel »gestoßen« werden. Sechs Männerarme waren zum Ziehen des Buchenhobels nötig.

Im Flachland nahm man fast durchwegs den Spieß aus den astfreien Teilen der harzigen Föhre, kurz »Kien« genannt. Schon beim Fällen einer Föhre legte man diese astfreien Spanscheitln in der Dicke einer Latte zurecht. Um sie leichter spalten zu können, wurden sie vorher lange in Wasser gelegt, so daß sie weich und biegsam wurden. Oder man ließ sie im heißen Wasser des Ofengrandls beizen. Der Span wurde an den Abenden geschnitzt. Man zog mit einem besonderen Messer die Späne von den Scheitern ab, band sie in Bündel zusammen und trocknete sie, falls der Stubenofen Füße hatte, im Hohlraum unter seinem Leib, falls er vom Boden auf gekachelt war, auf den oben um ihn herumlaufenden Ofenstangen. Dann bewahrte man sie in der »Schrott«, auf der Altane, bis zu ihrem Gebrauch auf. Die »feichtenen« (von der Fichte stammenden) Späne gehörten zum »Ankentn« (Feuer machen), die »ferchenen« (von der Föhre) dienten zur Beleuchtung.

Ein Nachgeschmack des ländlichen Spanschnitzens hatte sich auch bei uns im Schulhaus erhalten. Zur Winterzeit mußten täglich drei vom Boden bis fast zur Decke aufsteigende Schulstuben-Kachelöfen geheizt werden. Da saß ich als Mädchen allabendlich mutterseelenallein in unserer Küche und schnitzelte mit dem Spanschnitzer, einem Messer, dessen besonders starke Klinge in einem gedrechselten Heft mit einer eisernen Zwinge festgehalten wurde, ganze Berge von papierdünnen »feichtenen« Spänen, bis die Mutter mahnte: »Zeit is's ins Bett!« Und wenn ich das wundervolle Gefühl beschreiben soll, mit dem ich an diesen Winterabenden mit den Spänen gleichzeitig auch meine Träume und Gedanken von meiner Seele abschnitzelte, dann wüßte ich hierfür gar nicht das Wort zu finden.

Liebeszeichen

Wenn auch bereits im Jahre 1807 das Verbot des Kienspans erlassen worden war, benutzten trotzdem die Dorfschmiede noch bis 1900 mit Vorliebe diese Leuchte, weil gerade deren schwaches Licht die Stärken der jeweils notwendigen Glüh- und Hitzegrade des Eisens am besten erkennen ließ.

Aber auch sonst dienen die Späne weiterhin als Zündmaterial im bäuerlichen Haushalt, und droben auf der Alm, wo in der Sennhütte vielleicht noch das offene Herdfeuer lodert, ist ihr Bedarf besonders groß. Wenn dort ein in den »Hoagascht« zukehrender Bua mit Spanschneiden sich die Zeit vertreibt, wenn er dann gar einmal der Sennerin ein Bündel besonders schön geschnitzter oder verzierter Späne herrichtet, dann weiß diese ganz gewiß, daß das Herz des Buam nur für sie schlägt und in ihm ein Feuer brennt, das zu ihrer Herzstatt sucht. Ist der Spender dieser bäuerlichen Liebesgabe nicht imstande, sie mit farbigem Stift zu verzieren, dann schmückt er die Späne mit einem Abziehbild. Verzierte Späne werden um das Bündel Feuerspäne gelegt. Nimmt die Sennerin das Spanbündel an, dann weiß der Spender, daß seine Werbung Erhörung gefunden hat. Von nun an wird er es für seine Pflicht halten, stets für den Vorrat an Feuerspänen zu sorgen. Erfüllt er seinen Liebesdienst gewissenhaft, so wird die Sennerin die Bündel mit den Zierspänen so auf die Herdstange legen, daß diese nach abwärts gerichtet, jedem, der in ihrer Hütte zukehrt, ins Auge fallen.

Wie den Kienspan in der Küche, so hatte man in der Wohnstube als Lichtquelle das »Liachtdegerl«, ein eigenhändig gefertigtes fettgespeistes Tontiegerl, oder das Ölkandl, ein flaches Weißblech- oder Messingschälchen von der Größe einer Untertasse, das an einem Draht von der Stubendecke herabhing. Es besaß eine Art Schnabel, aus dem der Docht herausbrannte. Dem Ölkandl war ein Stocher angekettet, mit dem das sich gerne in den Schnabel zurückziehende Dochtende wieder herausgeholt wurde. – Heute heißt das in den Berghäusern um Inzell verwendete gläserne Petroleumlämpchen »Liachtdegerl« und das Umherlichteln »umeinanderdegln«.

Ähnlich dem Kienspan brauchte auch das Öllicht seine Wartung. Bestand der Docht aus dem Mark des Binsenrohres, das in sumpfigen Gegenden reichlich und kostenlos wuchs, so mußte dieser, da er an seinem brennenden Ende rasch verkohlte, fleißig hochgezogen werden, eine Arbeit, die meist den Kindern oblag. War der Docht aus Baumwollfaden, über dem Knie gewuzelt oder gedreht, dann mußte er während des Brennens von Zeit zu Zeit »geschneuzt« werden.

Um seine Leuchtkraft zu verstärken, stellte man vor das »Lichtdegerl« eine mit Wasser gefüllte gläserne Halbkugel, die einer Schusterkugel ähnelte. Gespeist wurde die Leuchte auf verschiedene Art: mit Leinöl oder mit Rapsöl, aus Lein- oder Rapssamen gewonnen. Man verwendete aber auch Walfischtran, Hunde-, Katzen- und Dachsfett, dazu das aus Bucheln, den Früchten der Buche gewonnene Buchel- oder Agramöl. Letztes diente auch als Speiseöl, und es ist wahr, daß die Apfelküchel nirgends so unvergleichlich köstlich waren als bei unserer Schulhausputzerin, der alten Kosserwabn, die sie in Buchelöl buk.

Leinsamen, Rapssamen und Bucheln wurden in den meist den Mühlen angeschlossenen Ölmühlen oder -pressen ausgedrückt und zwar in der Weise, daß der Same zuerst erhitzt, hierauf mit einem Stößl gestampft – daher für diese Mühlen auch der Name »Ölstampf« – dann mit einem Hammer so lange geschlagen wurde, bis das Fett restlos ausgeschieden war.

Nach Hausschlachtungen brannte man auch Schweineschwarten als Leuchten. Öllieferant der Bergbauern war vielfach der Pfaffenhütchenstrauch. Seine Samenkerne, die sog. »Pfaffenkapperln«, ergeben ein dickflüssiges, überaus fettreiches Öl, das auch in Apotheken zur Bereitung von Heilsalben verwendet wurde.

Der Zunder

Den zündenden Funken für Leuchte und Licht spendete nicht das Zündholz, das wir uns heute nicht mehr wegdenken können, sondern der Zunder, ein in Aschenlauge gebeizter, breit und fransig geklopfter ausgetrockneter Buchenschwamm, der den aus Stein geschlagenen Funken zur Weitergabe aufnahm. Hatte er ihn aufgenommen, so blies man die Glut mit Aufbietung aller Lungenkraft an. Der Zunder stand auf dem Fensterbrett in der Küche, auch auf dem Rand der »Rachkuttn« über dem Herdfeuer. Um die beschwerliche Arbeit des Funkenschlagens möglichst einzusparen, bauten sich vorsorgliche Hausfrauen auf der offenen Herdstatt aus Mauersteinen das »Herdfeuergrüabi«, in dem sie nach dem Abkochen glühende Kohlen unter Asche für das nächste Feuermachen aufbewahrten. Das »Herdgrüabi« trug in manchen Gegenden auch den Namen »Fastngrüabi«, da in diese Mulde die vom Karsamstagsfeuer heimgebrachten glühenden Kohlen gelegt wurden. Das Herdfeuer mußte übrigens nach altem Brauch einmal im Jahr vollkommen erlöschen und vom Osterfeuer erneuert werden.

Nachfolgerin des Lichtspans war die Unschlittkerze. »Es geht halt nix über so a Unschlichtkerzn«, pflegte mein Vater mit einer spürbaren Spitze gegen Mutter zu sagen, die, aus einem besseren Hause stammend, bezüglich des üblen Geruchs sehr gegenteiliger Ansicht war. Wenn sie wirklich einmal einen Kreuzer übrig hatte, legte sie ihn in einer Stearinkerze an, die sie dann, heimlich und vor unbefugten Zugriffen verwahrt, in ihrer Rocktasche bei sich trug.

Die Unschlittkerze wurde aus Tierfett hergestellt, teils im eigenen Haushalt, teils bei den Metzgern oder, wie bei uns daheim, beim Seifensieder, in dessen Umgebung es dadurch an föhnigen Sommertagen buchstäblich wie die Pest stank.

Den Dienst des Kienspans und der Kienleuchte hatte auch die Blechlaterne übernommen, die statt des Glases noch um 1900 im Blech Löcher trug. Später schützte das Licht in Öl getränktes Papier, aber auch eine lichtdurchlässige Rinds- oder Schweinsblase wurde verwendet.

Einen Aufschwung bedeutete auf dem Lande die Einführung der Petroleum-Straßenlaternen. Als bei uns daheim eine solche Laterne vor dem Schulhaus zur Debatte stand, warf in der Gemeinderatsitzung der Buchbindermeister Degenfelder entrüstet ein: »Natürli, daß der Lehrer Hager a Latern hat, bal er mit seiner Famili ins Bett geht!«

Die Bauernstube

Kuchl und Wohnstube, letztere der gemeinsame Aufenthaltsort der Familie und des Gesindes, waren gerne durch das Hungerloch, Durchreiche zur Auftischung der Speisen, miteinander verbunden.

Die Bauernstube ist groß und kühl. Sie dient der Ruhe nach der Arbeit. Der Ofen steht darin auf eisernen Füßen oder er ist vom Boden auf gemauert und gekachelt. Seine Schür wird meist von der Küche aus durch das »Ofengangl« mit dicken Holzscheitern gefüttert, denn:

> Der Winter is a harter Gsell,
> der treibt die alten Weiber hinter d'Höll!

– d. h. hinter die Ecke zwischen Ofenwand und Stubenmauer. Auf der Ofenbank oder Ofenbruck, auch »Flack« genannt (von flacken, sich behaglich hindehnen), wärmt sich der Bauer oder der Ahndl auf. Ganz in Behagen zusammengesunken, hört er, wenn das Feuer spritzt, knallt und kracht. »Das Leut« weiß dann, jetzt schimpfen die droben im Himmel über die sündigen Menschen herunten im Haus. Der böse Loki steht dann am Feuer. (Dieser hat auch seine Hand im Spiel, wenn während einer Trauung auf dem Altar eine Kerze flackert, wobei nach altem Glauben jenes von den Brautleuten zuerst stirbt, auf dessen Seite dies geschieht. Loki ist ferner am Werk, wenn Regen und Sonnenschein rasch aufeinander folgen. Dann pflegt man zu sagen: »Der Deifi haut sei Wei.«) Am Ofenbank-Fuß befinden sich an eiserner Kette das geschnitzte, auch einmal bunt bemalte »Schuhlöfflmanndl« und der »Stiefeziaga«, mit dessen Hilfe der Bauer prustend und mit gerötetem Kopf seine Beine aus den langen Stiefelröhren herauszieht.

Der Platz unter der Ofenbank war nicht selten dem Geflügel vorbehalten. So ist es noch nicht lange her, da wohnte bei unserem alten Mesner in einer Steige, die sich dort befand, das Hühnervolk. Durch das Hennaloch, einen durch die Hausmauer führenden Schlupf, trieb der Gockel allmorgendlich sein Hühnervolk ins Freie und lockte es allabendlich wieder herein. Oft war es auch ein Käfig mit einem Turteltaubenpaar, das unerläßlich zum ländlichen Hausinventar gehörte. – Man glaubte, daß es Krankheiten, vor allem das Podagra und das Zipperl, Fuß- und Handgicht, an sich zöge. In Milch gekochten Turteltaubendreck legte man gegen den Rotlauf, die Blutvergiftung, auf und als König Max daran erkrankt war, ließ Königin Maria auf Anraten ihrer Hofdamen unter sein Krankenbett einen Käfig mit Turteltauben stellen. Der König starb trotzdem an dieser Krankheit.

Josef Petzl, 1803–1871, Jakob Ostler von Garmisch (Bleistift)

An die Turteltauben denke ich gerne zurück. Es war ein Vergnügen, wenn wir Kinder einmal im Jahr beim Fürstnerbauern in Fürst zu Gast geladen waren. Wir saßen um den braunen Milchweitling in andächtiger Hingegebenheit und löffelten unser Lieblingsgericht, die dick berahmte gestökkelte Milch. Plötzlich gurrten dem Fürstner seine Turteltauben ihr helles »Rugu Rugu« in das Geklapper unserer blechernen Löffel! War der Fürstner besonders gut aufgelegt, dann holte er den Käfig mit den Turteltauben unter der Ofenbank heraus, stellte ihn auf das Fensterbrett und lehnte seinen viereckigen, blechgerahmten Rasierspiegel dem Käfig gegenüber an die Fensterwand. Und schon begann der Tauberer sich vor seinem Spiegelbild zu recken und zu strecken, wendete und drehte sich, kokettierte und scharmuzierte, während die Täubin, ungerührt von dem eheherrlichen Seitensprung, in der Käfigecke saß, bis der Fürstner mit rauher Hand in die sieben Himmel der Tauberschen Glückseligkeiten griff und den »narrischen Deifi« mitsamt seinem Käfig wieder in die Unterwelt verbannte.

An den Ofen schließt sich das lederne Kanapee an, auf dem die Hauskatze mit aufgeplustertem Fell in sich zusammengekauert den Nachmittag verdöst. An Sonn- und Feiertagen liegt hier der Bauer lang hingestreckt, den Hut über dem Gesicht, daß es schön dunkel ist. »D'Weiberts« haben allgemein auf dem Kanapee nichts zu suchen.

Am Tisch

Zu den Fenstern gerückt, steht in der Bauernstube schwer und mit weit gespreizten Füßen der Tisch. Um ihn sitzen mit den Lebenden unsichtbar auch die Abgeschiedenen, die guten Geister des Hauses, all die Gewesenen, die einst hier zu Hause waren, ihre Ärmel an der Tischplatte gescheuert, in aufgestützte Ellenbogen geweint, in heimlicher Liebe Hände und Füße zueinandergerückt, die Finger betend ineinander geschlungen und das schwarze Brot im Namen des Vaters und des Sohnes und des Heiligen Geistes gebrochen haben.

Über dem Tisch drehte sich früher im aufsteigenden Speisendampf die »Unruh«, die hölzern befiederte Taube des Heiligen Geistes, und vom Ehrenplatz übereck blickt zwischen den beiden Fensterstöcken aus Binsenkolben und Palmzweigen, aus Ährenbüscheln und papierener Blumenzier der Gekreuzigte auf Bauernleid und Bauernfreud.

Herrgottswinkel und Tisch sind unverrückbar, auch dann, wenn anstelle einer erloschenen Sippe eine neue Saß deren Grund und Boden bezieht. Ich fragte einmal die alte Weberhanslin, die Letzte ihrer Sippe, die, 93jährig, mutterseelenallein in ihrem Häusl auf den Tod wartete: »No, Hanslin, balst jetzt nacha amal stirbst und Dei Sach verkaft werd, weilst Du ja neamad nimma hast, wer kriagt nacha den Herrgott drin im Stubeneck?« – ich hatte nämlich ein Auge auf ihn geworfen. Darauf die Weberhanslin: »Den Herrgott? Ja, der bleibt aufn Haus und auf dem Fleck, wo er iatza is. Dort is er scho ghängt selmals, als mei Vata selig dös Häusl da von dö altn Mesnaleit kaft hat. Gang ja mit Eahm da Segn ausn Haus, wenn ma Eahm von sein Fleck weggatragn tat.«

»Mein Haus ist meine Welt.« – Auf niemand dürfte dieses Wort treffender geprägt sein als auf den Bauern. Erst wenn sich die Haustüre hinter ihm geschlossen hat, ist er bei sich daheim. »Gehts no eina«, begrüßt man den Gast auf der Schwelle, führt ihn in die Stube und schiebt ihm am Stubentisch mit einem einladenden »sitz Di zuawa« die Bank oder den Stuhl zurecht. Den Gast vor dem Hause zu empfangen, wäre unschicklich, denn nur hier am Tisch fühlt sich der Bauer dem Gaste heimisch verbunden.

Zur Bauernstube gehört wie der Deckel zum Topf das in die Mauer eingelassene Wandkastl. Darinnen liegen im oberen Fach das Schreibzeug, das Tintenglasl, früher auch das Streusandbüchsl – gab es keinen Streusand, so verwendete man zum Auftrocknen der Tintenschrift Asche aus dem Ofenloch oder man kratzte etwas von der Mauer ab –, dann der Karmelitergeist für das »Schlechtsein« und der Enzian oder Zwetschgenschnaps für das »Gutwerden«, »die Schweinsbladern« für den Pfeifentabak, zuletzt noch der Schreibkalender, in dem aufgezeichnet ist, »wann 's Blassei gstiert hat, wann 's Scheckei kalma muaß, wann d' Roß aufgnumma ham, wann 's Interesse fällig is, wann d' Hübatek aufkündt werd, wann die Bäuerin 's Katei zum Impfa tragn muaß« usw. Im unteren Wandkastlfach wohnt die geistliche Erbauung, die Heiligenlegende oder der Goffini, das Brillnglasl von der Bäuerin und das weidengeflochtene Nähzeugkörbl.

Die Haustafel

Neben der Stubentüre hing gerne eine »Haustafel« und mahnte:

> Ruf an den Gott,
> Hab Geduld in Not,
> Gib Armen Brot,
> Schweig im Leid,
> Die Unzucht meid,
> Frag nichts nach Neid,
> Hab acht der Zeit,
> Auf Freunde nicht bau,
> Nicht allen trau,
> Auf Dich selbst schau,
> Sei nicht zu genau,

Pfleg Dein Gesund,
Regier Dein Mund,
Treib nicht böse Findt,
Hüt Dich vor Sünd,
Die Alten ehr,
Die Jungen lehr,
Dein Haus ernähr,
Des Zornes Dich wehr,
Halte Dich fein rein,
Mach Dich nicht gemein,
Denn,
Treu ich's mein.

Zu dieser Haustafel gesellte sich meist als himmlischer Schutz und Schirm und zur Abwehr alles Bösen ein gedruckter Haussegen mit geistlichen Darstellungen, oft war ein solcher auch an der Haustür und der Stalltür angenagelt. In der Stube hing er unter Glas und Rahmen, damit er im Namen der Familie Tag für Tag bitte:

O, Gott, nimm mich in Deine Arm,
Mach mich nicht zu reich und nicht zu arm,
Große Armut ist beschwerlich,
Großer Reichtum ist gefährlich,
Darum ist mein Wunsch allein,
In dem Mittelpunkt zu sein.

In ländlichen bürgerlichen Häusern ging man in seiner Bitte noch einen Schritt weiter und empfahl nicht nur seine Familie, sondern auch die weitere Heimat, den Ort, der die Verdienstmöglichkeit und damit das tägliche Brot gab, dem Segen des Himmels. Ich sehe diesen Haussegen noch vor mir, wie er über unserem ledernen Kanapee hing, und ich habe ihn als Kind so oft gelesen, daß ich ihn heute noch

Wort für Wort auswendig kann. Unter einem in blauer Farbe aufgedruckten Christus stand zu lesen: »Gott, der Allmächtige, beschütze und beschirme mit seinem reichen Segen die Pfarrgemeinde Prien.«

Haus- und Schutzbrief vom Jahre 1724

Befiel den Herrn und hoffe auf ihn,
er wird es wohl machen.(Psalm 375)
Im Namen Gottes, des Sohnes und des heiligen Geistes.

Amen.

So, wie Christus im Ölgarten still stand, so sollen alle Geschütze auch stille stehen, wer das Geschriebene bei sich hat, den wird auch nicht schaden, es wird ihn nicht treffen des Feindes Geschütz und Waffen. Dieselben wird Gott bekräftigen, daß er sich nicht fürchtet vor Dieben und Mörder. Es soll ihm nicht schaden, Geschütz, Degen oder sonstige Waffen. Alle Gewehre sollen stille stehen. Alles Sichtbare und Unsichtbare, so wie man auf mich los schießt, durch den Befehl Jesu. Amen. Da müssen Stille stehn, alle sichtbare und unsichtbare Gewehre durch Befehl des Engels Michael. Im Namen Gottes des Vaters . . .

Das geschirrte Zimmer

Obenauf, droben im ersten Stock liegt die »geschirrte«, die »gute Kammer«, der schönste Raum des Hauses. Herr der »guten Kammer« ist der Kasten, der doppeltürige, mit den ehrwürdigen Besitztümern des Hauses und der Familie wie Brauthabe, Ahnenerbe, Kindergut. Von der Kammertür zu ihm führt eine schmale »Broatn«, eine Teppichlänge aus alten und neuen Stofflicken und -fleckerln genäht oder gewoben.

Soll einem Gast besondere Ehre erwiesen werden, dann schließt man ihm diesen Kasten auf zur Schau in die Seele des Hauses. An den großen Familientagen, den Hochzeiten und Kindstaufen, steht der Kasten mit weit geöffneten Türen, und seine Schätze warten auf die Ehre des Besuches der Gesippten.

Da lagern, zu runden Ballen aufgerollt, kühl und schwer die Lasten des Linnens, eigenhändig gebaut und gesponnen, manche Ballen von Urgroßmüttern geerbt. Mit sinniger Liebe zu den Dingen erscheinen die aus dem Kasten blickenden Enden der Leinwandrollen mit Sternen und Sternlein in allerlei phantasievollen Ornamenten rot bestickt. Dazwischen stecken wohlriechende Kräuter und bunte Sträußl von künstlichen Blumen, Zeugen festlich verlebter Stunden oder Erinnerungen an längst verwehtes heimliches Lieben. Auch vielleicht als letztes Leuchten ungelabter Sehnsüchte und Wünsche einer drängenden und treibenden Jugendzeit. Mit flatternden Seidenbändern prangt der Hochzeitsbuschen und das myrthene Kränzlein, das den Arm eines Primizianten umschlang. Licht und leicht und zart vergilbt »der Taufzeug«, dann die Sterbekerze. Daneben, sorglich gefaltet und weiß wie Schnee, das Versehtuch, das Tuch zum Abspeisen des Sterbenden, zum Empfang der göttlichen Wegzehrung auf die Reise in die Ewigkeit.

Zwischen die Leinenrollen gesteckt, schimmern die silbernen Patenlöffel, die zinnenen Godnschüsserln, die Tauftaler und die Firmtaler, und die Sparbüchsel reihen sich auf von Kind zu Kind.

Inmitten all dieser Herrlichkeit hängt festlich, von Silberfiligran und glitzernder blauer, roter oder grüner Perlenpracht geschmückt, der Brautrosenkranz. Er wird umwoben vom Duft des Wachses, das in großen und kleinen, in kunstvoll geflochtenen und in einfach gewundenen, in vergoldeten und in bunt bemalten Wachsstöcken gesammelt ist.

Der ganze Kasten, von oben bis unten gefüllt mit diesen Kostbarkeiten und betreut von der Frömmigkeit der »Gweichtln und Amulettln«, der großen und kleinen »Betn und Beterln« Rosenkränzl, die sich malerisch um die an die Innenseite der Türen aufgeklebten Heiligenbilder kränzen.

Bäuerliche Sinnenfreudigkeit, Kunstsinn und Farbenlust, geboren aus dem üppigen Schoß der Bauernphantasie, beharren in der Tradition und verbinden sich allzeit mit den Dingen des Hauses. Da prunken, in leuchtender Buntheit bemalt, Truhen und Kasten, Butterfaß und Butterschaff bis hinab zur großmütterlichen Spanschachtel. Beblümt und herzentragend schaukelt die Wiege in der ganzen seligen Heiterkeit derer, die in ihr lagen. Mit kunstvoll gedrehten und gewundenen Säulen steht die zwieschläfrige Himmelbettstatt. Ihr Fußende zeigt das Bild des Hausheiligen, und am Kopfende betreut die Lieblingsheilige der Ruhenden Schlaf und Traum und was hoffend dazwischen liegt.

Prunkvoll gearbeitet ist das feiertägige Riemenzeug der Rösser und das lederne Glockenband der Almkuh. Der Pflug trägt das Hauszeichen, wie auch das hölzerne Joch der Zugochsen; es wird dem schwarzen Brotlaib eingedrückt und der goldgelben Butter. Sprüche und Reime zieren das Osterei, das Sparbüchsl, das Spinnradl und das »Bettstadl«. Selbst der Stubenofen dient mit seiner behaglichen Fülle einer Spruchweisheit oder der Frömmigkeit biblischer Darstellungen, und manche alte Stubentür spricht zum Willkommen, vor langen Jahren vom Dorfschreiner in wunderlichen Lettern aufgemalt, ihr »Gelobt sei Jesus Christus«. Und so war allem und jeglichem im bäuerlichen Haus Seele gegeben.

Viktor Sieger, 1843–1905, Holzstadel (Bleistift)

Vom Hausbau

Da unsere Vorfahren jegliches Tun und Lassen den Göttern empfahlen, unterließen sie es auch nicht, ihnen bei der Errichtung einer Wohnstatt ein Bauopfer darzubringen. In der Regel war es ein Tier, das lebend in das Haus eingemauert wurde. Das geschah sogar noch gelegentlich zu Beginn des 20. Jahrhunderts mit schwarzen Hennen. Doch, abgesehen von diesen vereinzelten Fällen, hatte sich das heidnische Tieropfer in die christliche Opfergabe gewandelt: Man mauerte geweihte Kräuter, geweihtes Salz und Brot, ein geweihtes Antlaßei, geweihte Münzen und andere Reliquiarien, ein Kreuz von der Rinde der Eiche, der Esche oder der geisterbannenden Ulme in das Dachgebälk.

Im Altertum war die Türschwelle heilig. Auf sie durfte nicht getreten werden, denn man ehrte in ihr den Sitz der Ahnen – ein Kult, der seine Schößlinge bis in unser Zeitalter herein getrieben hat. So belehrte mich im Alter von 5 Jahren der alte Kaufmann Stallechner, daß man nicht auf das Türbrett treten dürfe, man trete damit auf alle aus dem Haus Herausgestorbenen. Auch später erfuhr ich auf Umfragen in meiner Heimat von einer alten Basn, daß ihre Mutter den Kindern verboten hatte, auf die Türschwelle zu treten, und daß die Kinder dies auch unterließen. »Aber warum uns d'Muatta dös vabotn hat, dös woaß i nacha net.«

Man kann auf dem Lande einer gewissen Scheu vor dem Beziehen einer neugebauten Wohnstatt begegnen. Es heißt, daß der erste, der in das Haus einzieht, auch der erste sein könne, der in dem neuen Hause stirbt. Um dem vorbeugend zu begegnen, muß man »zerscht den Herrgott (ein Kruzifix) neischmeissn«. Er ist bereits am Kreuz gestorben, folglich stellt er auch den ersten Todesfall im neugebauten Haus dar.

Schön ist die auf dem Land zuweilen noch anzutreffende

Sitte, einem jungen Ehepaar vor dem Einzug in sein neues Heim Salz und einen Bissen Brot, die guten Geister des Hauses, voranzuschicken. Wohl eine der schönsten Empfehlungen in ein gnädiges Geschick las ich kürzlich über der Haustür eines eben fertig gestellten Hauses:

> Sigst, wannst a Häusl baust,
> is's no so kloa,
> Brauchst zerscht an Gottessegn,
> Sunst hebt koa Stoa,
> Sunst reißt der erschte Sturm
> 's Häusl Dir um.

War früher das neue Haus fertiggestellt, so wurde ihm die Hausweihe erteilt. Der Priester betete mit der Familie um den Segen Gottes: »Wir bitten Dich, o Herr, allmächtiger Gott, für dieses Haus und seine Bewohner und was in ihm ist, daß Du es segnest und heiligst und mit allem, was gut ist, erfüllen wollest. Wie Tau vom Himmel, so komme die Fülle Deines Segens auf die Bewohner herab. Aus der Erde sprieße reichlich, was sie sättigt. Lasse ihre Heilwünsche nach Deiner Barmherzigkeit in Erfüllung gehen.«
Am Tag des hl. Thomas, dem Schutzherrn des Holzes, wurde einst das wichtigste Bauholz, Balken und Firstbaum, aus dem Wald geholt.

Über ein noch vor hundert Jahren geübtes Brauchtum beim Hausbau erzählt der Stadtschreiber Heiserer von Wasserburg in seinen handschriftlichen Aufzeichnungen von der Grundsteinlegung zu seinem Anwesen in Stein bei Wasserburg im Jahr 1845:
»Nachdem mir mein Zimmerpalier mündlich anzeigte, daß die Zimmermannsarbeiten zur Dachstuhlhebung bis zum

16. Mai i. J. 1845 abends fertig werden, bestimmte ich die Dachstuhlhebung auf den 17. Diess. und ersuchte Herrn Pfarrer Mühlthaler zu Rieden mir eine hl. Hebmesse zu lesen und Nachmittag 12 arme Schulkinder auf die Baustätte senden zu lassen, und mich selbst auf der Baustätte mit einem Besuch zu ehren.

Die Hebmesse mußte vorhandener Hindernisse wegen schon am 16. diess gelesen werden. Die Dachstuhlhebung und Grundsteinlegung aber richtig Tags darauf, jedoch leider! ohne Anwesenheit des in Geschäften gehinderten Herrn Pfarrers. Morgens um 5 Uhr begann die gefährliche Arbeit der Dachstuhlhebung und wurde unter Beihilfe mehrerer Nachbarn um 6 Uhr glücklich geendet. Ich kam übrigens um 2 Uhr nachmittags auf die Baustätte, ordnete das Geeignete an, richtete die in den Grundstein zu legenden Gegenstände her, ließ die in den Grundstein zu legende Gedächtnistafel aus Kehlheimer Stein von den Zeugen unterschreiben, äzte hierauf die chemische Schrift mit Scheidewasser ein, brachte nach endlich vollendeter Dachstuhlhebung durch paarweise gehende Kinder die Grundsteingegenstände aus den schon vorhandenen hölzernen Jäger- und Fischerhäuschen zur Baustätte und sprach hernach Folgendes zu den zahlreich versammelten Anwesenden:

Gestern haben wir uns vor dem Altare des Allerhöchsten die Gnade des glücklichen Beginnens und der glücklichen Vollendung des gegenwärtigen Hausbaues und damit auch den Segen Gottes für alle jetzigen und künftigen Bewohner dieses Hauses bei einer heiligen Messe erbeten.

Das Werk ist, wie wir sehen, glücklich begonnen und wird vollendet in dem Vertrauen, daß der Himmel auch den Bewohnern dieses Hauses seine Gnade nie entziehen werde. Heute sind wir nun versammelt zu diesem Hause den Grundstein zu legen. Wir wollen dieses auf folgende herkömmliche Weise tun:

Wer zum Haus den Grundstein senkt
und dabei an Gott nicht denkt,
dessen Werk ist nimmer gut,
sich gewiß nicht fördern thut.
Drum sprecht auf mein Gesuch laut
Mit mir den wahren Spruch!
An des Himmels Segen – Alles ist gelegen!
Und beginnt mit Gebet
diesen Hausbau – er geräth
glücklich dann und auch mit Festigkeit
zu des Meisters und auch des Bauherrn Freud
1845!

Hierauf wurden unter Bezeichnung mit dem hl. Kreuz drei
Vaterunser, drei Ave Maria und der Glaube gebethet. Der
Grundstein, drei Gegenstände – die Gedächtnistafel, eine
Silbermünze vom heurigen Jahre, und Getreid auf öffent-
liche Verlesung der Gedächtnistafel von mir, dem Maurerpa-
lier zur Ein- und Vermauerung übergeben.
Die Inschrift auf der Gedächtnistafel lautet: Im Namen der
allerheiligsten Dreifaltigkeit wurde dieses Haus von Josef
Heiserer, Stadtschreiber in Wasserburg und diemaliger See-
und Grundeigenthümer in Soien unter vorerst erbethenen
Segen des Himmels heute zu bauen Angefangen, was hiemit
durch eigenhändige Unterschrift bestätigen

Bauer, Gemeinde Vorsteher   Sojen den 17 May 1845
Kurz, Zimmermeister   Joseph Heiserer
Eicher, Zimmerpalier   Bauherr
Kirchlechner, Maurerpalier
Mittermayer, Jäger und Fischer

Denn nach geschehener Einsenkung und Deckung von mir
und vielen Anwesenden im Namen Gottes des Vaters, des

Sohnes und des hl. Geistes 3 Schläge mit dem Hammer auf den Schlußstein gemacht und darauf in der Rede fortgefahren:

Lasst uns nun auch Gott dem Herrn ein Dankopfer darbringen. Nehmet ihr Vorsteher der Gemeinde Soien aus meinen Händen im Namen aller bei diesem Bau Betheiligten diese Münze und legt dieselbe auf den Altar unserer Kirche dahier.

Wie wir uns jetzt gerade den ewigen Beistand Gottes erbethen haben, so soll auch unsere heutige Handlung im Volksmunde fortleben. Dazu gebe ich euch Kindlein hiemit ein kleines Andenken an diesen Tag, damit ihr desto freudiger zu Hause erzählt, was ihr heute gehört und gesehen, und damit auch euren einstigen Kindern desto sichere Nachricht geben könnt.

Aber auch ihr bey diesem Bau Betheiligten Werkleute und Arbeiter sollt nicht vergessen seyn und sollt hiemit eine kleine Ergötzlichkeit für euer gefahrvolles Bemühen mit dem Wunsche erhalten, mir treu und fleissig während des ganzen Baues zu dienen und nichts zu unterlassen, was zu meinem Besten gereicht!

Das Andenken für die Kinder und die Ergötzlichkeit für die Arbeiter bestand in einer neuen Münze und einem Begleitzettel, darauf der voraufgeführte Vers stand: Wer zum Haus den Grundstein senkt . . .

Geniesset nunmehr den euch zu Theil werdenden Labtrunk mit Fröhlichkeit und Ehren, schließt mit mir, wie begonnen im Namen Gottes und rufet mit mir aus Hoch lebe der König, hoch lebe der Kronprinz, hoch lebe das ganze königliche Haus.

Sojen am 17. März 1845, Heiserer, Stadtschreiber.«

Von den Brunnen

Wasser bedeutet Leben. Ohne Wasser gibt es keine menschliche Siedlung, keine Wohnstätte.

Einst war das steingefaßte Rund des Ziehbrunnens das schlagende Herz des Hauses und der Hofstatt. Aber die Zeiten, in denen sich an knarrender Winde die Eimer in die Brunnenkammer senkten und in die Tiefen tauchten, um das Wasser ans Licht zu heben, sie sind vorbei. Vorbei sind auch die gemeinsamen Dorfbrunnen, an denen die Mädchen schäkerten und schwatzten. Seltener wird heute schon der Pump- oder Leierbrunnen, der mit seinem Kastenverschlag, mit seinem aus der Mitte herausschießenden Wassermaul und seinem Pump-Einarm draußen steht im Hof oder vor der Haustür, aufrecht und anzusehen beinahe wie ein Mensch.

Kommt der Winter, dann wächst dem Brunnenmaul zur Freude der Kinder ein Bart von Eis, glashart und bis zum Boden hinab. Und Sommer und Winter ist es Buben und Mädchen ein Spiel, mit dem Brunnenschwengel zu pumpen und zu leiern.

Heute, im Zeichen der Wasserwerke und der Wasserleitungen, fließen die Brunnen von selbst. Aber ihre Poesie ist darum doch nicht zu Ende. In unseren Bergdörfern steht, umwuchert von grünem Lattich, von Vergißmeinnicht vor der Haustüre der hölzerne Röhrlbrunnen und singt Tag und Nacht sein Lied. Tag und Nacht und Nacht und Tag fließt die Quelle, füllt für den Herd die Eimer, füllt zur Tränke den Trog. Mit schweren Hufen kommt der Gaul zu ihm getrottet und zieht lang und tief das Naß in sich. Mit breit eingesenktem Maul und schlagenden Flanken säuft das Rind, quiekend und mit fliegenden Ohren umspielen den Brunnen die ringelgeschwänzten Ferkel, geschäftig schnäbelt die Ente die Tropfen vom Trog und nicht zuletzt kommen die Vögel geflogen.

Als das Dorf noch seinen gemeinsamen Brunnen hatte, war dieser Mittelpunkt der Siedlung gleichwie die Linde auf dem Gerichtsplatz oder auf dem Kirchplatz. Um das Brunnenrecht tobten oft erbitterte Kämpfe, entbrannte manch blutiger Streit.

Zu Zeiten der Dürre und an heiligen Tagen sprengten fromme Hände geweihtes Wasser in den Brunnen, und nie vergaß man, zu bestimmten Tagen, wie in den Rauhnächten, dem Brunnengeist zu opfern: ein Korn geweihtes Salz, ein Bröcklein geweihtes Brot, einen Büschel geweihter Kräuter, auf daß der Segen des Wassers nie versiegen möge.

Blumen und Blüten

Zum chiemgauischen Bauernhaus gehört die Blume wie die Seele zum Leib. Auf den Fensterbrettern, auf Holzstößen oder auf drei- bis vierstufigen Stellagen rechts und links der Haustür, an der Morgensonnenseite lebt in Scherben und Töpfen, in ausgedienten Tiegeln, Hafen und Blechbüchsen Blumenstock an Blumenstock, und die Bauernpoesie webt hell- und dunkelrote Geranien, bunte Pelargonien, klein- und großglockige Fuchsien oder »Christustränen« einfache und doppelte, d. h. gefüllte, klein- und großblütige, gelbe und braune Schnapperln oder Pantoffelblumen, mit langen, schmalen Blättern eine Meerzwiebel, in hölzernen Kistchen Goldlack und Hängenelken, mit vielen Blüten, rot wie Blut, das »menschliche Leben«, in langen, wehenden Strähnen das Frauenhaar, zu Hunderten aneinander gedrängt, die glühenden Köpfchen der Napoleonsnelken, ein rosarot blühender Hängekaktus und, heiß wie die Lust, der feuerblütige Blattkaktus, mit herbem zarten Duft auch einmal ein Oleander. Das schönste Platzerl haben wohlbehütet am Stubenfenster die Kleinodien, voran die Passions- oder Glaubensblume, die

> »Hochgebenedeite Pflanze,
> deren schöner Blütenstern
> uns in mildem weißen Glanze
> zeigt das Martertum des Herrn.«

Mit schneeweißem Kelch steht eine Kalla, mit riesigen Blättern die Blattbegonie, zum Kranz gewunden die Dornenkrone Christi und, zärtlich und fürsorglich dem ersten vormittägigen milden Sonnenstrahl entgegengerückt, mit glänzend grünen Blättchen ein echtes Myrthenstöckchen. Sie alle, wie sie blühen und glühen, sind vor langen Zeiten aus den umliegenden Gärten der Burgfrauen ins Tal gewandert.
Wo immer im Chiemgau drei Bäuerinnen zu einem »Schmatz« zusammenstehen oder sich gelegentlich festlicher Anlässe wie Kirchweih, Hochzeit, Kindstauf oder Begräbnis zusammenfinden, werden bestimmt zwei von ihnen auf »dö Bleamistöck«, ihr Lieblingsthema, kommen.
Einen Blumenstock darf kein böses Aug anschauen, denn es ist ihm gar nicht gleichgültig, wer zu ihm in Beziehung tritt. »Unguate Leut« dürfen sich einem »Bleamistock« gar nicht nähern, geschweige denn ihn berühren. »Tust Dei Pratzn net glei weg von mein Bleamistock!« hörte ich erst neulich die alte Binderin wie eine mütterliche Kätzin auf eine ihr unangenehme »Freundin« losfauchen, als diese sich nebenbei an ihren Myrthenstöcken zu schaffen machte. Als ich ihr aber diesen Sommer freudestrahlend berichtete, daß drinnen in der Großstadt meine von ihren Ablegern gezogenen 23 Myrthenstöcke über und über mit Blüten besät seien, meinte sie: »Siegst as! Der Kuchlschwester von der Kinderbewahranstalt hab i zwoa schöne Stöck gschenkt, weils mi a so obettlt hat. Und nacha sans ihra verreckt. Hab i's aba glei der

Frau Oberin gsagt, wias mi neulings drum ogredt hat. Ja mei, hab i gsagt, d'Schwester werd halt koa Jungfrau nimma gwen sei!«

Einen Blumenstock darf »koa bös' Aug« anschauen, denn am bösen Blick würde die Pflanze zugrunde gehen. Einem Schwerkranken dagegen soll man ein Myrthenstöcklein an sein Bett stellen, weil dann die Kraft der Pflanze dem Kranken helfen wird, die ungesunden Stoffe aus seinem Körper auszustoßen. Die ersten und die letzten Blüten eines Blumenstockes bringen dazu dem, der sie als Geschenk erhält, Segen.

Immer wird man einen selbst gezogenen Blumenstock nur fem schenken, von dem man weiß, daß er ein Herz für ihn hat. Soll ein Blumenstock gut blühen, so darf er, wenn man alten Blumenzüchterinnen glauben will, nie im abnehmenden Mond eingesetzt werden. Ausgenommen ist von dieser Regel der Karfreitag. An diesem Tag können keine bösen Einflüsse aufkommen. Immer wird eine anständige Frau, auch das wird behauptet, Erfolg in der Aufzucht der Blumen haben. »Is halt koa Jungfrau nimma«, konnte man früher ein junges Mädchen beschuldigen hören, wenn ihr die Blumenaufzucht nicht geriet. Nie sollte eine Frau in den Tagen ihrer Regel einen Blumenstock zu neuer Aufzucht abpelzen, da solche Pelzer nicht »eigroana«, d. h. nicht zu neuem Grün anwurzeln.

Diese volkstümlichen Anschauungen sind dem alten Glauben an eine gegenseitige Beziehung von Mensch und Pflanze entsprungen.

◁*Karl Raupp, 1837–1918, Grabkreuz (Bleistift)*

Hausgartl
und
Obstanger

Das Hausgartl

Hinter dem Stadl oder irgendwo am Haus liegt »das Paradeis«, der Obstanger mit dem Hausgartl für Kräuter und Blumen.

Uralt ist dieses bäuerliche Hausgartl. Es geht zurück in die Zeit Karl des Großen, der im Jahre 812 in seinem »Capitulare de villis« den Anbau von Heil- und Gewürzkräutern in den Gärten seiner Mustergüter anordnete. Die eigentlichen Vermittler der Aufzucht von Blumen, Heilkräutern und Gemüse aber waren Mönche, vor allem die Benediktiner, die auch Kunst, Wissenschaft und Kultur in die an diesen Gütern brachen Lande trugen. Mancher klösterliche Arzneipflanzengarten ist heute noch eine Illustration zum »Capitulare de villis et cortis imperialibus« Karls des Großen. Aus der Hege der klösterlichen Gärten wanderte das Pflanzengut an die Herrenhöfe der Gaugrafen, in die Burggärten und in Haus und Hof des Siedlers, wurde dort heimisch und blieb im Bauerngarten, im Hausgartl, das entweder vertraulich an die Hausmauer sich lehnt oder abseits von Baum und Haus der himmlischen Sonne steht. Schön gezäunt, auch einmal nur von ausgemergelten Holzstecken umstanden, wird das Hausgartl zur Sommerzeit in den maßlosen Ausbrüchen seiner Leidenschaft zum Blühen zum Wunder barocker Kraft und Schönheit.

Alleinherrscherin in diesem Bereich ist die Bäuerin. Wo ihr das Tagwerk eine übrige Minute zum Schnaufen läßt, steht sie im Freien, zupft und schaufelt und hackt, gräbt und jätet und gießt, und legt dabei die Last ihrer Daseinsnöte der Erde vertraulich ans Herz. Ins Hausgartl fällt die Träne ihrer Trauer über den Heimgang eines ihrer Lieben, dem sie ein letztes Rösl bricht. Ins Hausgartl verquillt das stürmische Drängen glückvoller Lust. Über den Gartenzaun wandert Aug in Aug leise die junge Liebe hinüber und herüber.

Ein stilles Fleckerl ist im Hausgartl für den »Kräutergsund«, die Heilkräuter, »gut für Not und Tod«: für den bitteren Wermuth, Salbei und Akelei, den Fenchel, für Lavendel, Ysop und Thymian. Letzte zählt schon im 12. Jahrhundert die hl. Hildegard, Äbtissin des Klosters auf dem Rupprechtsberg bei Bingen, in ihrer »Physica«, einem medizinisch-wissenschaftlichen Werk, auf. Ferner noch für das Liebstöckl aus den Gärten Karls des Großen und für anderes mehr.

Freilich, wo nicht ein weibliches oder männliches Wesen im Dorf aus besonderer Liebe und aus besonderer Einfühlung in den Segen und in den Wunderzauber der Natur die Heilkräuter in verständnisvolle Hut und Pflege genommen hat und Kenntnis und Kunde um die Geheimnisse ihres Heiltums in den Dienst der leidenden Menschheit stellt, dort ist das Pflanzen der Heilkräuter in der bäuerlichen Medizin so ziemlich außer Gebrauch gekommen. Dennoch grünen diese zeitverlorenen, vielfach nur noch Schützlinge des Windes, »des Gärtners aller Vergessenen«, in manchem Gartenwinkel ungekränkt und unbehelligt fort wie liebgewordene Erinnerungen an urgroßmütterliche Geschlechter.

Nur eines aus der Kräuterschar ist mit den Generationen jung geblieben, ist tapfer mit ihnen durch alle Zeit gegangen: das »Schmeckerl« oder der »Gürtler«, die stark duftende Eberraute. Nach wie vor gehört sie zum Buschen in das Mieder wie das Herz unter den Brustfleck. Ein Gürtel, am Johannistag als »Johannisgürtel« aus ihren Wurzeln geflochten und um das Bein getragen, verleiht der Trägerin Kraft und Fruchtbarkeit, nimmt, von einer Kranken ins Sonnwendfeuer geworfen, deren Krankheit mit sich und löscht sie mit seinem eigenen Leben im reinigenden Feuerbad.

Die Hauswurz

Die Krone aller Kräuter im Bauerngarten aber ist und bleibt die Hauswurz, allzeit hilfsbereit und helfend, darum auch Wunderkraut genannt. In einem ausgedienten Tiegel oder einem hölzernen Kistchen hockt sie auf dem Zaunpfosten oder auf dem Holzstoß vor dem Haus, nicht zuletzt auch auf dem Dach, rund und breit wie ein Weiblein mit vielen sich bauschenden Röcken. Keinerlei Pflege bedürftig, nährt sie sich von Sonne und Tau, und wo sie in Ermangelung eines besseren Platzes kurzerhand mit ihrem Tiegel auf das Hausdach gestellt ist, fühlt sie sich auch dort wohl und daheim.

Der reichlich fließende Saft ihrer fleischigen Blätter ergibt mit Schweinefett verrieben eine Salbe, die einst bei allen erdenklichen Gebrechen und Krankheiten Anwendung fand. Hatten wir Kinder im Spiel oder Streit eine Wunde davongetragen, so brach die Summerer-Großmutter ein Blatt von ihrer Hauswurz, träufelte dessen Saft auf die blutende Stelle, worauf die Wunde ein jedes Mal ohne eine Entzündungserscheinung rasch heilte. Es muß also vom Saft der Hauswurz eine desinfizierende Wirkung ausgehen, wie ja auch ein altes Kräuterbuch schreibt, daß ihre Blätter gut sind »zu dem rotlauff, entzündung der Augen, brandt, podagra und geschwür, die umb sich fressen.«

Daneben galt die Hauswurz als der gute Geist des Hauses überhaupt, der es mit Glück und Segen in seinen Schutz nahm. Dieser Glaube ging so weit, daß man eine gewaltsame Entfernung der Hauswurz gleichbedeutend mit einem darauffolgenden Niedergang des wirtschaftlichen Bestandes eines Hauses betrachtete. In solchem Falle war zu hören: »Er hat abhausn müssen. Hat ja d'Hauswurz von sein Dach abigschmißn.«

Weil übrigens auf Befehl Kaiser Karls des Großen die Hauswurz, – bei den Römern barba jovis, Jupiterbart, bei den

Rudolf Epp, *1834–1910, Bauernmädl (Bleistift)*

Germanen Donarbart, also dem Donnergott heilig, auf keinem Hüttendach fehlen durfte und dort vor allem den Blitz abzuwehren hatte, darum vergaß in früheren Zeiten die Bäuerin nie, beim Einsetzen einer Hauswurz den Segensspruch zu sprechen:

>»Du, Hauswurz, bist als Deck,
>Holst Feuer und Flammen weg.«

Neben die Hauswurz setzte man auch gerne gegen Blitzgefahr den Mauerpfeffer, auch »Himmelvater«- oder »Herrgottsbart« genannt. Ist er 7 Jahre alt, dann vermag er obendrein jede Wunde zu heilen.

Das Wurzelzeug

Eine Ecke im Hausgartl gehört dem Wurzelzeug für die Küche, also Petersilie, »Maigram«, Zwiebel, »Knofler«, Pastinak, Boretsch und Krenwurz. Ein Beetl ist für das Beigericht zum Schweinsbraten, für den »Gugumerer« die Gurke. Irgendwo am Zaun hat der Schnittling sein Standquartier. Gepflanzt soll im Hausgartl nach altem Glauben nur im Zeichen der Jungfrau werden, geerntet aber nicht. Den moralischen Sinn dieser volkstümlichen Anschauung mag sich der Leser selbst auslegen.

Die Brennat Liab

Auf dem Weg über die italienischen Klostergärten treffen sich im Hausgartl endlich Blumen aus aller Herren Länder, bis aus Sibirien und China, aus Afrika, aus Amerika und aus dem Morgenlande zugewandert.

Den blühenden Reigen eröffnet festlich im Kleid von Seide die »Große Prang«, die Pfingstrose, weiß wie Schnee und morgenrot und dunkel wie Blut. Ihren botanischen Namen Päonie hat sie von Theophrast (390–305 v. Christus), dem Begründer der Botanik, nach dem griechischen Götterarzt Päon erhalten. Somit dürfen wir in ihr eine der ältesten Blumen sehen, welche die Menschheit kennt. An schwankenden Stielen wiegen sich die »Fliegenden Herzen«, die »Tränen zerbrochener Liebe«. Heiß und hoch steht die »Brennat Liab«, Afrikas glühende Seele. Mit weißen Stirnen machen die Lilien den Garten fromm. Erhobenen Hauptes psalmodiert die Feuerlilie das Magnifikat ihrer Schöpfung, und mit hängenden Glocken läutet die Kaiserkrone zum Tempeldienst. In sanfter Süße duften die »Lamberter«, die Levkoien aus der Lombardei, verschwelgen sich Pfingstveigerl, Vanillstöckl und Reseda. Zum galanten Rittersporn gesellt sich streng und ernst der blaue Eisenhut; eingesponnen in ihren grünen Jungfernkranz, blaut die »Gretl in der Staudn«, mädchenstill und kühl bis an das Herz hinan verträumt die Balsaminie ihre Zeit, blau und gelb und weiß wuchern, Mütter unzähliger Kinder, die Verbenen, und weiß und rot und bunt und ungeniert wie billiges Spatzenvolk lärmen Stein- und Karthäusernelken. In purem Golde prangt das »Hoffahrtsschmeckerl«, die scharf riechende Tagetis, auch »stinkats Lieserl« genannt, strahlend steht die sonnenblütige Ringelblume, das leuchtende Licht auf den Hügeln der Toten in den Freithöfen und Allerseelen, und gleich beim Gartentürl wächst, herb und mit knabenhaftem Duft, der »Totenbusch«, der Buchs für die Zweiglein im Weichbrunnschüsserl an der Stubentüre, auf dem Familiengrab und am Fußende des zum letzten Schlaf hingestreckten Schläfers. Mit spitzen Zungen flüstert und lispelt und schwatzt mit der ewig säuselnden Luft das »Schürzbandl«, das weißgebänderte Frauengras. Um und zwischen die Zaunlatten drängen sich die fremdländischen Gesichter der Kapuziner, und mit morgenländischem Odem tut sich rund und prall die wohlriechende Nelke auf, das »Nagerl«, extra für den Bauern auf seinen Sonntagshut, für das Madl zum Kirchgang in das Gebetbüchl und schmuck und keck für den Buam hinters Ohr. Hochauf über alles Geblüh reckt sich dann die Sonnenblume.

Am Zaun steht die Rose, indes am Ehrenplatz in der Mitte des Gartls der Hochzeitsbusch, der Rosmarin, sein silbergrünes Gewand um sich breitet. An den steil aufragenden Leuchtern der Malve sitzen, eine an der anderen, die Stockrosen, gesund und rund wie bäuerliche Bräute am Hochzeitstisch. Über eine kunstlos zum Bogen gebundene Gerte wirft die Rose von Jericho ihr Kleid, und weiße und rote und silberne und goldene Glaskugeln gleißen und funkeln im Sonnenglanz wie vom Himmel gefallene Sternenlichter.

Beginnt dann das sommerliche Blumenvolk sich in die herbstliche Stille schlafen zu legen, ermattet an seiner eigenen Lust, dann tut der Phlox seine Augen auf. Die Herrlichkeit der Dahlien ersteht und in betörender Pracht der Feuerzauber der Zinien.

Der ganze Bauerngarten ist auf diese Weise vom Frühling bis zum sinkenden Herbst eine einzige, farbenbesessene, jubelnde Welt, Ausdruck überquellender Bauernkraft.

Nur einer bleibt inmitten dieser glühenden, sich entblößenden Lust unbewegt: der »Seglbam« (der Juniperus Sabina), Sadabaum oder Sevenwacholder. In der Ecke des Gartens breitet dieser immergrünende Eigenbrödler, ein weniges über den Zaun sich hebend, seine harschen und sperrigen Wedel dem Wind und der Sonne hin, pirscht sich auch einmal an den schützenden Rücken des Backofens oder verliert sich in den Grasanger. Nur der Obstanger ist ihm verwehrt, da er gerne den schädlichen Rost auf die Obstbäume überträgt.

Nie sucht sich der Sevenbaum Gesellschaft. Ganz auf sich allein gestellt, bleibt er, wo immer er auch stehen mag, Einzelgänger. Einst gehörte er zum chiemgauischen Bauernhaus wie das Bauernhaus zum Chiemgau. Als allzeit hilfsbereiter Mitarbeiter im Bereich der deutschen Volksheilkunde blickt er auf eine altehrwürdige Vergangenheit zurück, wuchs er doch schon unter der Bezeichnung Sawina in den Mustergärten Karls des Großen und nahm er doch auch in der Volksheilkunde der hl. Hildegard einen wichtigen Platz als Helfer in allerlei leiblichen Nöten ein: bei Keuchhusten, Gelbsucht, Asthma, Milz- und Leberverwachsungen, bei Grünspanvergiftung, Karbunkeln, Ischias, Tobsucht, Ohrenschmerz und Würmern.

Unlautere Menschen bedienten sich seiner freilich auch zu unlauteren Zwecken. Davon berichtet schon Dioskurides, der größte Kräuterkenner des Altertums, um 70 n. Christus. Aber wo wäre irgend etwas in der Welt, dessen Segen nicht auch zum Unsegen umgewandelt worden wäre?

Ein Zweig vom Sadebaum, der im Palmbaum oder im Wetterbuschen am Palmsonntag oder an Maria Himmelfahrt in der Kirche die Weihe und den Segen des Himmels empfangen hat, gibt diesen zurück an alle jene, die ihn erfahren wollen. Im Freien verbrannt, nimmt er mit seinem Ruch und Rauch Haus und Hof und Acker und Feld ein ganzes Jahr lang gegen unheilbringende Mächte in Schutz. Wie dazu schon das Kräuterbuch von Hieronymus Bock aus dem Jahre 1531 erzählt, versäumten deshalb nie » die Pfaffen, auf den Palmsonntag den Sevenbaum mit anderen grünen Gewächsen zu weihen, geben für, der Donder und der Teufel können nichts schaffen, wo solche weihte Stengel gefunden werden.« – Die Pflanze Selaga stand auch bei den Druiden in hohem Ansehen und wurde bei Opfern und festlichen Anlässen gleich der Mistel zeremoniell gepflückt.

Gönnen wir dem Segenbaum auch das bißchen harmlosen Liebeszauber, der ihm nachgesagt wird. Wenn nämlich der Bursch den Brauteltern seine Liebe mit Erfolg vorgetragen hat, dann bricht er zum Abschied vom Segenbaum im Garten ein Sträußl und steckt es auf seinen Hut. Er tut damit aller Öffentlichkeit kund und zu wissen, daß es von nun an mit der heimlichen Liebschaft ein Ende und die Liebe in allen Ehren seine Richtigkeit hat. Ferner geschieht dies, »damit dö Liab haltn tuat – und daß s' a wirkli ghalten hat a ganz's Lebn lang«, wie mir eines Tages, als ich noch jung und verliebt war, der alte Tirolervater, an seinem Segenbaum stehend, mit einem seligen Glänzen in den Augen erzählt hat.

Einst besaß der Segenbaum auch auf den ländlichen Freithöfen Heimatrecht. Nicht nur, daß er seine Zweige als Weichbrunnwedel spendete, er wuchs daneben gerne auf dem Totenhügel selbst, von liebender Hand dorthin gepflanzt, daß seine Segenskraft noch über den aus dem Hof Geschiedenen walte. Eine spätere Zeit bürgerte den altmodischen »gschtarratn Kampl« aus den Totengärten aus und ersetzte ihn durch die vornehmere Zeder.

Neben dem Sevenbaum nimmt das gleichfalls unter den Kräutern des Hausgartls vertretene »Lubestekel« der hl. Hildegard einen besonderen Platz in der bäuerlichen Welt ein. Das Liebstöckl bringt, wie schon Hildegard in ihrer Pflanzenkunde schreibt, den »Drüsen im Hals« Heilung, die bei Husten und Halsentzündung durch das in der Pflanze enthaltene terpentinähnliche ätherische Öl bewirkt wird. Es ist darum zu verstehen, wenn der Bauer früher vorbeugend gegen Halsweh seine Stube mit Liebstöckl ausräucherte. Vor dem scharfen Geruch des Liebstöckls nehmen auch die Unholde Reißaus. Darum gab man es einer »verhexten« Kuh in den Trank. Am Fronleichnamstag im Umgang mitgenommen, vermag es ferner vor Unwetter zu bewahren. Damit das Getreidefeld vor dem Bilmesschneider verschont bleibt, taucht der Bauer am Abend des Johannistages die drei Finger seiner rechten Hand in Liebstöcklöl und macht mit diesen drei Fingern an jeder Ecke des Getreidefeldes drei Kreuze. Geweihtes Liebstöckl, heimlich bei sich getragen, bringt schließlich Glück in der Liebe und macht das Herz des Burschen oder des Madls heiß, nach dem man Verlangen hat. Seine Blüten, von der Braut am Hochzeitstag im Rosmarin mitgetragen, bürgen für eine glückliche Ehe.

Unter der Obhut der Bäuerin steht nebem dem Hausgartl auch das »Kreuzgartl«, der kleine, gezäunte Blumenfleck um das Feldkreuz, und es ist ihr besonderer Stolz, wenn beim Herrgott die Blumen so schön blühen wie im Paradeisgarten.

Vom Obstanger

Als Methodik und zielbewußte Auswertung von heute in die Bauernobstgärten von einst noch nicht Eingang gefunden hatten, wuchsen, von Geschlecht zu Geschlecht mitgepflanzt und nachgepflanzt, die Obstbäume in Ungebundenheit. Der Birnbaum gesellte sich zu dem in behäbiger Breite ausladenden Apfelbaum, der dürrarmige alte Baum zur schlanken, maiengrünen »Pelzn«, alles unter- und nebeneinander. Diese alten Bauernobstgärten waren wie eine reich bevölkerte Familienstube.

Nur die »Zweschbe« (Zwetschge), stand allein. Sie fühlte sich unter ihresgleichen am wohlsten und trug hier am reichsten. Bei ihr war keine Veredelung nötig und so durfte sie, wie sie auf dem Grasboden aus dem Kern drang, weiterwachsen. Der Bauer achtete vor dem Mähen des Grases in seinem Obstanger auf ihre Schößlinge. Neben der unveredelten Bauernzwetschge hat sich nun auch die Pelzzwetschge, die veredelte, großfruchtige Zwetschge, eingebürgert.

Die Zwetschge selbst sollen einst Kreuzfahrer aus Dalmatien mitgebracht haben. Allerdings wandelte sie unter unseren bescheidenen Wärmeverhältnissen ihre üppige Gestalt in eine schlankere Linie und setzte dafür ihre leibliche Fülle in eine sozusagen vergeistigte Köstlichkeit um. Wenn sie sich um Allerheiligen mit dem silbernen Tau ihrer Hochreife vom Baum löst, dann ist sie von unbeschreiblichem Wohlgeschmack. Gar nicht zu reden von dem aus ihr gebrannten Zwetschgenschnaps, der »an Toutn aufweckt«.

An der Haus- oder Scheunenwand trug der »Pferschapfel«, ein heute selten gewordener Abkömmling aus der Familie der Pfirsiche, seine kleinen Früchte. Aus einem unveredelten Stamm gewachsen, entbehren die »Pferschäpfel« der wolligen Haut des Edelpfirsichs, haben eine apfelglatte Haut und werden nicht gepflückt, sondern vom Baum geschüttelt. Daher die Bezeichnung »Pferschapfel«, d. i. Pfirsichapfel.

Riesenhaft ragten die bäuerlichen Kirschbäume auf, mit schier undurchdringlichem Laubdach überschattete der Nußbaum, der Hausvater im bäuerlichen Obstanger, den Boden, auf dem er wuchs, und schließlich stand noch irgendwo anspruchslos, unverwüstlich und voll namenloser Geduld der Baum mit den »Kriacherln«. Jahr um Jahr trug er. In Büscheln hing er seine kleinen, kugeligen, blauen oder gelben Pflaumen aus. Sein besserer Bruder war der heute ebenfalls selten gewordene Baum mit den »Roßboin« (Roßballen, Pferdeäpfel), den großen süßen bräunlich-roten Pflaumen. Aus irgendeinem benachbarten Klostergarten hat sich auch einmal eine Quitte in den bäuerlichen Garten verloren. Ihre Fruchtkerne ließ unser Vater von seinen Schulkindern sorgfältig zur Herstellung seines Gummi arabicum sammeln.

Der bäuerliche Obstanger und sein Obst standen in früherer Zeit unter der Obhut und Verwaltung des Ahnl. Es war dessen besondere Freude, wenn er während der schweren Erntearbeit den Knechten und Mägden zum »Untern«, der Brotzeit, einen ersten Jakobiapfel spendieren konnte, und es war sein ganzer Stolz, wenn er noch gegen Ostern einen die Wintermonate hindurch sorglich gepflegten, gesunden Apfel vorzeigen konnte.

Zu den Obstbäumen buckelte sich der Backofen. An seiner Sonnenseite sprießen die ersten grünen Gräser, in die um die Osterzeit die Kinder das Nest bauen, und in seinem Schutz öffnen die ersten Märzenveilchen ihre Augen. Auf Johanni breitet über seinem Dach die Hollerstaude ihre blühweißen Brautbetten der Käferwelt entgegen, und im Herbst quellen aus seinem rauchgeschwärzten Leib die Düfte der in ihm dörrenden Zwetschgen und Birnen.

Apostelbäume

Als Fortsetzung des bäuerlichen Obstgartens stehen an Feldrainen und Ackerbreiten die wilden Äpfel- und Birnbäume, ohne Veredelung aufgewachsen, dafür aber von einer Fruchtbarkeit, die schier ohne Grenzen ist. Wenn sie im Herbst ihre putzigen Holzäpfel und -birnen abwerfen, ist der Boden um sie herum wie mit Dukatengold besät. Beim ersten Biß in eine solche Frucht zieht einem freilich die Herbheit das Wasser im Mund zusammen, weshalb die Bäume auch scherzhaft Apostelbäume heißen: ihre Äpfel

Friedrich Johann Voltz, 1817–1886, An der Tränke (Bleistift)

und Birnen enthalten nämlich so viel Säure, daß sie, wie der Volksmund behauptet, gleich zwölf Jahre lang frisch bleiben können.

Wenn schon im Jahr 1498 ein Buch, »Von den Früchten, Bäumen und Kräutern« betitelt, erzählt: »also habe ich auch in Baiern gesehen, dass die Fruchtbäume sorgfältig gepflegt werden in den Gehöften und ist lieblich zu sehen«, so ergibt sich hieraus, daß der Wert des Obstes und die Notwendigkeit seiner Kultur sehr wohl erkannt war. Der Obstbau stand im Chiemgau frühzeitig unter Schutz, denn nach Mitteilungen von Dürnegger-Samerberg lautet eine Bestimmung im dritten Art. 35. Titel für Urbarsleute in Aschau: »Welcher aber einen fruchtbaren Baum hackhen würde ohn' notturftig Ursach, der soll dem Gericht umb Siben schilling pfennig zu puess verfallen sein.«

In der Einführung und Pflege des Obstbaues wetteiferten Klerus und Adel. Den Wildlingen wurden in eigenen »Pelzgärten« (wie seinerzeit Söllhuben einen ausgezeichneten besaß) Edelreiser aufgepfropft oder aufgepelzt und mit ihnen die Obstgärten der umliegenden Ortschaften beliefert. Man scheute sich auch nicht, gutes Zuchtmaterial von auswärts zu holen. Dürnegger-Samerberg berichtet, daß um 1552 von Schloß Hohenaschau ein Bote nach Hall entsandt wurde, um von dort »pfelzn« zu holen, und noch in meiner Kinderzeit war an den Tagen der sommerlichen Lehrerkonferenzen unter den alten Schullehrern ein Tuscheln mit Obstedelreisern wie bei den Bäuerinnen mit Bleamlpelzern.

Um die Jugend mit dem Obstbau vertraut zu machen, befanden sich unter den früher üblichen Schulprüfungspreisen für hervorragende Leistungen auch drei »Preisbäume«, veredelte Obstbäume aus dem Schulgarten. Zu öffentlichen Baumsetzungen wurde die Schuljugend beigezogen. Als ich noch die Schulbank drückte, wurde für die Prüfung in Schönschrift mit Vorliebe der Vers verwendet: »Im engsten

Otto Seitz, 1846–1912, Bäuerin (Bleistift)

Josef Wopfner, 1843–1927, Ziegen auf der Alm (Bleistift)

Raum pflanz einen Baum / Und pflege sein, er trägt Dirs ein.«

Im Jahre 1686 erließ der Große Kurfürst, Friedrich von Brandenburg, ein Edikt, worin es hieß: ». . . Es soll auch allen Pfarrern in allen Unseren Aemtern und anderen Domänen hiermit ernstlich und bei Vermeidung schwerer Verantwortung anbefohlen sein, daß sie hinfort und von Dato kein Paar Eheleute trauen sollen, es habe denn der Bräutigam, er sei vorher ein junger Gesell oder Witwer gewesen, von seiner Amtsobrigkeit einen beglaubigten Schein und ein schriftliches Zeugnis produziert, daß er zum wenigsten sechs Obstbäume gepfropft und sechs junge Eichen an einem bequemen Ort gepflanzt habe. Sollte es aber geschehen, daß die Trauung zu Winters- oder Sommerszeit, da man nicht pflanzen könne, geschehen mußt und der Bräutigam aus erheblichen Ursachen die Pflanzung vorher nicht verrichten können, so soll er dennoch dieselben nach vollzogener Heirat in dem nächstfölgenden Frühling oder Herbst verrichten und indessen ein gewisses Pfand im Amt niederlegen, welches ihm nicht eher, bis er erweislich gemacht, daß die Pflanzung geschehen, wieder gegeben werden soll . . .«
Brautbäume in diesem Sinne gab es meines Wissens im Chiemgau nicht, dafür aber bis in die letzten Jahrzehnte herein den schönen Brauch vom »Kindlbaum«. Der glückliche Vater pflanzte nach der Geburt des Stammhalters einen Birnbaum, mit dessen Wachsen und Gedeihen er neben dem Schicksal seines Kindes auch die kommenden Geschicke seines Hauses überhaupt verknüpfte, so daß vielfach der »Kindlbaum« zum Haus- und Schutzbaum wurde. Es war vor etwa 60 Jahren, wir saßen gerade beim Mittagessen, da tat sich unsere Wohnzimmertüre auf, und der Bertl, der Knecht vom Pfeiferbauern in Hörzing, trat feierlich ein und meldete, den Hut in der Hand, die Geburt des Hoferben an:

»An schöna Gruaß vom Bauan, der jung Baua is da. Und an Bam tath a braucha zum eisetzn für den junga Bauan.«

Wie der Große Kurfürst bedacht war, sein nach dem 30jährigen Krieg verwüstetes Land wieder mit der Hege des Obstbaumes vertraut zu machen, so tat es später auch Trostberg. Mit dem Einverständnis aller Bürger nahm die Stadt für eine französische Quartierentschädigung die in der damaligen Zeit recht erkleckliche Summe von 408 Gulden ein. Es wurden hierfür am 31. August 1828 »durch die Bürger Franz Pfab und Jakob Weyerer 112 Obstbäume an den Landstrassen gepflanzt.«
Chiemgauer Obst war gefragt. Um der feine »Taffetäpfel« willen pflanzte Propst Sebastian Danner um das Jahr 1782 für die prälatische Tafel auf Herrenchiemsee hunderte der erlesensten Obstsorten und versorgte die Landschaft ringsum mit Edelreisern. Von den mustergültigen Klostergärten auf Herrenchiemsee, die mit der Säkularisation verschwanden, ist heute nur noch der »Apfeltrag«, die Apfelwiese, geblieben, die allerdings ihren Namen nicht von den auf ihr stehenden Apfelbäumen, sondern von ihren ehemaligen Grundherren, den Herren von Apfeltrag, herleitet. Das Tafelobst der chiemseeischen Prälaten indessen wird heute noch fortgepflanzt. Römische Hand ist es gewesen, die einst unsere Wildbäume veredelte und dabei auch das erste Edelreis auf die Stammbäume der Apfelgärten pfropfte, so daß wir im Chiemgau noch von römischer Saat ernten. Der Apfel war jedoch schon den Germanen wohl bekannt.

Welche Rolle dem Obst, insonderheit dem Apfel, zukam, geht daraus hervor, daß bei Übergabe eines bäuerlichen Anwesens ein bestimmtes Quantum davon für die Austragler festgelegt war. Und das nicht ohne Grund. Stammt doch von Hufeland, dem Leibarzt am Potsdamer Hof, gestorben 1836, das Wort: »Wenn jeder am Tag einen Apfel essen würde, müßte der Arzt bald betteln gehn.« – Tatsächlich unterließen es früher auch die alten Leute nie, vor dem Zubettgehen einen Apfel zu essen in der Meinung, daß dies jung und frisch und gesund erhalte. Mancher Bauer wirft aus demselben Grund auch seinem Vieh einen Apfel in das Trank. Das geschah freilich nicht aus gesicherter medizinischer Erkenntnis, sondern im Nachwirken alten Glaubens: Der Apfelbaum war nämlich der Liebesgöttin Freya geweiht und seine Früchte galten, gleich ihrer Göttin, als Sinnbild immerwährender Verjüngung und großer Fruchtbarkeit. Deshalb wird auch, wer fleißig Äpfel ißt, nach dem Volksglauben nicht impotent, und deshalb nennt der verliebte Bua nach dem Maschanzgerapfel die Mädchenbrust liebkosend »Maschanzgerkrapferl«.

Über Jahrtausende hinweg setzt ja unser Liebesbrauchtum den fruchttragenden Apfelbaum zum fruchttragenden Weibe in Wechselbeziehung: In mittelalterlicher Zeit wurde den Brautleuten im Hochzeitszug ein Apfel als Sinnbild ehelicher Fruchtbarkeit vorangetragen. Heiratslustige Dirndln steckten sich heimlich einen Apfelschnitz ins Mieder oder in die Rocktasche, um die Liebe dessen zu erwecken, dem sie geneigt waren. Schenkt der Bua dem Dirndl einen Apfel, dann weiß dieses, daß er um seine Liebe wirbt. Annahme oder Abweisung bedeuten dabei Erhörung oder Ablehnung. Dieses und jenes heiratslustige Mädchen befragt noch heute in ihren Liebesangelegenheiten den Apfel, indem es in der Thomasnacht entweder einen Schalenring hinter sich zur Türe wirft, durch die der Ersehnte im kommenden Jahr eintritt, oder einen Apfel unter das Kopfkissen legt, das sich während dieser Nacht am Fußende des Bettes befindet, und dazu den Heiligen bittet, er möge ihm im Traum den Herzallerliebsten zeigen. Schließlich soll eine zweite Apfelblüte im Herbst auf eine kommende Hochzeit im Hause deuten.

Mit großer Liebe hingen in früheren Zeiten die Obstbaumzüchter an ihren Pfleglingen. Nie nahmen sie einer »Pelzn« ihre Erstlingsfrucht ab, sondern das erstmals tragende Bäumchen durfte die Frucht so lange behalten, bis sie ausgereift abfiel. Zum Dank würde es, so glaubte man, im kommenden Jahr um so bereitwilliger Früchte bringen.

Es war in früheren Zeiten auch allgemeine Gepflogenheit, am abgeernteten Baum einen letzten Apfel oder eine letzte Birne hängen zu lassen als Futter für Wotans Roß, wenn es in spätherbstlichen Sturmnächten im »wilden Gjoad« den Sturmgott über die Baumkronen hinwegtrug.

Ich bin als Kind auf unserer Kirchgasse, die mitten durch den Obstanger des Moabein lief, an novemberspäten Tagen oft vor dessen Birn- und Apfelbäumen gestanden und habe mir den Kopf zerbrochen, warum der grantige, neidige Moabei, der jeden heruntergefallenen Apfel aufklaubte, nicht sah, daß hoch oben noch ein Apfel oder eine Birne im Geäst hing, bis ich mich schließlich einmal in meiner Unruhe um diese Vergessenen an die Vertraute unserer Kindertage, die Summerer-Großmutter, wandte, die mir erklärte: »Schaug, Fannerl, dö Äpfen und dö Birn, dö muaß ma für dö arma Seeln aufm Bam hänga lassn, denn dö müssen do a was z'essen ham, bals in der Armaseelnnacht zum Bsuach von eahnane Leit aus'm Grab aussasteign.«

So war also der Sinn des vorgenannten heidnischen Opfers an Wotan, dennAllmächtigen, in das Kleid eines christlichen Opfers für die armen Seelen geschlüpft. Trotzdem lebte auch das ursprüngliche Wissen noch fort, erhielt ich doch noch vor zwei Jahren folgende interessante Auskunft: »Ja, i woaß dös a nimma recht. Mir hat halt früahrers gsagt, daß dös mit dö früaheren Götter von dö Heidn ebbs z'toan ghabt hat.«

Darum:

> Laßt dem Baum den letzten Apfel
> Für den alten Wodan selber,
> Voller trägt auf Jahr der Wipfel
> Und der Weizen färbt sich gelber.
> (Dreizehnlinden)

Die guten oder schlechten Vermögensverhältnisse unserer Dorfeinwohner schätzte ich nach ihren Obstbäumen ein, die ich alle kannte wie meine eigene Tasche, und nach den Apfelvorräten, die jeweils für den Winter eingelagert wurden. Unter den allerlei verklungenen Obstsorten und -namen erinnere ich mich noch besonders gerne an den »Schepperapfel«, bei dessen Vorstellung mir heute noch das Wasser im Mund zusammenläuft. Sein Baum stand im Obstanger vom Pfeiferbauern-Vettern neben dem Backofen, die Früchte waren groß, von außerordentlichem Wohlgeschmack, und was das schönste war: vor dem ersten Biß schüttelte man sie herzhaft und ergötzte sich daran, wie drinnen, im hohlen Kernhaus, die Kerne schepperten. In Vergessenheit geraten sind auch der köstlich schmeckende »Broatling« aus der Bretagne, eine wenig ertragreiche Sorte, der »Weinling«, der »Stramling«, der »Herbstling«, der »Maschanzker«, der »Schmalzapfel« und mit ihnen noch eine Reihe, von denen mir heute nicht einmal mehr der Name einfällt.

Das Kapitel Obst wäre unvollständig, vergäße man dabei der überaus großen Verdienste der Schulmeister um Hege und Pflege des Obstbaumes. Zum Unterricht im Okulieren holte Vater für seine Schulbuben jedes Jahr unsern Lehrervetter Sporer von Frasdorf. Er war ein Meister in der Veredelung der Obstbäume und wußte dies wie kein anderer zu lehren.

89

»Ja und nacha, Buam, auf oamoi tragt der Bam nimma. Grad guat werd er ghaltn. Und pflegt werd er und dungt werd er. Aba allawei werd er weniger.«
»Du, Xaverl! Wia unsa Ahndl, der wo bloß mehr in der Sunna sitzn tuat.«
»Ganz schieda werd der Bam.«
»S' Gebetbüachl kon er a scho nimma haltn, der Ahndl.«
»Und nacha, Buama, steht er um, der Bam.«
»Iatzt is er gstorbn, der Ahndl.«
»Wia is dös nacha, Buam? Alt wern ma. Krank wern ma.

Seine Begeisterung entzündete auch den Eifer der lernbegierigen Buben, die mit aus den Hosen gewachsenen Füßen und kurz gewordenen Joppen um ihn standen.

»Iatzt paßts auf Buam! Dös junge Bamerl da, dös is a Wuidling, der wo einmal edle Früchte tragen soll. Drum muß ma ihn veredeln.« Die blonden und die braunen Bubenschöpfe neigen sich interessiert um den Wildling.

»So, iatz schneidn mir eahm da was weg, nacha mach ma eahm a kloans Schnitterl in sei Rindn eini. Oans hinunter und oans drüber. Da schiabn ma iatzt a kloans veredelts Zweigerl eini mit an Äugerl, dös wo nacha owachsn tuat. Nacha bindn ma's mit an Bast aus, dös Schnitterl. Und iatzt streich ma eahm a Wachs drüber. Is scho gschehgn. So, da

wohlhabender, den Samstagsmarkt besuchender Bauer, der jahraus – jahrein wohl den gleichen Barvorrat, im ledernen Zugbeutel einen Kronentaler, mit sich zum Markte trug, aber nie wechselte, sondern immer ›als ganzer‹ nach Hause brachte. Im Westentaschl trug er zum Verbrauch drei Kreuzer mit. Wenn seine Nachbarn beim Zieglerwirt, auf der Post oder beim Lammwirt zechten, zog der Sparsame sich auf den Taubenmarkt zur Frau Bäckermeisterin und ihrer Bratlsoß zurück.«

Noch heute erzählen sich auch die Alten von einem Bauern in Höslwang, der Millionenwerte an schlagbaren Wäldern besaß, daß er in Holzschuhen zur Kirche ging und die Lederstiefel, die er in einem Rucksack mit sich trug, erst vor Eintritt in die Kirche anzog. Holzschuhe, die früher im Hause getragen wurden, waren übrigens statt des kostbaren Leders oft mit Latschenwurzeln überspannt.

In ihrer Sparsamkeit versagten sich die Bauern sogar die Anschaffung des bewußten Geschirres für die Nacht. Zum Kirta geladene Gäste, die bei ihrem Gastgeber auch nächtigten, mußten bei dieser Gelegenheit, falls sie statt an den Misthaufen an »bessere Allüren« gewöhnt waren, ihre »Kirtakachl« höchstpersönlich mitbringen.

An der übertriebenen bäuerlichen Sparsamkeit wetzte freilich der Volkswitz mit manchem Spottvers:

Der Bauer spricht als Knauser,
mei Geldkatz hat die Mauser,
dabei denkt er in Ruh,
jetzt kalbt vielleicht die Kuh,
legt eine Henn ein Ei,
wird aus dem Gras bald Heu,
wächst auf dem Feld mein Brot,
was hat es da noch Not!

Wenn ein alter Bauernspruch besagt: »Wo ums Haus Gras wachst, der kimt auf die Gant.« Und unsere Mutter mahnte: »Aus dem Löchl wird ein Loch, faules Mädchen flick es doch!«, so ist damit gemeint, daß das wirtschaftliche Abhausen mit Unordnung und Schlamperei im Kleinen beginnt. Wie es aber enden kann, erzählt das Lied vom »obigrutschten« Bauern:

Dös räudig Bäuerl

Bin i a räudigs Bäuerl / laßts enk an Gspass vozähln, Mei Haus is so vui schlecht / daß's schier gar is zum z'schnelln, I arbat in mein Feldelein und tua a baun hinein, I streit ja mit mein Geldelein / bis aufs Lebn.

Der Suh, dös is a Schliffl, / er wollt halt glei was vostehn, / Iatzt tragt er a no Stiefi / dös war schö. Er laft allawei bei'n Menschen um / und fragt mi weita net warum, / Wenn 's Nachtmahleß firti war, / na kemans drum.

Dö Tochta, dö hoaßt Dresl / sie wollt halt gern ins Klosta gehn, / Iatzt keman Kapazina, eahna zwö / dö sprechan da beim Fensta nei, / a jeder möcht zerscht drinna sei, Iatzt laßt dö Tochta 's Klostagehn a wieder sei.

I hon a schöne Hochalm, / da mag i brav vui viech aufkehrn, Dö Leit tuats ziemlich wohlgefalln, / 's Gras wachst gern. Dö Küah, dö tean schö umasteign / in Distl und in Haslnußstaudn, / d'Sennerin, dö muaß selwa 's Gras abschneidn.

I hon a schöne Sennerin, / dö guate Kas und Butta macht. Der Kas, der hat an langa Bart, / zum Higehn find i koa Art, / Drum haus i mit meina Wirtschaft gar so hart.

Iatzt wer i ge a Fuhrmo wern,
Und Bier und Branntwei trink i gern,
Beim Wirt, da kon ma a bessere Kost begehrn,
meine Herrn.

Im Wirtshaus

Als Erholung von der geistlichen Stunde in der Kirche
folgen die leiblichen Genüsse »im Teifi seiner Kapelln«, im
Wirtshaus.

Der Bauer liebt die Sachlichkeit, ist für eine saubere Trennung der Dinge und für eine gewisse Zeremonie. Wenn der
Uneingeweihte glaubt, daß er in einem Bauernwirtshaus sich
beliebig an einen Tisch setzen könne, dann irrt er. Beim
Eintritt in die Bauernwirtsstube rücken vor dem Fremden
die Buckel und die Schädel der anwesenden Bauern an den
einzelnen Tischen näher zusammen. Da ist der Herrentisch
für die Groß- und Herrnbauern mit dem pfarrherrlichen
Ehrenplatz, dem Platz für den Lehrer, den Förster, den
Herrn Komandanten, dort der Tisch für die kleineren Bauern und für die Häuslleut, die zu ihrem Sachl noch bei den
Bauern scharwerken, alle diese Tische aber nur für die
»Mannder«. Von ihnen gesondert, sitzen, vorderhand noch
als Zaungäste vor den Toren des Eheparadieses, die Buama,
d. h. die ledigen Burschen.

Aber nicht nur die Tische, selbst das Festtagsräuschl ist in
eine Rangordnung eingestuft. Hierüber gibt eine in alten
ländlichen Wirtsstuben noch zuweilen hängende »Rauschta-
fel« Aufschluß. Sie zählt auf: »Spitzl – Aff – Dusl – Hieb
– Zopf – Dambas – Brand – Suf – Fetzenrausch – Ordon-
nanzrausch – Kanonenrausch – Bauernrausch – Viechs-
rausch – Saurausch.«

Damit der Wirtshausbesucher auch weiß, wie er mit dem

Wetter dran ist, hängt draußen links oder rechts der Haustür als unfehlbar gehendes Barometer eine Holztafel, die ein fingerdicker Strick in zwei Längshälften scheidet. Auf ihnen steht folgende Gradeinteilung:

»Das Wetter ist still und gut, wenn dieser Strick nicht wehen tut.

Regnets beständig und ist der Strick naß, dann trinkst in der Stubn an Liter vom Fass.

Ist der Strick steif, so ist's draußn geforn, na geh nur glei eini, sonst gfrerts Dir die Ohrn.

Sicht oans den Strick doppelt, so is dös ganz gwiss, dass er selm benebelt und ogschneibt is.

Wackelt der Strick wia der Schwoaf von der Kuah, na geht draußt der Wind und herinn sitzst in Ruah.

Is der Strick trucka, so scheint die Sonn hoaß, da gehst eini und bleibst hocka, nacha kimmst net in Schwoaß.

Voll Schnee wann er is, na tuats ganz gwiß schneibn, da muaßt so wia so herin hocka bleim.

Hast alles glesn, na frag nur Dei Gmüat, obst a Viertl sollst kafa, da drinn beim Wirt!«

Die Sonne als Uhr

Bäuerlicher Stundenanzeiger und Zeitmesser war früher neben dem Hahnruf der Stand der Sonne an der Hauswand, im Gebirge der Sonnenstand an den Bergspitzen und Berggipfeln, nicht zuletzt ihre Spiegelung in einem stehenden Wasser oder einer Pfütze:

Wann der Bauer in der Fruah aufsteht
und in sein Hof naus geht,
na schaugt er in d'Mistlacka nei,
und da woaß er scho glei,
iatz is's Zeit zum Suppnschrei(n).

Aber auch in bürgerlichen Häusern gab es vielfach noch im
18. Jahrhundert noch keine Uhr. – Als Zeitmesser amtete
ferner u. a. die Küchenschabe gemäß des Spruches: »Zeit is's
ins Bett, dö Rußn kema.« Oder es hieß: »San ma z'fruah
aufgstandn, d'Rußn san no da.«
Natürlich gab es auch auf dem Lande neben den Fleißigen
auch Faulpelze, die nach folgender Wochenlitanei lebten:

> Am Monta fangt d'Wocha o,
> am Irta hab i no nix to,
> am Migga is a so der Tag,
> wo i nix toa mag.
> Am Pfinzta bin i toll und voll,
> am Freida is mir no net wohl,
> am Samsta muaß i mi pelzn und schern,
> daß i am Sunta ko d'Fruahmeß ohörn.

Der Nachbar an der Hand

Draußen, wo in der Frühlingsfrühe die Gäule über die
Ackerbreiten dampfen, wo in der Julihitze die Körner reifen, in den herbstlichen Wirtshausgärten die Kastanien mit
lauten Knallen auf die Verlassenheit der Tische und Bänke
niederplatzen und der Winter Haus und Hof und Baum und
Strauch und das ganze Land unter seine schneeweiße Schlaf-
haube legt, da draußen liegt still und friedsam das Dorf.
So ein Dorf ist wie ein einziges großes Herz, in dem aller
Herzen schlagen. Wiegen und Gräber kennen einander.

> A jeds Rößl, a jeds Öchsl,
> a jeds Hunderl kenn i dort,
> jede Liab und jede Feindschaft
> woaß i in dem ganzn Ort.

Johann Georg Schlech, 1899–1952, Ackergaul (Bleistift)▷

Herrn Aigner
Zugeignet
Joh. Georg

Friedrich Johann Voltz, 1817–1886, Kuhmagd im Stall (Bleistift)

Aber trotz dieser Gemeinsamkeit bleibt jeder für sich, ist jeder Hof sein eigener Herr und niemandem hörig. So ist es Bauernart.

Nur e i n Band bindet sie aneinander wie eine Familie: die Nachbarschaft.

> Der Nachbar an der Hand
> Ist mehr als der Bruder über Land.

Nachbarschaft hält der Bauer so wichtig, daß er sie oft der Blutsverwandtschaft gleichstellt. Familiäre Ereignisse, bedeutsame Entscheidungen werden nicht selten »ehrenhalber« erst dem Nachbarn bekannt gegeben, ehe sie den Weg zur weitverzweigten Sippe antreten. Unumgänglich ist die Pflicht, den Nachbarn zur Hochzeit zu laden. Erste Hilfe mit Rat und Tat, sowohl in seelischen wie in leiblichen oder auch in materiellen Nöten, bringt der Nachbar. Dieser Beistand ist Ehrensache. Gute Nachbarschaft hat schon manchen Weg ausgetreten zum Segen derer, die ihn in gegenseitigem Einvernehmen gehen.

So bittere Wahrheit das Wort enthält: »Es kann der Beste nicht in Frieden leben, wenn es dem bösen Nachbarn nicht gefällt«, so schön sind Würde und Bürde eines gutnachbarlichen Verhältnisses zum Ausdruck gebracht in mancherlei Brauchtum, etwa dem »Nachbarrecht«. Von keiner Urkunde verbrieft, wurde es etwa in Rimsting bei Prien in der Weise ausgeübt, daß ein Hofbesitzer vier andere aus seiner Umgebung, die ihm aber nicht unmittelbar benachbart zu sein brauchten, unter dem Titel »Nachbar« sich als Paten wählte. Diese unterzogen sich im Dienste der Nächstenliebe ihrer Patenschaft an Haus und Hof und Kind und Rind.

Wenn in schneereichen Wintern der eisige Ostwind über das Gelände fegt, den Schnee in die Bodenfalten peitscht und Wege und Stege verweht, dann tritt die »Gmoahilf« in

Tätigkeit, um eine gangbare und fahrbare Verbindung von Haus zu Haus, von Ort zu Ort und bis zu den entlegenen Einschichthöfen herzustellen. In früher Morgenstunde sagt man »zum Schneescharrn«, dem Schneeräumen, ein. Die Männer sammeln sich dann um den Schneepflug, das Gespann stellen die Roßbauern, und bis der Mittag eingeläutet wird, sind die Wege freigelegt.

Volksmund

Gelegentlich eines Besuches erzählte Annette Thoma von Begebenheiten, die sie in und um Riedering sowie in anderen altbayrischen Landschaften gehört und sich gemerkt hatte. Es war naheliegend, die Erzählerin zu folgendem Beitrag aufzufordern – und sie kam in gut nachbarlicher Freundschaft dem gerne nach –, da viele der Weisheiten nur noch in der Erinnerung dieser Frau fortlebten. Der Volksmund sagt: »Die alten Bräuch und die alten Zäun gehn allesamt ein.« Auch die Volksweisheit ist davon nicht ganz ausgenommen.

Wer es in einem langen Leben verstanden hat, ins bäuerliche Volk hineinzuhorchen und manches kluge Wort und manche schlagfertige Abfuhr im Gedächtnis festhielt, der merkt auf einmal, daß sich da ein Schatz von Lebensweisheit und Humor angesammelt hat, der zeitlos gültig ist und seinen Wert einst wie jetzt behaupten kann.
Wie von selber reihen sich die Sprüch' und kleinen Weisheiten im Gedächtnis aneinander und es könnte ein Buch werden, würde man alles niederschreiben was man je gehört hat: ein Buch, das den Charakter, die Mentalität, die Vorzüge und Schwächen, aber auch die von alters her bewahrte Sprache unserer Landsleute wenigstens in gewissen Merkmalen erkennen läßt.

Benno Adam, 1812–1892, Listiger Bauer (Bleistift)

Unsere Bauern reden nicht viel. Vor allem gegenüber Stadt-
leuten, wenn damit jene Schicht gemeint ist, die nicht immer
mit Recht als die »gebildete« oder »intelligente« bezeichnet
wird. Da kann's dann schon passieren, daß, wie in unserer
Nachbarschaft, wenn der Herr Professor am Dorfanger
draußen zum Bauern sagt:
»Was würde diese altehrwürdige Linde sagen, wenn sie
reden könnte?«, der Bauer antwortet:
»Entschuldigens, tät's sagn, i bin a Nußbaum.« – Und der
Sepp hat Recht, wenn er sagt: »Der wo den andern für
dumm o'schaugt, is allweil der Dümmer.«
Bei manchen Sprüchen muß man erst nachdenken, ehe man
die Pointe entdeckt. Der Kiem Pauli, der so manchen Sinnspruch aufgezeichnet hat, begegnete einmal einem bekannten Bauern und »kondolierte« ihm. Der hatte nämlich 300
Mark Straf' zu zahlen, weil er den Bürgermeister beleidigt
hatte.
»Jetzt kannst dir denka, was des kost hätt, wann i glogen
hätt'!« war die Antwort. – Und ein anderer, in einem näher
gelegenen Ort wagte am Biertisch den kühnen Satz:
»Der halbe Gemeinderat spinnt.« Worauf ein Widerruf in
der Zeitung verlangt wurde. Da stand dann auch:
»Der halbe Gemeinderat spinnt nicht.«
Wenn der Sepp sagt: »Gut, daß der Goaß der Stutzl net
länger gwachsn ist, als daß s' d'Fliagn o'wehrn ko!«, dann
meint er: Gott hat gesorgt, daß die Bäume nicht in den
Himmel wachsen.
»Woaßt, wo der Bach herlauft?«, das heißt von wo die üble
Nachred' ausgeht.
»Um d'Not san dir d'Leut no neidi und am mehresten um an
Humor.«
Ihre Umgangssprache befaßt sich auch gern mit dem Teufel.
»Der Teifi helft seine Leut, aber holen tuat er's aa.«
Von einem recht üblen Kerl, der ewig nicht sterben kann,

heißt's: »Der Teifi mag'n net, sonst hätt er'n scho lang gholt. Und gwiß is er eahm allaweil.«

Wenn so eine G'sellschaft Unfried im Dorf stiftete, dann meinte die selige alte Traudl von Siegharting: »Da is oaner alloa scho a Bande und san ear so viel.«

Der Peter war arg blaß und sein Bruder meinte: »Guat, daß grea a Farb ist, sunst hättst du gar koane.« – Auch der Kiem Pauli erzählte einmal von einem bäuerlichen Bleichgesicht: »Von dem sag'ns, der is der Totenfrau beim Waschen auskemma.«

Vom Irgei, der wirklich die Trägheit selber war, hörte ich jemand sagen: »Der is so faul, daß'n reut, daß er 's Gehn glernt hat.«

Und von einem anderen seinesgleichen hieß es: »Der derf amal an Fahn tragn, wann d'Arbeit eigrabn werd.«

In vielen dieser Redensarten, die dem Durchschnittsmenschen oft nur gspaßig vorkommen, steckt ein tiefer Ernst: »Jedes Viech, was gegen deiner springt, haust mit der Schaufel zruck, aber gegen a Leutgred . . .«

»Wanns amal mitn gweichten Sach schießn, is der Krieg verspielt.«, sagten bei uns die Bauern, als anno 1918 die Glocken abgenommen wurden.

Ein Wort der seligen Huglin kommt mir immer wieder in Erinnerung: »Es san des aa Leut, die wo nachgebn kinna.«

Und wie der Hoißnbauer keinen neuen Knecht mehr hat auftreiben können, seufzte er: »Früher hats Dumme gebn, die ham g'arbet. Heut gibts nur mehr Gscheite, drumm tean so vui nix.«

Beim Hochzeitsdank, wo jeder Gast vom Hochzeitlader mit einem ehrenden Vers bedacht wird, heißt ein weiser Spruch: »Der Nachbar an der Hand is mehr als der Bruder über Land.«

Ein alter Pfarrer meinte einmal: »Wann die Bauern tatn, wie's recht is, na kunntens an Himmi mit der Hand derglanga« – Und als er einem Mann kondolierte, dem die Frau von fünf Kindern weggestorben war, bekam er zur Antwort: »Herr Pfarrer! 44 Jahr hab i mei Muatta ghabt und war koa Jahr, wo i's net braucht hab.«

Wie aus einem gerüttelt vollen Sack lassen sich all die ernsten und heiteren »Sprüch'« schütteln. Und wenn man sie still vor sich hinsagt – man muß sie nicht nur lesen – dann klingen sie und man wird besinnlich. Zum mindesten staunt man, was so ein Satz an zielsicheren Worten, an Wahrheit und Gedankentiefe aussagt oder aber, wenn so ein schlagfertiger Humor die Redensart diktiert, dann muß man mitlachen und sich freuen, daß es diese Art Humor noch gibt, in dem Geist und reine Herzensfreude gleichermaßen zu Wort kommen. Drum sollen in loser Auflockerung noch einige Aussprüche folgen, so wie sie eben den obgenannten Sack im Laufe der Jahrzehnte in wirrem Durcheinander füllten.

»Wann oaner die Narrn der ganzen Welt zamzählt, vergißt er meistens oan.«

»Es is halt nix derkennt«, sagt der neu' Knecht, »wann ma vui ißt und weni arbet.«

»'s Kraut is guat«, hat d'Magd gsagt und an Speck außagfischt.

»Vorm Hollunder soll ma an Huat ziagn und vorm Wacholder soll ma's Knia beugn.«

»'s gibt Leut, die ham so viel Verstand, daß ma's zu nix mehr braucha ko.«

»Bergab schiabn alle Teifi, – und bergauf hilft kaum a Heiliger.«

»Ohne Schreiner kunntn die Minister net amal sitzn.«

»Es gibt allerhand Narren, aber koan, der koa Brot ißt.«

»Wer fürn Galgen bestimmt is, der dersauft net.«

»An der Fuhr bin i selm schuld«, hat der Ochs gsagt, wie er an Mist nausgfahrn hat aufs Feld.

»Der Gscheitere gibt nach« hat der Bauer zum Stier gsagt.

»Der Mensch geht vor'n Sach aus.« Das beinhaltet die ganze Hinterlassenschaft eines Menschen, ob Millionär oder Kleinhäusler: was immer er hat, lebt länger als er selbst.

Neben dem Stabervater hab ich gestanden, als er seine Söhne mit neuen Motorrädern davonrasen sah. »Hilft enk nix«, meinte er, »enker Zeit müßts doch auslebn.«

Es ist nur Herausgeklaubtes was mir in all den Jahrzehnten übern Weg lief. Einesteils hat's mich zum Nachdenken angeregt, andernteils aber mir ein wohltuendes, beifälliges Schmunzeln abgerungen. Vielleicht offenbart die kleine Auslese auch denen die versteckte Lebensweisheit und den geistreichen Humor unserer Landsleute, die bis jetzt nichts davon ahnten. Vielleicht spüren sie, daß aller Skepsis zum Trotz ein Stück jener »heilen Welt« noch lebt und jene beglückt, die sie entdecken.

Von Handwerk
und Gewerbe

Hermannn Groeber, 1865–1935, Fischer vor Netzen (Bleistift)

Ursprung aller Kunst ist das Handwerk, die Handhabung der Mittel mit mehr oder minder großer manueller Geschicklichkeit. Noch das Mittelalter kannte weder finanziell noch soziologisch eine Trennung von Kunst und Handwerk, weil jede Kunstübung eine handwerkliche Seite, jedes Handwerk eine künstlerische Seite hat. So waren die Schöpfungen eines Lukas Cranach, eines Tilman Riemenschneider, Albrecht Dürer, Veit Stoß in den Begriff »Handwerk« eingereiht. Als Kunst galten nur die Darbietungen der Komödianten, Artisten, die keinem Zunftzwang und keiner Zunftordnung unterlagen.

Aus der Zeit des kurfürstlichen Pflegegerichtes zu Marquartstein existiert noch eine handgeschriebene Zunftordnung für Müller und Bäcker vom Jahr 1754, die teilweise recht kunstvoll ausgeführte Buchstaben zeigt, mit Siegelschnur verknotet ist und ein amtliches Insiegel trägt. Aus ihr geht hervor, daß jährlich am Sonntag nach Jacobi im Liebfrauen-Pfarrgottesdienst zu Grassau auf dem Hochaltar ein Jahrtag gehalten wurde. An allen Festtagen stellte man zwei Stangen mit Kerzen, welche die Zech- und Viertelmeister anzünden und am Antlaßtag bei der Prozession herumtragen mußten. Die Urkunde wurde bestätigt in der Haupt- und Residenzstadt München am 18. Monatstag Novembris im 1754. Jahr.

Laut kurbayerischer Verordnung von 1605 sollte der Wirt gemeine Handwerker oder sonst unvermögliche Leute unter der Woche nicht im Gasthaus dulden. Nur an Sonn- und Feiertagen war ihnen nachmittags der Besuch erlaubt. Wenn während der Woche kein Feiertag war, durfte auch am Montagnachmittag das Wirtshaus besucht werden.

Nur unter großen Schwierigkeiten bekamen Handwerker oder Gewerbetreibende die Erlaubnis, sich in einem Dorf niederzulassen. Auf diese Weise wollte man die Landbewohner zwingen, sich der Handwerker an größeren Plätzen und in Städten zu bedienen, wobei dort auch noch anderen Wirtschaftszweigen Verdienstmöglichkeiten zufielen. Handwerker, die solch eine geregelte Wirtschaftspolitik störten, indem sie zu den Bestellern ins Haus gingen, standen nicht nur behördlicherseits in Verruf, sie galten auch bei den Berufskollegen als Störenfriede. Hiervon leitet sich die Redensart »in die Stör gehen« ab.

Die Störgeher

Noch in meiner Kindheit war das Auf-die-Stör-Gehen weit verbreitet. Die Hantierer, wie man die Handwerker nannte, die Zimmerer, Schneider, Schuster, Weber bekamen Kost, bei weiteren Entfernungen auch Nachtquartier. Bei schwerer Arbeit bestand ihre Morgenmahlzeit aus einem fetten Schmarrn, Dienstag und Mittwoch erhielten sie eine Butternudel mit nach Hause.

Auch die Schneiderin, früher »Nahterin« genannt, ging winterüber auf die Bauernhöfe in die Stör, wo sie, wenn der Weg sehr weit war, auch nächtigte. So ein Gang im Winter war recht mühselig, denn die »Nahterin« mußte mit dem Lehrmadl, das meistens die Handnähmaschine auf der Hüfte zu tragen hatte, nicht selten durch knietiefen Schnee waten, daß Röcke, Strümpfe und Schuhe zu Stein und Bein froren.

Auch bei uns daheim arbeiteten Schneider und Schuster auf der Stör, weil das billiger war, und auf einer solchen Stör machte mir der Schuster Weigl Stiefel, als ich zum Studium fort kam. Sie waren solide, wie es sich für ein Dorfmädchen gehörte. In der ersten Vakanz aber rückte ich verschämt wieder bei ihm an und bat ihn, er möge mir die Stiefel wenigstens vorne etwas schmäler machen, denn er hatte ihnen Raum für sechs Zehen gelassen. Ich erklärte ihm, es sei ein feines Institut, in dem ich lebe, und ich müsse mich immer beim Aufstellen zum Spaziergang nach vorne beugen, daß der Rocksaum meine Stiefel zudecke, um von den anderen nicht ausgelacht zu werden. Nachdenklich schaute Meister Weigl zuerst auf seine Schöpfung, dann auf meine Füße. Schließlich sagte er: »O mei Fannerl! Bist ja no kloa. Du wachst scho no eini in dene Schuach!« Nie bin ich hineingewachsen »in dene Schuach«, und ausgehalten haben die Stiefel, bis auch mein Studium zu Ende war.

»Es taugt nichts«, pflegte mein Vater zu sagen, »wenn das Nest beieinander bleibt. Hinaus mit den Kindern in die Welt!« Oft habe ich mich als Kind über diesen Ausspruch im stillen erbost, und daß Vater sich bei uns schon jeweils bei Schuleintritt ausrechnete, wann wir aus dem Haus fort müßten. Vielleicht stammte seine erzieherische Weisheit aus jener Zeit, da er selbst, ehe er zum Lehrberuf übertrat, als Handwerksbursche durch die Welt gezogen war gemäß der Zunftordnung, nach der jeder Handwerker nach Fertigung seines Gesellenstückes auf die Wanderschaft zu gehen hatte. So bestimmte die kurpfälzische Landesverordnung vom 27. August 1791: »... Wir befehlen demnach wiederholt und ernstlich, daß ein jeder Handwerker, wenn er anderst schon sein 17. Jahr erreicht hat, innerhalb einem Jahr nach Vollendung seiner Lehrzeit ohne Ausnahme seine Wanderschaft entweder im Auslande oder in einer inländischen Hauptstadt antreten und dorten seinem Gewerbe bestermaßen obliegen solle« ohne »Rücksicht auf seine immer lautenden Entschuldigungen.«
Nicht jeder konnte freilich ohne weiteres ein Handwerk ergreifen. Zu den Bedingungen, die beim Eintritt in eine Lehre erfüllt sein mußten, gehörten eheliche Geburt sowie Abstammung von freien deutschen Eltern. Laut ungeschriebenem Gesetz mußte auch, wer selbständig ein Handwerk

betreiben wollte, verheiratet oder mindestens zur Ehe aufgeboten sein. Ein unverheirateter Handwerker dagegen konnte in der Blütezeit der Handwerkerordnung oder des Zunftwesens nicht Meister werden.

Der kalte Schlag des Schmieds

Handwerkliche Tätigkeit galt einst als Knechtarbeit von Leibeigenen und war eines freien Mannes unwürdig. Trotzdem stand das Schmiedehandwerk in so hohem Ansehen, daß, wer einen öffentlich bestätigten Schmied erschlug, Buße zahlen mußte. Bald wurde aus der Schmiedeknechtarbeit achtbare Herrenarbeit und Herren und Fürsten lernten eigenhändig ihre Waffen schmieden.

Kirche, Herzogsburg, Schmiede und Mühle standen nach dem ältesten bayerischen Gesetz » als Stätten des Gemeinwohles für jedermann offen« und genossen besonderen Schutz. Seit alten Zeiten war der Dorfschmied »ehhaft« (ehe, ewe, das Gesetz), d. h. mit gesetzmäßigem Bannrecht ausgestattet und darum konzessionspflichtig. Schmied, aber auch Müller, Brauer, Wirt und Bader hatten ihre Gerechtsame (Vorrechte) nicht erblich, sondern nur »auf Weil und Leben lang«. Sie wurde ihnen ursprünglich vom Landesherrn, in späteren Zeiten von geistlichen und weltlichen Grundherren aufgrund festgelegter Bedingungen erteilt: »Wir Alexander von Gottesgnaden, Abt des ehrwürdigen Gotteshauses Ottobeuren Sankt Benedikten Ordens, Augsburger Bistum, bekennen mit dem Brief und tun kund jedermann: Christa Weissenborn soll einen guten Schmiedknecht halten, der dem Handwerk gleichmäßig und gemäßig sei, von einem Roß, das auf den Bau beschlagen wird, erhält der Schmied zwei Viertel Roggen. Der Schmied ist verpflichtet, einem jungen Roß, das in dem Mayen zwei Jahre alt ist oder wird und danach auf den Herbst in die Roggensaat gebraucht wird, zwei Vordereisen ohne Lohn und Einrede aufzuschlagen. Wenn aber ein Bauersmann ein solches zweijähriges Roß weiter beschlagen lassen wollte, soll man dem Schmied nach Anzahl des Jahres den Lohn geben, gleichgiltig, ob auf den vorderen oder hinteren Füßen beschlagen wurde. Für ein dreijähriges Roß ist von den Bauersleuten der halbe, für ein vierjähriges der ganze Lohn zu geben, ohne Widerrede. Wenn ein Bauersmann einen ganzen Wagen beschlagen läßt, muß ihm der Schmied zweimal, läßt der Bauer nur einen halben Wagen beschlagen, einmal zu essen geben.«

Es ist noch heute üblich, daß der Bauer nach Empfang eines neugebauten Wagens sonntags darauf dem Wagner und dem Schmied das »Axbier« spendet, und auch im Chiemgau standen Schmiedeanwesen bis in die letzte Zeit herein nur in Pacht. So gehörte die schöne alte Schmiede in Inzell (Hausnummer 66), die an ihrer Giebelwand den Stammbaum des Wirtschmiedes »Adam Kentner und der Margaretha Gruber« zeigt, bis 1893 dem Wirt von Inzell, der sie jeweils verpachtete. Jahrhundertelang wurde mancherorts die Würde des Gemeinevertreters dem Schmied zuerkannt und seine Werkstätte war Versammlungsplatz für Beratungen.

Zu Weihnachten und Neujahr sammelten die Schmiedgesellen Lebensmittel für die Dorfarmen. Um die Zeit der Fasnacht, wo der Ambos zum Sitz der guten Geister wurde, ehrte man diese Mächte durch Festgesänge. Der Schmied, aus dessen Hand Schwert und Pflug hervorgingen, stand nach alter Meinung im Dienst der Gottheit. Mensch und Tier wußte er von Krankheit zu heilen; er verstand nicht nur Zauberhaftes zu vollbringen, sondern sogar den Teufel selbst zu bannen, der, so glaubte man, mit einer Kette am Amboß festgeschmiedet war. Diese Kette ist so lang, daß jedes ihrer Glieder einen Werk- oder Arbeitstag von Jakobi bis Jakobi ausmacht. Jeden Tag feilt der Teufel ein Glied von seiner Kette los, und um dieses wiederum zu schließen, tut der Schmied nach vollbrachtem Tagwerk einen »kalten Schlag« (leere Schläge auf den Ambos). Und weil der Schmied nicht vergißt, mit Beginn des Feierabends den »kalten Schlag« zu tun, muß der Teufel in alle Ewigkeit an seiner Kette hängen bleiben.

Der Nagelschmied

I und mei Nagelschmied mach ma guat Nägl,
er hat an Hammerstui, i hab an Schlegl,
gniglt, gnaglt muaß sei.
Heirat i an Nagelschmied,
hon i Tag und Nacht koan Fried,
gniglt, gnaglt, gnaglt muaß sei.

Als besondere Handwerker wirkten in den Gebirgsgegenden noch bis Mitte des vorigen Jahrhunderts die Nagelschmiede, die das ganze Tal der Prien von Frasdorf bis Sachrang und das Tal von Aschau mit lärmendem Hammerschlag erfüllten. Das Roheisen lieferte das nahe gelegene Hammerwerk Hohenaschau, die Holzkohle für die Esse kam aus den umliegenden Wäldern. Mittelpunkt der Nagelschmieden war die Aschauer Gemarkung mit nahezu 20 Werkstätten in Hammerbach, Letten, Niederaschau, Pucha, Hub, Bach, Wald, Haimbach, Lederstuben, Bernau, Kranzing, Pfaffenbichl.
Die Nägel, Pludernägel für den Hausbau, Scharnägel zur Befestigung der Schindeln und Stiefelnägel, stellte der Schmied aus zweidrahtig gezogenen einen guten Meter langen und einen halben Zentimeter dicken Eisenstäben her, die er mit dem oberen Ende in das Feuer hielt. An einem feststehenden Meißel wurden die glühenden Nagelstücke

abgeschlagen und am Amboß Nagelspitze und -kopf gehäm-
mert. 32 Hammerschläge mit dem halbpfündigen Schmiedehammer benötigte ein Schuhnagel, bis er seine Form hatte.
Die fertigen Nägel sprangen noch glühend vom Amboß in
das aufzischende Wasser, sprangen einer dem anderen nach,
denn nicht mehr und nicht weniger als 3000 Nägel mußte ein
Nagelschmied täglich fertigen, wollte er seine Tüchtigkeit
beweisen. So begann er schon in der vierten Morgenstunde
seine Arbeit, zu der ihm die Schmiedglut leuchtete.
Die Fertigware verfrachteten die Aschauer Boten nach allen
Richtungen.
Das Nagelschmiedhandwerk war meist einträglich, und alte
Leute überliefern, dem Nagelschmied habe es das Geld nur
so »gschiebn«. Er schüttete das Geld in die Kommodschub-
lade wie der Bäcker seine Semmeln in den Brotkasten. Ging
so ein geldiger Nagelschmiedsohn auf die Kirchweih, so
spendierte ihm hierzu der Vater 50 Gulden, die Mutter
drückte dem Buam noch extra 200 Gulden in die Hand.
Letztes erzählt man sich von einem Nagelschmiedsohn aus
der Umgebung von Reit im Winkl, der als »Quartierer«
geendet haben soll.
Daß es unter diesen Handwerkern auch armselige Tröpfe
und Notnickel gab, geht aus einem Schnadahüpfl hervor, das
Schmiedegesellen ihrem Meister, dem Steckenschmied,
sangen:

> Bald ham ma koa Eisn,
> Bald ham ma koa Kohl,
> Bald ham ma nix z'beißn,
> Dös tuat uns grad wohl.

Nagelschmiedeinkehr war der Aschauer Hofwirt. Da saßen
die Gesellen und Meister vom Hammer an einem eigenen
Tisch zum Feierabend und zum Abendbrot, denn der Ham-

merschlag dörrte die Kehlen aus. Am Weihnachtstag speisten die Meister ihre Gesellen festtäglich. Bei dieser Zeche muß es üppig hergegangen sein, denn der Nagelschmied von Pucha benötigte zur Sättigung seiner Gesellen einen halben Zentner Fleisch. Nach altem Brauch schieden sich die Gesellen in schwarze und weiße, d. h. in junge und alte. Nur der weiße Geselle galt als vollwertig. Darum mußte sich der schwarze »weißwaschen«, was durch Zahlung einiger Gulden an die Altgesellen geschah. Danach konnte er ungestört seine Nägel hämmern. Dieser alte Nagelschmiedbrauch erlosch mit dem Jahr 1810.

Nagelschmiede waren nicht nur lustige Gesellen, sie strotzten auch vor Kraft. So wettete einmal der Geselle vom Weicherschmied, er wäre imstande, eine steinerne Bildsäule ein Stück weit zu tragen. Wenn er die Wette gewänne, müsse zur Erinnerung an seine Kraftleistung die Bildsäule dort stehen bleiben, wo er sie niedersetzte. Dort steht sie heute noch, und zwar beim Weicherhaus in der Gegend von Ruhpolding, etwa fünf Meter von seiner Schmiede entfernt. Zum Andenken an diese Begebenheit meißelte man auf die eine Seite der Säule einen Schmiedehammer, auf die andere Seite eine Schmiedezange ein.

Neben vier Nagelschmiedmeistern arbeiteten zu Beginn des 19. Jahrhunderts – so berichtet von Obernberg – in Siegsdorf, »einem der schönsten und liebenswürdigsten Dörfer Bayerns«, noch zwei Hufeisen- und zwei Waffenschmiede in ihren Wasser- und Hammerwerken.

Im Jahre 1836 verkaufte Johann Tischlmüller in Rottau seine Messerschmied-Gerechtsame, da er mit seinen zehn Kindern von diesem Beruf nicht mehr leben konnte. Nachdem die Herstellung und das Tragen spitzer Messer verboten worden war, hatte der Messerschmied im Laufe der Zeit seine ganze männliche Kundschaft verloren.

Karl Raupp, 1837–1918, Schmiede in Gstadt (Bleistift)

Friedrich Johann Voltz, 1817–1886, Heimtrieb (Bleistift)

Am Glockenbach außerhalb Ruhpolding werkt in seiner unter Denkmalschutz stehenden Hammerschmiede der letzte Trauntaler Glockenschmied. Seine Spezialität ist die Verfertigung von Kuhglocken, eine hohe Kunst, weil jede einzelne Glocke sich harmonisch dem Geläut der Herde einfügen muß.

Aus dem einfachen Schmiedehandwerk wuchs wie die Blüte aus dem Schaft die dekorative Schmiedekunst. Als Eisenkunst, beginnend bei den Beschlägen an Kirchentüren und Burgtoren bis zur Formenfülle handgeschmiedeter Fenstergitter, herrschaftlicher Gartengitter, Abschlußgitter in klösterlichen und profanen Bauten, durchläuft sie die ganze Stufenleiter einer schier unerschöpflichen Vielfalt.
In ihren Bereich gehören auch die handgeschmiedeten Grabkreuze der Dorffriedhöfe. Veteranen unter ihnen haben gerne oben in der Mitte ein Flügeltürchen. Dahinter erscheinen aufgemalt die Schutzpatrone der Verstorbenen, zu ihren Füßen die heimgegangene Familie, aufgereiht vom knienden Ahndl bis hinab zum demütig auf den Boden hingelegten Fatschenkind. Gerne findet man auch die armen Seelen im Fegefeuer dargestellt.
Nicht zuletzt legen von dieser hochentwickelten handwerklichen Kunst die »Nasenschilder« des Handwerks und der Gewerbe Zeugnis ab. Als erste Versuche kaufmännischer Werbung sind sie des besseren Erkennens wegen den Bürgerhäusern eine Nasenlänge voran in die Luft gesetzt. Wir finden unter ihnen fülleschwere Ornamentik aus der Zeit des Barock, feingliedrige Gebilde aus dem Rokoko und strenge klassizistische Form um 1800. Bei ihnen verbinden sich Handwerk und Kunst, wie es die Inschrift trefflich ausdrückt: »Dies schuf man zu einer Zeit, als das Handwerk war der Kunst geweiht.«

Die Zimmermannslitanei

Neben dem Schmiedehandwerk kam den holzverarbeitenden Berufen, vor allem dem des Zimmerers besondere Bedeutung zu. Jahrhunderte hindurch war ja das Holz das
einzige Baumaterial, kein Zeitalter aber war ohne Baulust,
denn immer galt und wird der Spruch gelten:

> Sein eigen Dach, sein eigen Herd,
> sein eigen Gmach ist alles wert.
> Wenn knapp auch 's Brot, de Hoamat ist
> selm in der Not a Paradies.

So baute sich, wer es irgend vermochte, sein eigenes Nest.
Dabei fiel den Zimmerleuten die Aufgabe zu, den Dachstuhl
in «Maß und Form» zu bringen, ihn dann wieder zu zerlegen
und Balken für Balken dem Hause wie die Haube dem Kopf
aufzusetzen. Gab es einmal zwischen Arbeit, Fleiß und
Schweiß einen Schwatz mit einer schäkernden Magd,
mahnte der Meister gleich unmutig: »Hacka will i hörn!« Zu
jedem Feierabend wurde »abgelattet«, d. h. die Zimmerer
schlugen im Takt mit der Hacke auf die Bretter »Feieram
is!«
Ehe der Dachstuhl aufgesetzt wurde, betete der Palier ein
Vaterunser und die Arbeiter beteten nach, auf daß »kein
Unglück nicht geschiecht«. Das Aufsetzen des Gebälks war
nämlich die schwerste Arbeit. Doch fiel sie leichter, wenn
ein Rhythmus sie beschwingte. Dem verdankt die beim
Werken gesprochene Zimmermannslitanei ihre Entstehung,
ein Reimgefüge, das den Arbeitstakt angab und je nach
Bedarf sich beliebig längen und kürzen ließ. Vorbeter oder
Taktangeber war der Altgeselle oder der Palier. Mit hallen-
der Stimme rief er den Spruch, im Chor antworteten die
Gesellen:

Palier:	Chor:
Ja, an ia da hörts!	Ja, so fürwärts!
Ja, dös feichte Holz!	Ja, da aufi wollts!
Ja, da aufi muaß's!	Ja, is unsa Buaß!
Ja, was war das!	Ja, es is so was!
Ja, iatza Buam und Manda!	Ja, der Bam muaß wandern!
Ja, es geht so trucka!	Ja, und no an Rucka!
Ja, iatzt ham ma's bal!	Ja, nacha is überall!
Ja, und guat muaß's sei!	Und iatzt hebts ei!

Bei diesem Rhythmus wurde Balken um Balken aufgezogen, der Dachstuhl »hergerichtet und abgebunden«.

Nun fehlte nur noch der Firstbaum, das Werk zu krönen. Sorgfältig ausgestaltet, trug er entweder so viele Farben, als Zimmerer mitgearbeitet hatten, oder die eingestemmten Namen der Zimmerer, dazu die Kreuzesinschrift »J.N.R.J.«, den Namenszug Mariens oder die Anfangsbuchstaben der Hl. Drei Könige. Daran reihte sich der Name des Zimmerermeisters, der des Bauherrn und seines Eheweibes sowie das Baujahr. (Auch der Balken, der die Stubendecke zu tragen hatte, wurde meist in ähnlicher Weise geziert, nicht selten auch die »Windbretter« an den Dächern. Das Hirnstück des Haustürstockes erhielt im allgemeinen das Baujahr eingetragen.)

Zum Setzen des Firstbaumes war ein besonderer Tag angesetzt, der Hebtag. Am Morgen ließ der Bauherr in der Kirche das Hebamt halten, dem sämtliche Zimmerer beiwohnten. Nach dem Gottesdienst ging es an das Heben des Firstbaumes, dem auch der Bauherr und sein Weib beiwohnten.

Aber dazu mußte man den Firstbaum auch haben! Noch vor wenigen Tagen lag er sorglich unter dem Bauholz verborgen, und nun ist er gestohlen. Zu nachtschlafender Zeit, als der Bauherr und mit ihm alles im Hause unter der geblümelten oder blau und rot gewürfelten Bettduckert schwitzt und träumt, haben ihn die Burschen geholt und in ein sicheres Versteck gebracht. Oft findet er sich als Strohgenosse einer braven Kuh in einem Stall oder als hölzerner Schlafkamerad eines Burschen, vorsichtshalber noch am Bettfuß angebunden, in einer Kammer wieder.

Aber auch die Burschen des benachbarten Dorfes haben ein Auge auf den Firstbaum geworfen. Wie die Johanniskäfer tanzen ihre Laternenlichter suchend durch die pechschwarze Nacht, leuchten alle Winkel des Bauplatzes ab, durchstöbern Häuser und Höfe und finden ihn in der entlegensten Kammer. Sein Bewacher muß der Übermacht weichen, der First wandert in ein anderes Versteck, vielleicht auf einen Dachboden, wo er nun regelrecht angeschraubt wird. Bei allerhand Schnixn und Schnaxn erholt man sich dann drunten in der Stube von der Anstrengung, um sich einige Stunden später, ausgerüstet mit wollenen Roßdecken, zur Baumwache auf den Dachboden zu begeben.

Doch wieder ist der First verschwunden. Die erste Burschenschaft hat – vielleicht vom Rosenband einer heimlichen Liebe geführt – den Weg zu ihm gefunden und ihn zurückgeholt. Gott sei Dank! Denn, es ist nicht nur Ehrensache, daß der First gestohlen wird, sondern auch, daß dabei keine fremde Burschenschaft der einheimischen ins Gäu geht. »Aber iatz ghört er ins, der Höllsakara, und derwischen tuat eahm neamad mehr!« jubeln alle erleichtert und bleiben bis zum Morgen, an dem gehoben wird, wie die Nestvögel bei der Mutter bei ihm hocken.

Ein besonders lustiges Stückl haben sich vor einigen Jahren die Weiberleut von Sondermoning geleistet. Während die Burschen kreuzfidel bei einer Hochzeit in Nußdorf saßen, rückten acht Dirndln in Frost und Schnee am Bauplatz an. Mit leise geflüstertem »Ho-Ruck« holten sie sich Zoll um

Zoll den schweren Firstbaum aus dem Bauholz heraus, hoben ihn auf einen Schlitten, und fort ging es mit ihm in die Nacht. Es schadete nichts, daß die Fuhre mit dem Firstbaum einmal umfiel. Dazu hatte man denn Arme, die der Arbeit genau so auf den Leib zu rücken wußten wie die der Mannerleut. Bald war die Fracht wieder in Fahrt und der Firstbaum in seinem Versteck.

Am Morgen des Hebtages wird der gefundene Firstbaum festlich bekränzt und unter Peitschenknallen nicht selten vierspännig an den Bauplatz gefahren oder möglichst umständlich auf vielen Schultern angetragen. Und damit die Sache lustig ist, gehen die Firstbaumsucher Maschkerer d. h. verkleidet.
Der Empfang des Firstbaumes am Bauplatz ist wiederum eine feierliche Angelegenheit, umrankt von Brauchtum und Spruchwerk.
Ruft der Palier, wenn der Firstbaum in Sicht kommt:
»Jetzt kommt einer daher von fremden Straßen,
den kann ich nicht passieren lassen.
Weil er aber kommt in meine Hand,
so schlag ich ihn in eiserne Band.«
Lehnt der Firstbaum mit einem Ende am Gerüst, so schlägt ihm der Polier die erste Klammer ein und stellt die Frage: »Liegt der Firstbaum recht?«, worauf der Bauherr antwortet: »Ja! Just so bleibt er liegen.«
Während des Ziehens, Hebens und Legens geht es mit folgendem Wechselspruch zwischen Palier und Gesellen weiter:

Palier: Wenn der heilige Josef hat einen Bau aufgeführt,
          hat er allemal eine Wallfahrt versprochen.
          Wir gehen aber nicht nach Eding oder weiter fort,
          wir gehen in die Kirch und nachher ins Wirtshaus.

Chor:	Wir bringen nix auf und bringen nix a,
	wir machens dem heiligen Josef na.
Palier:	Jetzt Bauherr, jetzt geht es nimmermehr,
	gschmiert muß wern, gib Dei Jawort her,
	der First, er geht sonst nimmermehr,
	und wenn Du ohne First willst sein,
	so wird es Dir bald regnen ein.
	Jetzt mußt Du Bier und Branntwein bringa,
	so viel, daß kann der Hof drin schwimma.
	Schnupftabak und Rauchtabak, dös hat koa Ziel,
	da muass jeder habn, so viel er will.
Chor:	Wir bringen nix auf, wir bringen nix a,
	wir machens dem heiligen Josef na.
Geselle:	Bauer, kriagn mir was?
	Mir ham eine Wallfahrt versprochen,
	da müaßma ham Küachl und Brein,
	daß kaum genga zum Stadltor nei.
	Fleisch müaßma habn gnua,
	an zwoazentrigen Bärn und an Ochs dazua.
	Soll eba der Palier an Rausch kriagn,
	so muaß a Fuhrwerk kema und muaß'n hoam-
	führn.
	Aber bei dö andern Zimmerer und Maurer is so
	Brau(ch):
	Dö kinan hoamroasn auf der alten Sau.

Dazwischen ruft immer der Chor: »Wir bringen nix auf!«
Dann ein letztes »Ho-Ruck« – der Firstbaum sitzt. Die
Arbeiter legen ihr Werkzeug aus der Hand und entblößen
den Kopf. Ein Glas Wein oder einen Krug Bier in der Hand
tritt der Palier vor und spricht hoch vom Dachgebälk den
Richt- oder Segensspruch über das Haus und über alle, die in
ihm ein- und ausgehen:

Dieses Haus, das heute gerichtet ist,
sei gesegnet zu aller Frist,
daß Freude und Friede in ihm wohne,
Stürme, Feuer und Aufruhr es verschone,
daß der Rauch nicht dringet ins Gemach,
der Regen nicht dringet durch das Dach,
daß alles fest zusammenhält,
wie es gefügt ist und sich nicht spält.
In Sicherheit hat es seinen Stand,
bewahret von Dieb- und Räuberhand,
nichts Arges schleiche sich hinein,
im Keller halt sich gut der Wein,
in der Kammer sich gut das Brot,
fern bleibe ihm Krankheit, Sorge und Not.
Neid und Mißgunst bleibe seinem Herrn,
üble Nachrede und Feindschaft fern.
Gute Gäste möge es oft sehn,
die gerne kommen und gerne gehn.

Fest nun, o Haus, und sicher steh
in Sommerhitz und Winterschnee,
in Ruh und Fried jahrein, jahraus,
ein trautes Heim, ein liebes Haus,
mag's regnen oder die Sonne scheinen,
für Deinen Herrn und für die Seinen.
Sankt Florian beschütz euch all,
das Korn im Kasten, das Vieh im Stall.
Ich rufe an den heiligen Erhardi,
den heiligen Patrici und Medardi,
ich lade sie ein in das neue Haus,
und Maria, die Mutter Gottes, auch
und die heiligste Dreifaltigkeit
zum Schutz und Segen in Ewigkeit.

Der Palier leert das Glas auf das Wohl des Hausherrn, das Richtfest ist beendet.

Aus Freude über den glücklichen Fortgang ihres Werkes wird von den Zimmerern »abgelattet«. Dabei droschen früher die Handwerker im Sechs- oder Achtertakt in bestimmter Zeitdauer auf einen astigen Holzladen, ein Brett (möglichst aus Hartholz), ein. Dies wiederholten sie noch einige Wochen hindurch nach Feierabend.

Zuletzt steckt man dem First den »Boschen« auf, um in dem grünen Fichtenbäumchen den Schutzgeist des Hauses aus dem Wald in das Gebälk einzubannen nach dem Glauben der Vorväter, die da

> ... waren unversonnen
> und geloubten an die brunnen
> und an die boume in dem Walde.
>
> (Albrecht von Halberstadt)

Seit Jahrhunderten steht der Firstbaum, der Balken, der das Haus aufrecht hält, in Rang und Ehren, und älteste bayerische Gesetzgebungen setzten für seine böswillige Beschädigung die Todesstrafe aus. Von so großer Bedeutung war den Alten der Firstbaum, daß ein Dorf nicht nach seinen Häusern, sondern nach seinen Firsten gezählt wurde.

> Und der Dachfirst is firti,
> 's Tannerl steht obn,
> Der Herr hat uns gholfa,
> an Herrn wolln ma lobn.

Während am Firstboschen die Bänder gelb, blau, rot, grün und weiß im Wind flattern – die eingebundenen kleinen Geschenke des Bauherrn an die Arbeiter: Zigarren, Zigaretten, Pfeifen sind vorsorglich abgenommen worden – tun sich die Zimmerer bei freiem Firstbier, Schmalzbrot und Braten gütlich.

Inzwischen sind aber heimliche Hände am Werk. Die Nachbarn holen den Firstboschen aus seiner luftigen Höhe herab, eine Dirn versteckt ihn in ihrer Kammer. Darauf hat man im stillen schon gewartet, denn das Suchen des Boschens gibt Burschen und Mädchen Gelegenheit zu herzhaftem Scherz. Mancherorts ziehen die um ihr Bäumchen bestohlenen Bauarbeiter hoch zu Roß nach ihm aus. Sie wissen, daß sie ihre Attacke gegen die Dirndln zu reiten haben, die ihr Gut mit Liebkosungen durch rußige Hände, mit Wassertaufe und ähnlichem mehr verteidigen. Erst wenn die Burschen eine Entschädigung für die Rückgabe versprechen, ist der Weg zum Versteck frei. Die Dirndln werden nun trotz Gegenwehr und Bemühung, die Gegner mit Ruß zu beschmieren, samt der Firstboschenträgerin an ein Seil gebunden und im Triumph an den Bau geführt. Der Firstboschen kommt wieder an seinen Ehrenplatz, die Mädchen werden im Wirtshaus vom Bauherrn bewirtet und der Firstboschenraub wird mit einem Tanz beschlossen.

»Eine Maß Bier, zwei oder drei«

Zimmermannsarbeit macht durstig. So suchten diese Handwerker während der Arbeit gerne eine Gelegenheit, die Labsal einer frischen Maß zu ergattern. Dazu gehörte der alte Zimmermannsbrauch des »Schnürens«: Kein Arbeiter mag es, wenn man ihm beim Werken zusieht. Erschien nun einer ungerufen zum müßigen Zuschauen oder gar gleich zu einer Besichtigung des Baues, dann wurde der Ungebetene vor allem, wenn er anscheinend von »Gebhausen« war, d. h. vermögend aussah, vom Altgesellen mit Lotschnur und Spruch eingeschnürt:

Hermann Groeber, 1865–1935
Nach der Jagd (Tusche)

Mit Gunst ist zu sehen unsere Kunst,
wir tragen unsere Hammer und unsere Kelln nit umsunst,
wir tragens übers Wasser, wir tragens übers Land,
so weit unser Handwerk ist bekannt.
Wir haben das Recht zu beziehen
über König und Kaiser, über Fürsten und Grafen
und Sie, Herr . . ., werden unsere Arbeit nicht verachten
und ein kleines Trinkgeld nicht achten.
Ein Taler, zwei oder drei,
nein, das ist zuviel,
ich bleib bei Maß und Ziel.
Eine Maß Bier, zwei oder drei,
steht jedem Baubesichtigten frei.

Auch der Zimmermann hat sich nicht selten als Kunsthand-
werker erwiesen. Stehen wir nicht manchmal auf Wanderungen über Land vor einem Bauernhaus oder einer Scheunenwand und freuen uns an der blühenden Ornamentik, mit der
er Gebälk, Türstöcke und Vorgattern bereichert hat. Daneben vollbrachte er manch technisches Meisterstück. So nennen alte Kirchenrechnungen einen Zimmermeister Christian
Raab in Prien am Chiemsee, der im Jahr 1738 mittels
einfacher Walzen den 38 Meter hohen Dachstuhl des Priener
Kirchenturms vom östlichen Ende des Langhauses auf das
westliche Ende desselben mit Hilfe von drei Arbeitern ver-
setzte.
Bis in unsere Zeit herein reichen die Zeugnisse, die Zimmer-
leute früherer Jahrhunderte von ihrem Werken an vielen
Orten hinterlassen haben.
Dem Tragbalken des kleinen Getreidekastens der Burg
Burghausen ist das Jahr, in dem ein Bauer zum erstenmal das
pflichtige Getreide eingeliefert hat, folgendermaßen angeschrieben:

Vierzechen Hundert zwainczig siben
Im diennen diess Getraidts geschriben.
Khein Haut noch harr an jenen mehr,
Die diss Getraidt gedient hieher.
Sellig ist der Ackhermann,
Vill selliger der's behalten khann.

Die Inschrift wurde 1692 erneuert und dazu gefügt:

Damit diss nicht vergessen würdt,
Hat man es wieder Renofirt.

In der Ortschaft Taubensee, die zwischen der Schwarzbach-
wacht und Ramsau liegt, wurde beim Bau der Alpenstraße
an einem der ältesten Häuser der Gegend eine Steintafel
entdeckt, die in umständlicher Schnörkelschrift besagt: »Ich,
Hanns grassl ain Holtsmaister gen Reichenhall ond ich hab
Lattenperg verarbait ond Landhäpen und Schwarzpach-
schleiden ond Schwegl ond das haus derpaut ond Mein
nachkemen zu guet, darumb ich mein nachkeme das svizze
ob sy got dermant daz si mir guets nach täten, daz ist
geschechn 1545.« Hanns Grassl hatte also den Lattenberg
verarbeitet, Landhaupten, Schwarzbachleiten und Schwegl
(Teile des Lattengebirges und der Reiteralpe) und sein Haus
erbaut zu Gunsten seiner Nachkommen in der Erwartung,
daß ihm diese, vor Gott ermahnt, Gutes täten.
»M. F.«, die Anfangsbuchstaben seines Namens, kerbte der
Zimmermeister Franz Mayer von Achtal ein. Nach Mitteilungen von Oberlehrer Bartl, Rimsting, findet sich die May-
ersche Kerbe am Firstbaum beim Vordersunnhuber. Ein im
Jahr 1926 abgebrochener Getreidestadel des Laubhuber im
selben Ort trug die Aufschrift: »In conceptiones consumma-
tus est«, dazu die Anfangsbuchstaben des Bauherrn und
seines Eheweibes und die Jahreszahl »1817«. Der Firstbaum

132

des Kalkgruber zeigt folgende Kerbe: »IMJEAOSRSV-JESAPCR 1748 AF« (Andreas Förg). In der Haustüre beim Grießl steht die Jahreszahl »1628«.

Wie Pfarrer Dürnegger in seinem Buch »Samerberg« berichtet, fanden sich am First und an den Dachbäumen des vor einigen Jahrzehnten abgebrochenen Schmidhauser-Anwesens in Törwang gotische Verzierungen. Hoch im Ansehen stand der auf dem Friedhof zu Steinkirchen-Samerberg begrabene Zimmermeister Lagler, dessen Grabinschrift besagt:

Hier ruht ein Mann voll Redlichkeit und Treu,
wie sehr Geschmack und Kunst ihm eigen,
wird seine Arbeit, die er hier bezeugen,
daher ist unser Wunsch, daß er des Himmels Bürger sei!

Ein Zimmermeister von großem Ruf im ganzen Aschauer Tal war der 1791 zu Hohenaschau geborene Mathias Pertl. Brücken, Dachstühle, Kirchentürme und Höfe tragen hier seine Kerbe »M. P.« im Gebälk. Sein Prüfungszeugnis lautet:
»Dem Zimmerpalier Matthias Pertl aus Hohenaschau im Innkreis wird bezeugt, daß er die ihm gemachte Aufgabe, nämlich: Ein Kirchendachstuhl, ein Wirtshaus mit Stadel und Ställen, eine freitragende Treppe und einen 36 Fuß weiten Steg zu entwerfen und aufzuzeichnen, darüber die Zimmermannsschläge zu verfertigen, ziemlich gut gelöst, die an ihn gestellten Fragen über sein Fach ziemlich gut beantwortet und im Allgemeinen bei der Prüfung gezeigt habe, daß er eine Landzimmermeisterstelle wohl zu versehen imstande sey.
München, den 13. Juny 1822.
                    Vorherr, L. Kgl. Baurat«
Bei M. Pertl lernte der in bestem Andenken stehende Priener Maurermeister Lorenz Hartinger.

Das Schieferdeckergebet

Von der Frömmigkeit früherer Bauhandwerker kündet folgendes alte Schieferdeckergebet aus dem Chiemgau:
Herr, Gott Vater und Herr meines Lebens. Dein Lob soll immerdar in meinem Munde sein. Dich will ich täglich preisen für alle Wohltaten, die Du mir Unwürdigstem vom Mutterleibe an bis auf diesen Augenblick aus lauter väterlicher Erbarmung um Deines lieben Sohnes willen erwiesen hast. Sey in Sonderheit Du Allmächtiger, allein weiser und gütigster Schöpfer, hochgelobet, daß Du hie und da in die Berge brauchbaren Schiefer gesenket und denselben durch Deine Regierung erbrechen lassen, daß Du auch den Menschen Verstand und Geschicklichkeit verliehen, denselben zuzurichten und verarbeiten, wodurch Du vielen Hundert Personen und auch mir eine ehrliche Handtierung und Nahrung verschaffen hast.
Hilf, daß ich, so oft ich einen Bau annehme, gewissenhaft verfahre und niemand übervorteile. Gib daß ich in aller Arbeit treu und fleißig, sorgfältig und vorsichtig sei, damit ich nichts zu meinem oder anderer Schaden und Nachteil verwahrlose. Wenn Gerüste, Brücken und Sitzbühnen zu machen und Seile zu befestigen sind, so verhüte in Gnaden, daß ich nicht aus Eigennutz, allzu großer Eilfertigkeit und Unachtsamkeit mich un meine Mitarbeiter in Gefahr setze. Wenn ich einen neuen Bau heruntersteige, so laß Deinen heiligen Engel mich halten und führen, daß ich nicht durch Schwindel oder Gleiten einen gefährlichen Fall tue und meiner gesunden Gliedmaßen oder sogar meines Lebens beraubt werde. Ach, Herr, Du weißt, wie gefahrvoll mein Beruf ist. Lasse meine Seele hinauf in das himmlische Jerusalem getragen werden, wenn mein Leib zur Erde fallen und zerschmettert werden sollte.
O Herr, mein einziger Erlöser und Nothelfer, ich stehe im

Begriffe, eine fürchterliche Höhe zu besteigen, von welcher man kaum ohne Grauen und Schwindel abwärts sehen kann. Ich muß nun auf die Spitze eines Turmes treten, darauf mich weder Seile, noch Menschenhände halten können. O wachsamer Vater, alle Haare auf meinem Haupte sind gezählt, keines derselben fallet ohne Deinen Willen auf die Erde. Bewahre mein Gebein, daß deren keines zerbrochen werde. Sollte aber dieser Tag der Tag meines Todes sein, so laß nur meinen aufgelösten Geist die Tür zum ewigen Leben offen finden. Soll ich fallen, so fange mich mit Deinen Vaterarmen und mit Deinem mütterlichen Schoß auf.

Ein anderes Gebet lautet:

Mein Schöpfer sei gelobt, Du hast ein Wort gesprochen,
Wodurch der Schiefer ward, der hie und da gebrochen,
Wohl zugerichtet wird und Turm und Schloß bedeckt,
Weil auch mein Stückchen Brot in diesem Steine steckt.

Gib, daß sich mein Gemüt zu Dir gen Himmel neigt,
So oft ich unverzagt ein Hausdach besteig.
Und wenn der Abend mich vom Bau herunterzieht,
So hilf, daß auch mein Geist von allen Höhen flieht.

Der Hinterglasmaler

In seiner Werkstatt bis oben hinauf
hängen die Heiligen und Frommen zu Hauf.
. . . .
Das alles malt er beim flackernden Licht,
Ekstasen von Gold, ein flammend Gedicht,
ein Rausch von Farben, ein Glanz unermessen –
Er selber aber verlor das Gesicht,

er selbst ist verweht, sein Name vergessen,
kein Buch gibt Kunde, kein Blatt gibt Bericht,
so ganz war sein Schaffen vom Himmel besessen,
so ganz versank er im ewigen Licht.

Zu den innigsten aus der Volkskunst hervorgegangenen
Schmuckstücken gehört das Hinterglasbild. Seine Technik
ist denkbar einfach: Der Maler legte die Vorlage, meist einen
Kupferstich, unter eine Glasscheibe und zeichnete mit einem
Haarpinsel die Konturen nach. Dann trug er das Bild seiten-
verkehrt mit Ölfarben auf die Rückseite des Glases auf und
deckte diese mit einer Amalgamschicht ab. Wer für seinen
Wandschmuck einige Kreuzer mehr aufwenden wollte, der
kaufte ein »graviertes Bildl«, auch »Rußbildl« genannt. Seine
Herstellung erforderte größere Mühe, darum sein höherer
Preis: Man schwärzte eine Glasscheibe mit einer stark ru-
ßenden Kerze, am besten mit einer Unschlittkerze. Dann
fixierte man den Rußüberzug, ritzte mit Hilfe einer Schablo-
ne die Umrisse des Bildes ein und unterlegte die Zeichnung
mit Blattgold. Bei der Hinterglasmalerei verwendete man
fast ausnahmslos religiöse Motive, ornamental verziert mit
Blumen oder mit Spruchbändern. Großer Beliebtheit erfreuten sich die Darstellungen der Wallfahrtsheiligen, die man
auf dem »Glastaferl« segenbringend in das Haus bannte.
Ein geschickter Hinterglasmaler hatte nicht nur den Winter
über, sondern das ganze Jahr hindurch Beschäftigung, denn
diese Bilder waren im In- und Ausland so begehrt, daß diese
Art der Malerei von der Mitte des 18. bis zur Mitte des
19. Jahrhunderts zu einem einträglichen Gewerbe wurde.

Die Pracht- und Paradestücke unserer alten Glaskästen waren die »Eigrichtl« (von eingerichtet). In mühsamer Kleinar-
beit wurden dabei durch den Hals weißer Flaschen die
winzigen aus Holz oder Elfenbein geschnittenen figürlichen

Darstellungen eingebaut, mit Vorliebe die Leidenswerkzeuge Christi.

Die Heimat solcher Miniaturschnitzereien geistlichen und weltlichen Charakters war Berchtesgaden, wozu Christof Selhamer in seiner »Tuba Rustica« zu Beginn des 18. Jahrhunderts berichtet: »Wer dergleichen kleine Kunststücke sehen will, der reis' nur hinter Saltzburg fünf Stund grechter Hand nach Bertolsgaden ins Gebirg hinein, da wird man so kleine theils geistliche, theils weltliche Wunderstück genug antreffen. Da wird man kleine ausgehöhlte Pfefferkörnl finden, worin zwölff helfenbeinerne Becher oder zwölff Löffeln oder ein gantzes Kögelspiel sambt zwey Kugeln verschlossen. Da wird man aus einem mittelmässigen Kerschenkernl au den Tisch herausschütten können die zwölff h. h. Aposteln, die alle munter dastehen und sich wohl voneinander kennen lassen oder eine gantz Corperalschaft von Soldaten mit ihrem Unter- und Obergewehr oder ein Dutzend Schneider, alle eine blaue Feder am Hut, unter den Irxen ein Stück Tuch, an der Seite für Degen ihren Maßstab, für das Pantelier ihr Bügeleisen tragen, von Holtz geschnitzelt und frisch übermalen.«

Staunend stand ich als Kind einmal vor einem solchen Kunstwerk drunten in Harras am Chiemsee bei der »Koasawabn«, unserer alten Schulstubenputzerin. Da hing in ihrer Wohnstube an einer Schnur über dem Stubentisch eine Glaskugel, die eine Heiliggeisttaube barg. In Holz geschnitten, schwebte sie mit auseinandergebreiteten Flügeln, jedes hölzerne, hauchzarte Federchen einzeln zählbar, in ihrem gläsernen Haus. Diesen mehr in Tirol beheimateten Stubenschmuck nennt der Volksmund »Suppenbrunzer«. Wenn nämlich die Bäuerin die heiße Morgensuppe, die dampfenden Mittagsknödel, die abendliche Kaffeesuppe in die Mitte des Tisches stellt, damit die Löffel der um den Tisch Gereihten schön gleichmäßig in die Schüssel einfahren können, dann steigt der siedend heiße Speisedampf zum heiligen Geist hinauf. Die kühle Glaskugel verdichtet den Dunst, sammelt ihn als Wasser am unteren Ende und läßt ihn, Tropfen für Tropfen, fein säuberlich in die Essensschüssel fallen. – Vielfach schwebte im Herrgottseck an einer Schnur von der Decke herab auch die »Unruh«, immerzu von den Luftströmungen bewegt, eine in mühevoller Arbeit in Papier ausgeschnittene Krone, die mit vielen religiösen und bäuerlichen Darstellungen geschmückt war.

Bereits im Jahre 1138 wird in Berchtesgaden ein »tornator«, ein Schnitzer, genannt. Das Jahr 1535 weist eine Handwerksordnung für die dortigen Holzhandwerker auf, gegeben von Propst Wolfgang. Blütezeit der Schnitzerei, die sich auf alle irgend erfaßbaren Gegenstände erstreckte, waren Barock und Rokoko. Es ist noch ein Preistarif vom Jahr 1655 für Spielwaren in Holz und Bein, die durch alle Welt gingen, vorhanden. 659 Holzhandwerker arbeiteten noch zu Beginn des 19. Jahrhunderts als Drechsler, Schachtelmacher, Löffel- und Spindelmacher im Landl, und erst vor einigen Jahren starb hier einer der letzten Spinnradlmacher. Er hatte sein Handwerk vom Vater übernommen, und seine aus Fichten-, Buchen- und Lärchenholz gefertigten Spinnräder waren in weiter Umgebung gesucht. Als letzter Rechenmacher im Berchtesgadener Land wirkte bis ins hohe Alter Michael Moderegger. Auf seinem Bauernlehen ruhten jahrhundertalte Privilegien. Das ihm zustehende Recht, das zu seiner Arbeit nötige Holz den einheimischen Wäldern zu entnehmen, erlosch mit dem letzten männlichen Nachkommen.

Hafner und Hafenbinder

Mancher hat gar keinen Dunst,
Daß auch das Töpferhandwerk Kunst.

In Bezirken, in denen der nötige Werkstoff vorhanden war, machten sich die Töpfer oder Hafner ansässig. Das Vorkommen von Ton im Inntal nutzten ja schon die Römer in ihrer Töpferei Westerndorf bei Rosenheim. Nach ihnen finden wir bedeutende Töpfereien längs der Salzach mit Hauptsitz in Burghausen, längs des Inn mit Hauptsitz in Wasserburg. Ursprünglich stellten die Töpfer nur einfarbiges Tongeschirr her, später scheckten sie ihre Waren zwei- und dreifarbig. In planenüberdeckten Wagen wurden ihre »Scherbenhaferln« – zur Zeit der offenen Herde hochgebaute Häfen, nach Einführung der geschlossenen Herdstätten flache Tiegel – durch Hausierer landauf, landab gehandelt. Mit solchem Geschirr fuhren der Geschirrführer Bachl von Wasserburg und der Traunsteiner Geschirrführer Bräuhauser von Waging. Letzter hatte auf seinem Wagen stehen:

Früh morgens, wenn der Tag anbricht,
zu Gott ich mein Gebet verricht,
spann dann meine Pferde an
und fahre wie ein Handelsmann.

Ihrem »erdenen« Geschirr blieb manche Hausfrau noch lange nach Einführung des Emaillegeschirres treu. Denn nirgends, so behauptete man, kocht sich das Gemüse so schmackhaft wie in einem »erdenen Degl«, und nirgends ergibt der Braten ein so köstliches »Sosserl«, bekommen die Rohrnudeln so »feine Rahmerln« wie in einem »erdenen Reindl«. Es machte auch gar nichts aus, wenn so ein irdener Tiegel im Laufe der Jahre Sprünge bekam. Er war an seinem oberen und unteren Ende sorgfältig mit Draht gebunden, die hohen Häfen nicht selten mit einem Drahtnetz umstrickt. Dies besorgten die von Haus zu Haus vorsprechenden Hafenbinder. Und hatte so ein alter Tiegelboden wirklich einmal ein nicht mehr zu flickendes Loch, dann nahm man einen Löffel Asche und schüttete diese an der schadhaften Stelle an, so daß der Tiegel noch lange seinen Dienst tat.

Zur Töpferei gehört auch die Kachelkunst, der es nie an Meistern fehlte. Lokale Berühmtheit hatten und haben die Kacheln der »Apostel-Öfen« des Frauenwörther Hafners Klampfleutner. Schönste Öfen gingen aus dem Salzburg-Halleiner Keramikerkreis hervor, von dem die Feste Hohensalzburg einen gotischen Majolika-Ofen von 1501 besitzt. Zieröfen aus den Werkstätten bayerischer Meister stehen in Stiften und Klöstern in Österreich. – Die ersten Kachelöfen gehören übrigens schon dem 9. Jahrhundert an. Ofenkacheln aus gebranntem und glasiertem Ton mit Spruch und figürlicher Verzierung beginnen etwa mit dem 14. Jahrhundert.

Im Ameranger Friedhof überrascht inmitten der Grabsteine an der Kirchenwand unter einem Wetterdach ein Ton-Relief-Grabmal durch seinen warmen Farbton, eine Arbeit von 1553 aus dem Wasserburger Keramikerkreis.

Mit dem Winter kam der Weber

Von Advent bis Ostern pumperte in den Bauernstuben, breitspurig meist im Eck zwischen zwei Fenstern bis zur Decke reichend, der Webstuhl.

In seinem Gebälk saß wie die Spinne im Netz vom Morgen bis zum abendlichen Gebetläuten der Weber und warf ritsch-ratsch das Schifflein von links nach rechts und von rechts nach links durch die gespannten Garne. Er warf auch zuweilen einen Segenswunsch in das Gewebe mit ein, das einmal der Brautschatz werden sollte, für das krauskopfete Annamirl, Liserl oder Reserl, das noch wie ein warmgeschlafenes Christkindl mit roten Backen neben ihm in der Wiege lag.

Der Weber webte alles, dessen man im Hausstand zum »Gwanden« (Kleiden) bedurfte: den Zwilch für die Werktagskluft, den schafwollenen Loden für die Sonntagsmontur und für den Mantel, das Kittelzeug, grob und fein, für die Weiberleut, die Tischtücher und die Handtücher, die »Leiwat« für die »rupfenen« und »harbenen«, die groben und die feinen Hemden. Das alles lag, in Stöckl und Walgen aufgerollt, im Tuchkasten, bis die Reihe an der Nahterin war.

Tüchtige Weber hatten samt Gesellen immer Beschäftigung. Die Bäuerin mußte oft zur jährlichen Stör den Weber ein halbes Jahr vorher »anfriemen«, wenn die Stöckln für die »Ausfürtigung« (Heirat) der Tochter in der gehörigen Zahl verarbeitet werden sollten. Damit der Weber sein Bestes tat, bekam er, wenn »angedreht« war und wenn er »zusammenroatete«, d. h. wenn seine Stör begann und endete, bessere Kost.

Manch ein Weber fiel in Ausübung seines Handwerkes auch einmal der Weberkrankheit zum Opfer wie ein Trutzgsangl besagt:

> Im Summa is's lustig,
> wenn d'Vögl pfeifa,
> gengan d'Weber spaziern
> toan Krätzn neifa (die Krätze kratzen).

In früheren Zeiten hatte fast jedes Dorf seinen Weber, bis der mechanische Webstuhl diesem Handwerk den Lebensfaden abschnitt. Wo der Webstuhl noch weiterläuft, dort dreht

Karl Raupp, 1837–1918, Im Gegenlicht (Bleistift)

oder webert er in der Hauptsache nur noch aus schmal geschnittenen Stoffresten die »Bandlteppiche«, wie sie früher in bäuerlichen und bürgerlichen Häusern ellenlang, manchmal in zwei »Broatn« nebeneinander durch die »gefeierte« Stube, durch die Schlafkammer und durch den oberen Hausgang liefen.

In einer alten Weberstube zu Kraimoos weberte noch 1938 auf seinem eigenen Gütl, in dem dieses Handwerk seit zwei Jahrhunderten daheim ist, ein Dorfweber, wie solche nur noch da und dort in einem weltentlegenen Gebirgsdorf eingesessen und tätig sind. Von der Zunft ist nicht mehr viel übrig geblieben als ein altes Lied, das wir Kinder in unendlicher Fortsetzung plärrten, von dem mir aber nur noch zwei Zeilen einfallen:

Rupfas Garn, harbas Garn,
d'Weber san narrisch worn.

Ein Nachtrag des Herausgebers:

»Einer der letzten Handweber des Oberlandes« stand 1974 unter einem Bild, das in der Zeitung veröffentlicht wurde. Diese Formulierung löste mehrfach Protest aus, denn in der Tat gibt es noch viele Handwebereien. Ein Veteran dieses Handwerks, Georg Hofmann senior aus Haslau bei Tattenhausen im früheren Landkreis Bad Aibling, schilderte darauf in einem Brief, unter welchen Umständen dieses Gewerbe früher betrieben wurde. Er hatte das Handwerk von seinem Vater erlernt, dessen Mutter schon die Tochter eines Webers war.

Hofmann schreibt: »Mein Vater beschäftigte in seinem Betrieb einen Webergesellen aus dem Bayerischen Wald, der jedes Jahr um Lichtmeß angereist kam und bis Mitte Juni bei

den umliegenden Bauern auf ›Stör‹ ging. Der Webstuhl wurde in der Bauernstube meistens im Herrgottswinkel aufgebaut, da dieser Platz gutes Licht von den zwei Fenstern rechts und links hatte. Früh und am Abend mußte eine Kerze oder eine Petroleumlampe für die nötige Helligkeit sorgen. Der Weber auf Stör stand mit dem Hauspersonal also um 5 Uhr auf und arbeitete auch nach dem Abendessen bis 21 Uhr weiter, denn die Arbeit wurde im Akkord bezahlt. Nach Feinheit des Garns erhielt der Geselle je Elle (etwa 72 Zentimeter) sieben bis zwölf Pfennig. Ein fleißiger Weber, der in seiner langen Tagschicht nur zu den Hauptmahlzeiten aus dem Webstuhl ging, konnte gut seine 20 Ellen weben, verdiente also zwischen 1,40 und 2,40 Mark pro Tag. Trotz des niederen Lohns brachte der Geselle doch eine beachtliche Summe nach Hause, denn Unterkunft und Verpflegung waren frei. Auch wenn er sonntags in die Wirtschaft ging, reichte das Trinkgeld, das der Geselle zur Beendigung der Arbeit bekam, für die Zeche aus. Eine Maß Bier kostete 24 Pfennige, eine große geräucherte Wurst 20 Pfennig und eine Zigarre fünf bis sechs Pfennig. Als Abschiedsessen erhielt der Webergeselle bei den Bauern ein Eiergericht. Ein Eiergericht nahm der Bauer selber zu sich, wenn er Flachs säte. Nach altem Brauch sollte das verhindern, daß Unkraut wuchs.«
Die heutigen Handwebereien stellen kaum mehr Leinwand her, denn die Industrieerzeugnisse verdrängten das Bauernleinen. Hofmann erinnert sich jedoch, daß in seiner Jugendzeit »eine Braut nach der Anzahl ihrer Leinenballen eingeschätzt wurde«. Er schreibt: »Auf keinem Kuchlwagen durfte ein Spinnrad fehlen. In den Kästen, in denen die Leinwand aufbewahrt wurde, las man Spruchbänder wie: ›Selbstgesponnen, selbstgemacht / ist die schönste Bauerntracht‹ oder ›Geblüht in Sommerswinden, / liegt still es nun in Spinden, / gebleicht auf grüner Au / zum Stolz der

deutschen Bauersfrau‹. Damals gab es auf den Bauernanwesen noch sehr viel Personal, und so war es üblich, daß die Töchter und die Mägde in den Wintermonaten zum Spinnrad griffen und so für den Leinenweber Arbeit schafften.« Neben dem feinen Leinen stellten die Weber auch Leinwandzwilch her, aus dem die Bauern Säcke nähten oder Tisch- und Handtücher.

(Ende des Nachtrags)

In den Klöstern war die Teppichflechterei schon in früheren Jahrhunderten weit fortgeschritten. Das Jahr 1150 nennt im Chorherrnstift zu Herrenwörth im Chiemsee einen Fridericus, Meister im Wirken kunstvoller Teppiche. Bis 1490 waren im Kloster Wessobrunn zwei Wandteppiche mit Bildern aus der Offenbarung des hl. Johannes ausgestellt, gewebt von einem Siboto Chenich in Höhenmoos bei Frasdorf. Die Priener Teppichweber und Teppichknüpfer standen einst weitum in gutem Ansehen.

In meiner Kinderzeit war den handgewebten leinenen Tischtüchern, längs und quer durch die Mitte laufend, manchmal auch den Tischtuchecken, eine »Tiroler Borte« aufgenäht, entweder zur Verbreiterung der früher nur schmal gewebten Leinenstücke oder zur Verdeckung der Nähte, wenn mehrere schmale Stücke aneinander gesetzt wurden. Mit Vorliebe verwendete man die Tiroler Borten als Wickelbänder zum Einfatschen der Säuglinge. Auch sie waren in weiß-rot handgewebt und bildeten in ihrer Art ein Stück Volkskunst, deren zeichnerische Motive, wie das des Lebensbaumes, Niederschlag uralter religiöser Vorstellungsformen sind.

Gänzlich aufgesogen von Fortschritt und Technik ist heute das Handwerk der Stricker. Im Sitzen, Stehen und Gehen nadelten sie Fäustlinge, schafwollene Strümpfe und wollene Janker. Nur der Hausname »beim Stricker« weist noch gelegentlich auf diesen Berufsstand hin.

Die guten Zeiten der Zinngießer

Es gab eine Zeit, da aß man an bäuerlichen und bürgerlichen Tischen von zinnernen Tellern, Platten und Schüsseln, trank aus zinnernen Kannen und Krügen und Bechern. Damals war der Zinngießer ein vielbeschäftigter Mann, der aber nicht nur Eß- und Trinkgefäße herstellte. So erinnere ich mich noch an einen originellen Gegenstand, der jahraus, jahrein abgedankt in einer Ecke unserer Speiskammer stand und höchstens gelegentlich eines gründlichen Hausputzes verdrießlich aus der einen Ecke in die andere geschoben wurde: ein zinnernes Gebetbuch mit Schließe und kunstvoll verziertem Deckel. Dieses wurde ehedem zur Winterzeit mit heißem Wasser gefüllt und in die Kirche zum Anwärmen der Hände mitgenommen. Kleine zinnerne Fläschchen in der Form eines Beutels trugen die Pilger auch zur Aufbewahrung von Reliquien bei sich. Außerdem fertigte der Zinngießer Amulette, durchbrochene Reliefs mit dem Bild eines Heiligen, die an Gnadenorten verkauft und geweiht wurden. Das Landvolk trug diese Amulette auf der bloßen Brust oder im Geldbeutel als Abwehr des bösen Feindes und anderer böser Geister, auch zum Schutz gegen Krankheit und Unglück. Wo solche Schöpfungen noch vorhanden sind, stehen sie in der »guten Kammer«, prangen in bürgerlichen Häusern als sorglich behütetes Ahnengut auf Schränken und Truhen im milden Glanz einer heimgegangenen Zeit.

Ausgestorbene Berufe

Überflüssig geworden ist der Riemerer oder Leibgurtenmacher, der die Leib- und Geldgurten für die Landleute, die Schrannenbauern und Viehhändler anfertigte und je nach

Wunsch und Zahlung überaus kunstvoll mit zerfaserten Pfauenfederkielen bestickte und benähte. Verschwunden ist die zu Ende des 18. Jahrhunderts in Wasserburg aufblühende Tabakdosen-Fabrikation, welche die bayerischen Schnupfer mit flachen Schnupftabakdosen belieferte und dieselben je nach Geschmack und Geldbeutel mit silbernen Reifen einfaßte. Vergessen sind die Blasbalgmacher, die Knopfmacher und die Bortenmacher, die Gschmeidler und die Gürtler, die vor allem Weihrauchfässer, Weihrauchkanndeln, Kerzenleuchter und kirchliche Gegenstände, aber auch feuervergoldete Turmkreuze und Turmkuppeln herstellten.

Unser Zeitalter beginnt freilich wieder Wert auf Handarbeit und Handwerkskunst zu legen. So kann es vielleicht sein, daß dieses oder jenes Handwerk, das heute nur noch in Familiennamen weiterlebt, zu neuem Dasein auferweckt wird.

Von Holzknechten und Holzweibeln

> A ruassige Hüttn
> Und 's Bett volla Stroh,
> Dös is insa Frettn,
> Aba doch san ma froh.

Wo die chiemgauische Landschaft an das Gebirge grenzt, sind nach wie vor der Wald und die mit ihm verbundenen holzverarbeitenden Berufe Erwerbsquellen der Bevölkerung. Da wachsen mit den Fichten und Tannen des Bergwaldes auch die Holzknechte heran, die jahraus, jahrein beim Forst in Arbeit stehen.

Ja, dö Holzknechtbuama müaßn fruah aufstehn,
Müßn 's Hackerl nehma und in Holzschlag gehn.
Wenn dö Sunn schö scheint und das Hackerl schneidt,
Ham dö Holzknechtbuama halt dö größte Freud.

Noch zwinkert der letzte Stern in die aufsteigende Morgen-
röte, da treibt droben auf den Bergen in der »Bruathennahüttn«, einem aus Balken und Pfählen gebauten, mit Baum-
rinde verkleideten Unterkunftsraum, der Meisterknecht
seine Holzknechte von der Liegerstatt auf: »Buam! Auf in
Gottsnam!« Der Holzknecht macht keine umständliche Toi-
lette. Im Handumdrehen ist er gerichtet »go Holz«, zur
Wanderung an seine Arbeitsstätte, den Holzschlag.
Beten ist alter Holzknechtsbrauch. Darum hebt der Meisterknecht vor dem Auszug aus der Hüttn an: »Im Namen des
Vaters und des Sohnes und des Heiling Geist.« Mit dump-
fem Gemurmel sprechen darauf die anderen Anrufung und
Bitte und Vaterunser zum heiligen Vinzenzi, ihrem Schutzpatron, zur Lieben Frau, zum hl. Florian und Sebastian, zum
hl. Schutzengel, beten für die armen Seelen im Fegfeuer, daß
ihnen der Herr die ewige Ruhe verleihen möge. »Wir bitten
um einen glückseligen Tag!« fügen sie am Schluß hinzu, ist
es ein Montag: »Wir bitten um eine glückselige Woche!« In
früheren Zeiten betete man auch den »Holzknechtrosen-
kranz«, der jedes Geheimnis auf ein Ave verkürzt.
Beim Verlassen der Hütte greift jeder in das neben der Tür
hängende Weichbrunnkesserl und sprengt mit Daumen und
Zeigefinger das geweihte Wasser im Namen des Vaters, des
Sohnes und des Heiligen Geistes an seine Stirn.

Und dö Holzknechtbuama tuat's ganz narrisch gfreun,
wanns a Liadl singa und frisch juchhe schrein.
Wann dös Liadl klingt und der Jodler hallt,
gfallt's an Holzknecht wohl am bestn draußt in Wald.

Um 9 Uhr schallt der Ruf des Meisterknechtes über den Holzschlag hin: »Muasn! Hoau!« »Hör Di wohl Hoau«, erwidern die Angerufenen. Nicht lange, dann brotzelt drinnen in der »Bruathennahüttn« in den eisernen Pfanndln der »Muas«, der aus Wasser und Mehl mit reichlich Schmalz zubereitete Holzerschmarrn. Jeder ist sein eigener Koch mit mehr oder minder großer Geschicklichkeit:

> Der Ster in Hadermarkt hat gsagt,
> er hat a Pfanndl, wo er koa Schmalz net braucht,
> wann er muast.
> Der Kendler von Infang sagt:
> er hat a Pfanndl, so a guats,
> daß er 's Schmalz no abschöpfa muaß.

Außer dem Muas fabriziert sich der Holzknecht seine »Brotmanndl«, Preßknödel aus Brot, in Schmalz gebacken, dann mit Wasser übergossen und schließlich im Wasser gekocht. Zu seinen Leckerbissen aber gehören die »Langaus«, in Schmalz und Wasser gesottene Teigflecke, die Kasnocken sowie die nicht mehr üblichen Holznudeln.

Um zwei Uhr nachmittags wird die zweite Mahlzeit eingenommen. Zum Feierabend ruft wieder der Meisterknecht über den Holzschlag hin: »Überoi hoau!«

Ist der Holzknecht noch ein Mann vom alten Schlag, dann sucht er sich den Stumpf eines frisch gefällten gesunden Baumes aus, hackt in seine Wundscheibe drei Kreuze und murmelt dazu: »Daß' rastn kina, dö arma Seeln und daß dö Drud net aufhockt.« Und er denkt dabei an die bei der Holzarbeit Verunglückten, deren abgeschiedene Seel' für das fromme Gedenken den Holzern in ihrer schweren Arbeit schützend beistehen wird.

Mit solchen drei Kreuzen, die den Baumstumpf schon zeichnen sollen, noch ehe der Hall des stürzenden Baumes verklungen ist, hat sich der Holzer gleichzeitig geschützt gegen die Rache der Holzweibln oder Holzfräulein, denen er mit dem Baum den Wohnsitz umgeschlagen hat. Sie können nach altem Glauben auf dem bekreuzten Baumstumpf auf der Flucht vor dem wilden Jäger rasten, während Hexen hier keine Ruhe finden. Hätte ihnen der Holzer diese Rast nicht geschaffen, würden sie ihm mit verlockender Gestalt und blühendem Antlitz, vielleicht dem seiner Liebsten, erscheinen und ihn an eine Felswand locken, von der er nicht mehr zurückfinden könnte. Oder sie ließen die Felswand sich vor ihm auftun und hinter ihm rasch wieder schließen. Wem dagegen die Holzweibln, die ganz in graues Baummoos gehüllt sind und alte Runzelgesichter haben, gut gesinnt sind, dem schenken sie bei einer Begegnung grünes Laub, das sich, wenn der Betreffende zu Haus angekommen ist, in Gold verwandelt hat. Noch im vorigen Jahr (1938) traf ich im Wald bei Knappenfeld auf zwei frische Baumstümpfe, denen die drei Kreuze eingehackt waren.

Einst war es auch üblich, daß der Holzer vor einem gesunden Baum, den er zu fällen im Begriff stand, den Hut abnahm und solcherweise um Vergebung für seine Handlung bat. Ja, die Ehrfurcht vor dem Baum als einem lebenden Wesen war einst so groß, daß heute noch gelegentlich alte Leute beim Betreten des Waldes den Hut abnehmen.

Nach der Abendmahlzeit beten die Holzknechte fünf Vaterunser, gerichtet an den hl. Vinzenzi, die Liebe Frau und an die armen Seelen, und schließen: »Wir danken für den heutigen Tag und wir bitten um die Erlangung einer glückseligen Sterbestunde.« Dann verkriecht sich der Holzer in sein Nest.

> Hörst, wias schnarcha tean,
> daß's grad so kracht,
> und dö Flöch toans beißn,
> wünsch ma guate Nacht.

Ein Holzer darf sich nachts nicht von seiner Arbeitsgemein-
schaft trennen. Wer sich heimlich entfernt, muß zur Strafe
anderntags öffentlich einen Rosenkranz beten (Berchtesgaden). Währenddessen herrscht tiefste Ruhe. Unterbricht einer den Sünder, wird er zu gleicher Strafe verurteilt.

> In der Labau
> steigt der Raach au.
> Was kochans denn eah?
> Knödln, ja Knödln,
> gengant d'Holzknecht daher.

Am Montag sind sie ausgezogen mit ihrem Wochensack,
einem Rucksack, in dem sie ihre herkömmliche Wochenat-
zung, einen Laib Brot, einige Pfund Schmalz und Mehl zum
»Muasn« verstaut und dem sie das Muaspfanndl angehängt
haben. Am Samstag kehren sie heim an den Herd zu Weib
und Kind.

> Lang bin i ausgwen,
> glei ganze sechs Tag,
> aba, Buama, iatzt glab i,
> Daß mi dö Alt liaba mag.

Und am Sonntag sitzn d'Holzknecht hinterm Kruag,
saufan ganze Lackan, kriagn halt gar net gnuag.
Woaßt, dös kimt vom Muas, dös pappt oan d'Gurgl zsam,
braucht scho woitan saufa, bis sies aufgwoacht ham.

Ein richtiger Holzknecht braucht so viel »Schmalz«, so viel
Kraft, daß er einen echten Dürrling mit der bloßen Faust
asten kann. Doch auch sonst war das Holzen noch nie eine
einfache Arbeit! Sie mußte erlernt sein, und das namentlich
in einer Zeit, da man die Baumsäge, die Wiegensäge oder das

»Marterblech«, wie sie volksmundlich genannt wird, noch nicht kannte. Vor 1870 hatte die ungefüge Hacke die Arbeit der leichter gleitenden Säge zu leisten. Jeder Stamm mußte umgehackt und abgehackt werden. Dabei sollte der stehenbleibende Baumstock ein sauberes Aussehen haben, sollte »kesselbödig« sein, also wie ein Kesselboden aussehen, was mit einer »moscheininga« (mondscheinförmigen) Hacke zu erzielen war.

Um Michaeli, wenn auf den Bergen die Schneezeit einfällt, verläßt der Holzknecht die »Bruathennahüttn«, den sommerlichen Wohnbau, in dem er mit den guten Geistern, den Wichteln, einträchtig gehaust hat, und zieht in die den Unbilden des Winters angepaßte Holzstube am Fuß des Berges. Bald darauf legt der Winter die steinerne Welt in sein weißes Schneebett, und damit ist die Zeit zum Abtransport des Holzes gekommen. Auf Ziehwegen muß der Holzknecht mit einem Hörndlschlitten, dessen Kufen vorne hornartig aufgebogen sind, das Holz ins Tal bringen. Das ist schwerste Arbeit. Begleitmann ist der Tod.
Aber wer kann den Tod fürchten, wenn ihm das Leben aus allen Adern springt! Der Holzknecht stemmt sich vorne in seinen Schlitten, die Fäuste um die beiden Hörndl gespannt, er steht wie ein junges Roß, das dem Augenblick entgegen fiebert, da es seine Kraft in die Stränge legen kann.
Bevor es jedoch so weit ist, heißt es den Schlitten und das zur Abfahrt nötige Werkzeug zum Holzplatz hinaufbringen, und das dreimal am Tag. Noch zu nachtschlafender Zeit beginnt der erste Anstieg. Bedächtigen Ganges, einer hinter dem anderen, stapfen die Holzer durch den Schnee bergan. Ist der Anstieg steil und vereist, gehen sie mit »Krapperln«, kleinen Eisen mit spitzen Krallen, an den Schuhen. Die mitgetragenen Eisenketten und Eisenstifte schlagen mit hellem Kling-Klang den Takt. Droben auf dem Berg wird der

Schlitten beladen, Baum über Baum, eine Fracht von vielen Zentnern. Zwei bis sechs Holzstämme hängen als Nachschloapf oder Hemmschuh am Schlitten. Um die Kufen werden eiserne Ketten geschlungen, und als weitere Bremsvorrichtung sind zwei Tatzen handlich angebracht, eiserne Zacken, die sich durch Holzgriffe niederdrücken lassen.

Zum Holzziehen gehören Bärenkraft und ein furchtloses Herz. Die Riesenlast im Rücken, steht der Holzknecht zur Abfahrt bereit. Mit einem Stoßgebet oder einem still gesprochenen Vaterunser hat er sich allen Heiligen und den Vierzehn Nothelfern anbefohlen. Mit dem Ruf »In Gotts Nam!«, wie es vor jeder schweren Arbeit gebräuchlich ist, oder mit einem hellen Juhschrei, die Füße fest in den Boden gestemmt, teufln Holzknecht und Schlitten bergab. Und mit ihnen ist die Gefahr, lauernd, wie sie den Wagemutigen ins Verderben reißen kann. Bricht am Schlitten ein Kipf, reißt eine Kette, läßt eine jähe Kurve das Gefährt über eine niedere Schneewand hinausgleiten, dann heißt es »Guat Nacht, schöner Holzhackerbua!«

Wo das Roß in den winterlichen Holzfuhrdienst gestellt ist, schreitet es mit breiter Brust langsam und bedächtig im Schritt des Fuhrknechtes. Es ist ein Erlebnis, im Winterwald einem Holzfuhrwerk zu begegnen. Lange vor dem Sichtbarwerden kommt das Geläut der Schlittenglocken näher und näher. Dann tauchen die Rösser auf mit gesenkten Köpfen und bereiften Mähnen. Wortlos nickt der Fuhrmann.

Holzknechtkirta

Am 22. Januar, dem Tag des hl. Vinzenz, an dem das Holz meist zu Tal gebracht ist, ist das Fest der Holzknechte, althergebrachter »Bauernfeischta« und großer Holzknecht-

zunfttag. Weil der hl. Vinzenz auf einem glühenden Holz-
rost seinen Martertod erlitt, darum hat er die Ehre des
Holzknechtpatronates, das er mit dem hl. Sebastian teilt,
weil dieser an einem Baum gemartert wurde. An ihren
Namenstagen darf der Holzarbeiter nicht »go Holz« gehen.
Die Vinzenzifeier oder der »Holzknechtkirta«, kurz 's Vin-
zenzln« genannt, selbst gliedert sich in Gottesdienst mit
festlichem Kirchenzug, Holzknechtmahl, bei dem der Rottmeister den Mahlgang kredenzt, und dem Holzerball, auf
dem die Holzknechte im benachbarten Leogangtal in Tirol
einen Tanz mit ihren Holzhacken aufführen. Dem festlichen
Gottesdienst, einem feierlichen Hochamt, wohnen mit den
Holzknechten und Forstarbeitern auch die Forstbeamten
und Sägewerksbesitzer bei. Er gilt dem Gedächtnis verun-
glückter Holzknechte, wobei der Forstmeister den Opfer-
gang um den Altar eröffnet. Nachher marschieren alle geschlossen ins Wirtshaus zur »Holzsuppe« und anderen weltlichen Freuden, zu denen der Rottmeister ein Faßl Bier
stiftet. Auch die Sägewerksbesitzer zahlen nach altem
Brauch den Holzern Bier und Essen. An diesem Tag gibt es
statt Muas ein handfestes Trumm Fleisch. Manch einer netzt
nach der sauer verdienten Maß Bier, »weils heit gleich is«,
seine Gurgl mit etlichen Stamperln Schnaps, denn:

> Der Schnapsrausch, sagn d'Holzer,
> der geit woltern aus,
> kost net gar sovui Geld,
> in drei Täg schlafst'n aus.

Nach der Holzsuppe oder dem Holzknechtmahl beginnt der
Ehrentanz.

> Und da muaß der Holzknecht wohl a Madl ham,
> daß er kann mit ihr sei bißl Geld verschlagn.

Der Meisterknecht führt dem Forstmeister ein ausgesucht schönes Dirndl zum Solotanz zu. Nach ihm tritt der Förster zum Solotanz an, dann der Meisterknecht mit der Seinigen und nun flanklt oder tanzt alles drauf los und so lange, bis der Morgen die Dirndln heimwärts treibt.

Aber nicht nur die Holzknechte, auch die Wald- und die Sägewerksbesitzer wissen zu feiern. Als mich einmal der Weg an einem einsam gelegenen Sägewerk vorüberführte, lag dort ein Stapel mächtiger Bäume, mit Girlanden und bunten Blumen verziert. Oben auf dem Stapel steckte ein Tannenboschen mit lustig flatternden bunten Bändern. Es waren die schwersten und schönsten Stämme, welche die bäuerlichen Waldbesitzer zur Säge angeliefert und dafür geschmückt hatten. Nach der Anfahrt mußte der Sägewerksbesitzer die Bauern mit Mahl und Freibier »auslösen«, und ihren Bäuerinnen, die sich gleichfalls an der Anfahrt beteiligt hatten, mit Schleckwerk, »Gutln« und süßem Schnaps aufwarten.

An den »goldenen Samstagen« im Herbst wallfahren die Holzer meist gemeinschaftlich in eine benachbarte Wallfahrtskirche, vielleicht nach Maria Eck, in die Urschlau oder noch bis vor wenigen Jahren ins Salzburgische hinein nach Maria Plain.

Daß die Holzknechte von je auch tapfere Männer waren, wenn es galt, für Heimat und Vaterland einzustehen, geht aus einer Eingabe hervor, die das Holzmeisteramt Ruhpolding im Jahr 1790 mit der Bitte um Entlassung der Holzknechte vom Militärdienst einreichte, »da sie in der Heimat jederzeit zu kämpfen bereit seien und gegen die Panduren unter Führung des Wirtes Schwaiger von Zell Mauern erstiegen und die Panduren aus Stadt und Land gejagt haben«.

Das Triften

»Gott bewahre unsere Holzmeister und Holzknechte vorn Unglücke und daß der gnadenreiche Salzfluß nie versiege.« – Es hatte einen guten Grund, wenn die Bewohner des Miesenbachertales dieses Stoßgebet nach jedem sonntäglichen Pfarrgottesdienst zum Himmel schickten, denn am »gnadenreichen« Salz, an den Salinen oder Salzsiedewerken tauschten sie Holz gegen Brot. In den Wäldern des holzreichen Traungebietes hatten laut Bericht vom 14. April 1579 »die Unbesessenen, welche Hölzer (Holzer) seindt, macht und gewalt, das ein jeder khuefholz (Holz, aus dem die Dauben zu den Salzfässern gemacht wurden in einer Zeit, in der das Salz nicht in Säcken, sondern in Holzfässern verfrachtet wurde), wo er dasselbe findet, mag niederschlagen und so viel guets darin findet, nimmt er davon und was er zu seiner Hausnotdurft nit bringen kann, läßt er liegen, das muß an gebürgen erfaulen.«

Die Verdienstmöglichkeit am Holz steigerte sich um ein Erkleckliches mit der Errichtung der Saline zu Traunstein. Unter den Forsten, die ihr Kurfürst Maximilian am 4. Oktober 1628 zum Holzbezug zuwies, befand sich aus das Waldgebiet um Ruhpolding. Hatten die Ruhpoldinger bislang ihr Holz mühevoll bis nach Reichenhall frachten müssen, so brauchten sie es nunmehr nur bergab zu bringen. Das Weitere besorgte das Wasser.

Den Holztransport bergab vermittelte die »Rutsch«, eine Holzriese oder -rinne, die man in der Länge von etwa 500 bis 700 Metern an allen Holzschlägen anlegte. Je fünf Fichtenstämme wurden dazu halbrund aneinandergefügt und das Ganze mit Holzstiften – Eisennägel gab es dafür noch nicht – verklemmt. Die Rutsch verlief meist über einem Bachbett und hatte eine Rinnsalweite von einem halben Meter. Die längste Rutsch befand sich bei Seehaus nahe Ruhpolding und führte etwa 1000 Meter lang vom Schweinösterstiefel in den Rummelbach. Von hier aus lief eine kleine Wasserriese von 62 Baumstammlängen in die Seetraun.

Zu Beginn des Winters wurde das gefällte Holz, das an den Riesen nicht selten haushoch aufgetürmt lagerte, durch das »Loatfuhrwerk« oder mittels Ziehschlitten an die Klausen gebracht, wo es seiner Frühjahrsreise entgegenharrte. Bei den »Klausen« handelt es sich um künstlich angelegte Talsperren oder Stauwerke, die man eben zur Holztrift in reichlicher Zahl benötigte. Am Ferchensee gab es deren drei, an der Urschlauer Ache vier, von denen die Rötlmoser Klause als die größte ein Schlagtor und zwei Zugtore hatte. Die Eschlmoser Klause besaß je eine Klause am Stockinger Bach, am unteren Kraxenbach und am unteren Menkenkraxenbach. Weiterhin gab es eine Bäckerklause, eine Danziger Klause, ferner Glanzleckerklause, Fischbachklause, Fahrsteigerklause, Stiergrabenklause. Eine in der Seehauser Holzstube eingemauerte Marmortafel besagt zur Klause: »Nachdem die vorige Anno 1758 von der Meisterschaft erbaute Klause durch einen unbefugten, boshaften Menschen nächtlicher Weil zu geschlossen, sogleich durch eine unvermuth darauf gefolgten Wassergüss grossenheits angegriffen, so ist selbe auf Verordnung ein Lob Wals, Visitations Commission wiederum erbaut und Mehr Sicherheit halber weitter herausgesetzt worden, in den beiden Jahren 1763–1766 repariert worden von P.X.C.K. Holzlieferanten 1790.«

Das Triften selbst begann, wenn im Frühjahr der warme Föhnwind den Schnee fraß und die Bergbäche sich mit Schmelzwässern füllten. Nun warf man unterhalb der Klausen in die Rinnsale von Traun, Ache und anderer Seitenbäche eine bestimmte Menge Holz, das sich vor der Fahrbahn schob und drängte wie das zur Heimkehr bereite Vieh vor dem Weidegatter. Dann wurden die Klausen geöffnet. Die in ihnen aufgestaute Wassermenge trug das Holz im Fluß- oder Bachbett vorwärts bis an seinen Bestimmungsort, meist nach Traunstein. Einmal ins Treiben gekommen, schwammen die Hölzer gewöhnlich von selbst ihrem Ziel entgegen. Es gab freilich auch gelegentlich »Ausreißer«, die sich an Busch und Uferrand verfingen und die dann eingeholt und losgelöst werden mußten. Das war nicht leicht, am schwersten aber dort, wo Baumstämme in einen »Holzschlucker«, einen Wasserwirbel, gerieten oder in einer Klammenge sich verspreizten und in krachendem Chaos einander bedrängten. In solchen Fällen mußte der Trifter, an einem Seil zwischen Himmel und der tosenden Wirrnis im Wasser schwebend, mit einer Spitzstange die Stämme in geordneten Lauf bringen. In besonders schwierigem Gelände errichtete man oft gleich im voraus eine Seilschwebebahn, so im Tal der schwarzen Ache bei Ruhpolding. Letzte verläuft in 8 km Länge von Seegatterl über den Sonderberg, Winkelmoosalm und Schliffbachalm zur Zwicklhütte am Unkenbach. Bis 1937 wurde auch noch Holz aus der Kössener Ache, die bei Klobenstein nach Bayern eintritt, aus Tirol getriftet.

Abertausende Ster Triftholz, an einem einzigen Tag oft 9000, jedes einen guten Meter lang – die Urschlauer Ache verfrachtete sogar 3 bis 4½ Meter lange »Blöcher« – schwammen jährlich die Traunwasser hinab. In Traunstein nahm ein eingetiefter Holzrechen, ein wabenartig gefügter Balkenboden, durch dessen Löcher das Wasser wie durch ein Sieb absinken konnte, das getriftete Holz auf. Dieser Triftrechen zog sich am Fuß der Stadt Traunstein von den Salinenholzfeldern oder Holzlagerplätzen bis an den Haslacher Steg hin.

Wie die Zimmerer, so hatten auch die Trifter bei Uferschutzbauten zum Pilotenschlagen ihre Triftergsangln oder -litanei. Sie wurde zur Belebung der Arbeit mit dem Zugschlögl und zu gleichzeitiger Kraftentfaltung gesprochen.

Vorsprecher war der Schlöglmeister. Nachfolgende Trift-
gsangln stammen von Johann Eder, Leitersohn von Ruhpolding:

Iatzt han ma bereit / und zwölfe hat's scho gleit,
und zwölfe hat's scho gschlagn / hui und mei Klobn,
I und meine Manner / und Bauern untereinander,
mir laßn 's Schlegei falln / an Bergnan tuat's brav gfalln.
An Berg und an da Au / is bei uns scho lang der Brauch
schlacha und guat ziagn / und 's Schlegei hoach auf führn.

Hoch auffi unters Road / aft fallt er oba grad.
Bleia is er aba net / aba oacha gwiß.
Mit Eisn is er bschlagn / große Plattn tuat er tragn.
An guatn großn Ring / und d'Fasch is mittn drin.
Und Nägl a dabei / aft fahrn ma wegga glei,
steht's no net zlang daher / mecht ebba kema a Herr.
Oder 's is a Mo, er schaugt uns schiach o.
Es schaut so net schö her / wann ma allawei standn her,
Und tatn gar net schlagn.
Moasta und Polier / dö gebn uns d'Arbat für,
mir nehman ein den Lohn / er zahlt uns aus davon.
Iatzt han ma scho bezahlt / herinn in diesem Wald,
Kappi liegt aufn Alta / a Stoa is a Kalta.

A Schlippi und a Schlappi / aufn Alta liegt a Kappi
herinn in diesem Wald / is 's Schlegln der Brauch.
A Kalter is der Stoa / a Rippi is a Boa,
a Boa is a Rippi.
A Mehl, dös is a Stippi / a Stippi is a Mehl.
Der Kürschner, der tragt 's Fell / 's Fell dös tragt der
Kürschner. /
Der Pfluag, der hat zwoa Rüstern / zwoa Rüstern hat der

Pfluag. / Koa Reicha krieagt net gnua / gnua kriagt koa
Reicha.
Der Bua, dös is a Schleicha / a Schleicha is der Bua.
Der Weber is a Spuler / a Spuler is der Weber.
Der Ochs, der hat a Leber / a Leber hat der Ochs.
Der Imp, der hat a Wachs / a Wachs, dös hat der Imp.
Der Bam, der hat an Schimp / d'Schimp hat halt der Bam.
D'Frau Madl liegt im Tram / im Tram liegt dö Frau Madl.
Dö Madl liegt im Wagn,
mit Eisn is er bschlagn / bschlagn is er mit Eisen,
dö Blindn muaß ma weisn / weisn muaß ma dö Blindn,
weil sie eahnan Weg net findn / sie findn halt koan Weg,
vui weniga an Steg.
Es is a harte Zeit
für dö blindn Leit,
für dö blindn Manner,
Buama unteranander.

Z'Reichahall / da gibt's Metall,
am Salzmeier Haus / da zahlns uns aus.
Da kriagn ma Geld / dös klingt und schellt,
dös schellt und klingt / und an mein Huat neispringt.
Drinn a da Au / da steht a schöne Frau.
Dös is a schöne Zier / geh her und ziag mit mir.

Zweieinhalbhundert Jahre, von 1660 beginnend, stand die
Traun triftend im Dienst der Saline Traunstein bis zu einer
allerletzten Trift am 15. Juni 1896. Mit diesem Tag starb das
Ruhpoldinger Triftwesen. Den Holztransport aus dem Mie-
senbacher- oder Ruhpoldinger Tal übernahm die »Kaffee-
maschine von Ruhpolding«, das Dampfrößl der Eisenbahn-
linie Traunstein-Ruhpolding, das heute noch (1937) mit
wehender Rauchfahne und gellem Pfiff den schönen grünen
Wald aus den Bergen in die Ebene rollt.

In größeren Zeitabständen findet am Königssee im Gegensatz zur nassen Trift ein »trockener Holzsturz« statt, ein Schauspiel von elementarer Wucht, zu dem die Zuschauer strömen, um es am Eisbach auf der Landzunge von »Bartlmä« zu erleben.

Aus den Wassern des Königssees hebt sich die 1027 m hohe steil aufsteigende Burgstaller Wand. Droben haben in jahrelanger Arbeit die Holzknechte Wald gefällt, sein Fichtenholz zu Hunderten von Ster aufgearbeitet und in Meterscheiter geschnitten. Das Holz soll zu Tal kommen, aber kein Weg führt aus diesem Felsenzirkus, keine Handbreit Möglichkeit ist zur Anlage einer Holzrutsch vorhanden. So bleibt nichts übrig, als das Holz von der Berghöhe über die hohe Felswand in die Wasser des Königssees zu stürzen. Am Fuß der Sturzwand schwimmen im Rund gehaltene Langholzstämme als Pferch, um die hölzerne Herde aufzunehmen.

Droben, auf der Berghöhe ist der Holzstoß von 1000 Raummetern hart am Rand des Abgrunds auf Tragbalken aufgestapelt. Heute kündigen den Beginn des Sturzes Böller und Juhschrei an, früher trat dazu noch der Superior des benachbarten Kapuzinerklosters in den in lautloser Andacht harrenden Kreis der Holzknechte und sprach den Segen um ein glückliches Gelingen des gefahrvollen Unternehmens. Als einleitendes Vorspiel werden mit Pulver geladene und auf ihrem Flug explodierende Fichtenklötze von der Wand gestürzt. Dann werden Tragbalken und Stützen des Holzstoßes mit Pulver gesprengt – und schon stürzt das Holz sich überschlagend ab, prallt an einer vorgelagerten Felsennase auf und mündet, eine einzige wirbelnde Masse, unter ohrenbetäubendem Donnern und Rollen im See.

Der Seespiegel wird zerrissen. Mit weißer Gischt spritzen die Wasser auf. Mächtige, von den Hölzern aus der Bergflanke gerissene Felsstücke sacken auf den Grund des Sees.

Wenig später ist wieder Ruhe eingekehrt. Ein Juhschrei von der Höhe herab verkündet, daß alles gut abgelaufen ist. Bald ist das gestürzte Holz im Pferch eingefangen. Es wird in Scheiterfeldern mit starken Tauen und einer in einem verankerten Kahn angebrachten Winde aus dem See in die Königsseer Ache getrieben.

Vor dem Absenken des Seespiegels wurden auch auf dem Chiemsee große Mengen von Bau- und Brennholz geflößt. Von Arlaching aus traten die Baumbestände aus dem Isinger Wald ihre Reise an. Als letzter Chiemseeflößer, der mit seinen fünf bis sechs Knechten das Holz »wasserte«, galt der alte »Bredlmo« von Feldwies. Eine eigene Rollbahn brachte die staatlichen Holzbestände aus dem Weitmoos zum Weitertransport an die Landstraße. Dieses »Moosholz«, im nassen Moor gewachsen, war so schwer, daß mancher Baumstamm während der Überfahrt über Wasser gehalten werden mußte. Man erzählte, daß vor etwa 40 Jahren ein besonders mächtiges Floß, das von Arlaching Chieming aufwärts geführt werden sollte, von einem Föhnsturm gegen die Seebrucker Alzüberführung getrieben wurde und dort zerschellte, so daß der größte Teil der Baumstämme alzabwärts davon schwamm. Das letztemal wurde auf dem Chiemsee zur Zeit der Inflation von der Labenbachmündung aus geflößt.

Der Schopper

Das Handwerk der Schopper und Plättenmacher, die einst in den Salzach- und Innstädten Burghausen, Laufen, Tittmoning, Rosenheim und Wasserburg ihre flachen Schiffe bauten, wird kaum noch betrieben. Früher gab es Meister, die mit zwanzig Gesellen arbeiteten. Heute haust noch ein

Josef Wopfner, 1843–1927
Skizzenblatt: Chiemsee-Schiffer (Federzeichnung)

einziger Schopper namens Schneider auf der Burg zu Burghausen, während an die einstige Innschiffahrt noch ein Plättenmacher in Wasserburg namens Josef Axthamer erinnert. (Er ist außer dem Schmiedl von Altenmarkt bei Neubeuern der letzte Schiffbauhandwerker alter Art.)

Wer in Wasserburg am Ufer des Inn spazierengeht, kann dort die wichtigsten Bestandteile zum Bau einer Plätte, die »Kipfern«, aufgestapelt sehen. Es handelt sich dabei um rechteckig gewachsene, armdicke Fichtenwurzeln, die als Rippen in den Plättenleib eingesetzt werden. Sie haben die Hauptlast des Schiffes und der Fracht zu tragen. Die Rinnen zwischen den Längsbrettern der Plättenwände und des Bodens werden mit einem besonders saugfähigen Moos, das vor seiner Verwendung drei Jahre lang zum Trocknen gelagert war, vom Schopper ausgestopft oder »ausgeschoppt«. Aufgenagelte Längsleisten decken das eingeschoppte Moos ab. Genagelt wird mit Holznägeln.

Plätten dienen als Frachtschiffe und heute noch zur Überfahrt von Ufer zu Ufer.

Der Goldwäscher

Schon in vorchristlicher Zeit waren die Alpenbewohner bemüht, die Schätze der Berge, darunter auch das Gold, zu gewinnen. Durch den Verwitterungsvorgang gelockert, bröckelt von den Gipfeln und Kämmen, Zinnen und Wänden der Berge goldhaltiges Gestein ab. Es wird von den Sturzbächen zu Tal gerissen, dabei zu feinstem Sand gemahlen, in strömungsstillen Buchten als Sandbank abgesetzt.

An dieser »Anschütt« schlug der Goldwäscher in den Flußauen seine Werkstatt auf: eine Waschbank mit vier Füßen, bei der sich das Waschbrett nach unten verjüngte und ein sachtes Gefälle zeigte. Die Längsseiten der Waschbank hatten eine handhohe Randleiste, die Waschplatte war mit Samt oder rauhem Wolltuch ausgelegt, in dem sich der ausgewaschene Goldstaub fing. Gold wurde gewaschen im Frühjahr und im Herbst nach Schneeschmelzen und Gewitter-Regen, wo sich der goldhaltige Sand in großen Mengen in die Flüsse schob.

Vor Beginn des Waschens wurde die »Anschütt« auf ihren Goldgehalt geprüft: Der Goldwäscher stieß dazu eine mit einer Unschlittkerze fettig gerußte Holzschaufel in den Schwemmsand, hob etwas Sand aus und schwenkte ihn so lange unter Wasser, bis der grobe Sand weggespült war. Dann goß er auch den feinen Sand ab. Vorhandene Goldplättchen blieben am Ruß der Schaufel hängen.

Nach dieser Probe wurde der übrige Sand durch ein Sieb geworfen und so von den größeren Steinen befreit. Dann ließ der Goldwäscher den feinen Sand behutsam die schräge Bank hinabrieseln, wobei die Goldteilchen am Samt oder am wollenen Tuch hängen blieben. Andere legten auch über die Waschbankleisten ein Holzgitter, auf das sie den Sand schütteten. Über jede Schaufel Sand gossen sie gleichzeitig Wasser. Der grobe Sand blieb auf dem Holzgitter, der feine abrieselnde hinterließ das Gold. – Der goldbehangene Lappen wurde in einem hölzernen Trog, dem »Sickertrog«, ausgewaschen. Aus dem Sand, der sich gesetzt hatte, holte man mittels eines Magnets die braunroten Eisenbestandteile heraus; den restlichen Bodensatz verrührte man mit etwas Quecksilber, das sich mit dem Gold amalgamierte. Dieses Amalgam kam mit dem Sand in einen ledernen Beutel, aus dem es dann mittels hohen mechanischen Druckes ausgepreßt wurde. Man erhitzte es über einem Kohlenfeuer, das Quecksilber verflüssigte sich, das reine Gold blieb zurück.

Die Goldwäscherei gehörte zu den landesherrlichen Regalen, deren Ausübung der obrigkeitlichen Genehmigung bedurfte. In den Jahren 1771 bis 1800 wurden beispielsweise 12 Waschpatente verliehen.

Die Flußläufe selbst teilte die Regierung in Goldwaschgebiete auf. Davon reichte das des Inn von Rosenheim bis Neuötting. Gold wurde hier schon im 18. Jahrhundert gewaschen und von den Passauer Goldschmieden verarbeitet. Noch um das Jahr 1830 wirkte ein Goldwäscher namens Hain von Stephanskirchen. An der Salzach wusch man bei Laufen, die Goldwäscherei bei Burghausen ist schon durch eine Urkunde aus der Zeit des hl. Rupert bestätigt. Im 12. Jahrhundert erhielten die Fürstbischöfe von Salzburg für dieses Regal einen Pachtschilling von 700 Goldstücken. Nach der großen Überschwemmung 1787 wusch Josef Hofer in acht Tagen Gold im Werte von nahezu 80 Gulden, woraus hervorgeht, daß das Goldwaschen, wenn sich in einem Bezirk nicht allzu viele beteiligten, damals ein einträgliches Geschäft war. Das Goldwaschen an der Traun im Sparzer- oder Schwoiberbach (heute Rötelbach) bestätigt eine Urkunde aus dem 16. Jahrhundert. Laut Monatsschrift des Historischen Vereins von Oberbayern vom Jahre 1893 hatte einmal ein Goldwäscher Hans Kirchberger hier im Zeitraum von etwa 7 Wochen ein Lot Gold gewonnen.

Die Existenz ganzer Goldwäscherfamilien bekundet ein Gesuch eines Andre Stein vom Jahre 1739, in dem er sich darauf beruft, daß Wolf Specker von Berg, Gericht Kling, sein »Ahnherr anno 1675 die höchste Gnad erhalten habe, nebst einem Knecht in den Landen zu Bayern sowohl auf der Isar, Yhn und Salza als auch an anderen vorhandtenen Flissen und Pächen dem Goldwaschen nachsetzen zu derfen.« – In den Innauen in der Nähe der Salzachmündung steht übrigens noch ein Häusl »Zum Goldwascher«, im Traunsteiner Bürgerwald bestehen noch die Flurnamen »Wascherwald« und »Waschleite«. Selbst in ein altes, chiemgauisches »Drischlegspiel« war das Gewerbe der Goldwäscher eingegangen. In diesem heute verschwundenen Spiel beginnen zwei Wäscher ihren Wettstreit mit den Worten: »Ich sah mein Gold«, worauf der andere antwortet: »Ich wasch mein Goid«.

Das gewonnene Gold war an das Hauptmünzamt abzuliefern. Die Landesfürsten ließen daraus den bayerischen Flußdukaten prägen. Dieser trug das Bildnis des Herrschers und eine Darstellung des Flußgottes, der im Begriffe war, aus einer Urne Wasser auszugießen. Die Inschrift lautete:

»Ex auro Danubii
Ex auro Oeni
Ex auro Isarae«.

Aus dem Jahre 1836 stammt eine zur Jahrhundertfeier der Loreto-Kapelle in Rosenheim geprägte Gedenkmünze aus Inngold. Als besonders wertvoll gelten die im Jahre 1779 geprägten Inngolddukaten.

Erst mit der Erschließung des kalifornischen Goldstromes strandete das Gewerbe der einheimischen Goldwäscherei an den Sandbänken des Inn, der Salzach und der Traun zu ewiger Rast.

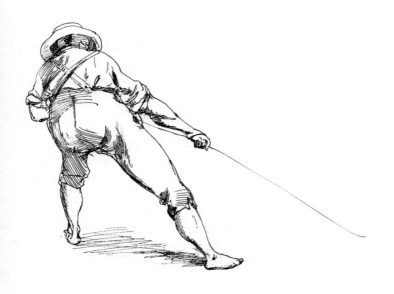

Inngold

Das Innmuseum in Rosenheim, eine wasserkundliche und flußtechnische Sammlung, besitzt das Modell einer Goldwaschanlage und macht in nachstehender Schilderung den Besucher mit dem Verfahren und der Geschichte der Goldgewinnung vertraut:

Keine Goldfunde in Klumpenform gab der Inn, sondern nur Körnchen, winzige Plättchen und Flimmerchen.
Die ungehinderte und freie Schürfung aus dem Inn wurde im 15. Jahrhundert verboten und unter Ablieferungspflicht an

landesherrliche Aufsichtsstellen gebunden. Ein Waschzettel kostete um diese Zeit jährlich 20 Kreuzer bis 2 Gulden.

Als Haupteinnahmequelle war Goldwaschen nicht lohnend. Goldwäscher waren einst hauptsächlich Fischer, Schiffer, Schopper, Wurzel- und Kräutersucher.

Ein in der Nähe von Wasserburg lebender Nachfahre eines Goldwäschers legte nach Elternmund und Anschauung folgendes schriftlich nieder:

Wenn die Zeit des Hochwassers vorüber war, wurde die ganze Strecke mit Mutzen befahren und die angeschwemmten Kiesbänke auf ihre Abbauwürdigkeit untersucht. An der Stelle, an der sich die Arbeit zu lohnen schien, wurde in der

Nähe des Wassers ein geneigter Tisch aufgestellt. Die Ränder dieses Tisches waren mit vorstehenden Leisten eingefaßt. Auf diesem Tisch wurde ein Tuch aus rauhem Wollstoff oder Samt befestigt. Der Kies wurde aufgepickelt und auf den Tisch geschaufelt. Ein Helfer mußte Wasser mit einer Wasserschaufel daraufschütten. Es wurden dadurch Kies und Sand auf der geneigten Fläche weggeschwemmt und nur die feinsten Sandkörner und die wenigen Goldflimmerchen verfingen sich im Wollgewebe. Abends wurde das Tuch abgenommen, zusammengerollt und in der Nachtherberge getrocknet. Am anderen Morgen wurden Sand und Gold in einen Küpferling (Topf aus Kupfer) hineingeklopft. Hierauf schwenkte und schüttelte der Goldwäscher Sand und Gold in einem schiffchenartigen Gefäß solange mit Wasser und Quecksilber, bis all die feinen Goldteilchen herausgelöst und sich mit dem Quecksilber verbunden hatten. Die hierbei entstandene silberne Kugel wurde in einem Schmelztiegel über dem offenen Feuer abgedampft. Die Jahresausbeute hatte meistens die Größe einer Haselnuß mit einem Gewicht von 30–40 Cronen. (1 Crone = 3,3 gr.)

Das Gold mußte an das Münchener Münzamt geliefert werden und durfte nicht frei verkauft werden. Der Sand wurde gefärbt und als bester Streusand verkauft.

In der Zeitperiode von 1756–1830 wurden Inndukaten mit diesem Gold geprägt. Als Königsmünzen erschienen die Inndukaten 1821 mit dem Porträt Maximilians I. und 1830 mit dem Porträt Ludwigs I.

Verhaßte Saliter

Mit der Erfindung des Schießpulvers stieg der Bedarf des zu seiner Herstellung unerläßlichen Salpeters in so hohem Grade, daß man ihn nehmen mußte, wo er nur zu finden war. Dazu gehörten vor allem landwirtschaftliche Betriebe. In ihnen schlug sich, wie immer dort, wo Tiere jahrelang stehen, Salpeter nieder, und zwar in Dungstätten, Abortgruben, in Kellern, unter Pflasterungen und Bodenbelägen, an Haus- und Stallmauern. Er wurde durch weiße Kristalle sichtbar.

Durch den hohen Bedarf an Salpeter erstand das Gewerbe der Saliter (von sal nitri, Salz), das seiner Bedeutung willen mit vielen Privilegien ausgestattet war. Wo immer der Salitergraber Salpeter vermutete, durfte er ungehindert schürfen. Er schlug den Mauerputz ab, riß in Stallungen, Hausgängen und Stuben Pflasterungen und Bretterböden auf und hob die salpeterhaltige Erde aus, unbekümmert des Schadens, den er durch seine Verwüstungen anrichtete. So kann man leicht begreifen, daß das Gewerbe des Saliters verhaßt war und daß mit dem Ruf: »Der Saliter kommt!« panischer Schrecken von Haus zu Haus lief.

Sein Fahrzeug war ein Truhenwagen, in dem er die Werkzeuge, Stemmeisen, Hammer, Schaufel und einen langstieligen Schöpfer, verstaut hatte. Dazu stand zur Aufnahme des Mauerverputzes, des Erd- und Dungaushubes eine breite Brente bereit. Und damit niemand über die Rechte und Vorrechte des Saliters in Zweifel sein konnte, steckte auf seinem Wagen ein wind- und wetterfestes Blechfähnlein. Es trug das kgl. bayerische Wappen, manchmal auch Kanone und Kanonier farbenbunt aufgemalt. Auf dem Fähnlein stand zu lesen:

> Wir graben in manchem Haus,
> das Recht haben wir vom König aus,
> wir fahren zur Salpeterei,
> von Pflastergeld und Schranken frei.
> Es lebe die Saliterei,
> bin schranken-, zoll- und steuerfrei.

Jedermann wußte, daß er diesem Fähnlein nicht nur nicht vorfahren durfte, sondern daß er ihm, wo und wie immer die Begegnung erfolgte, ausweichen mußte.

In ihrer Erbitterung suchten die Hofbesitzer nicht selten diesen »Henkersknechten« – so nannte sie der Volksmund – den Eingang ins Haus mit Beschimpfungen und Schlägen zu verwehren. Doch kam ihnen das teuer zu stehen. Ein Befehl der Herzogin Maria Anna vom 2. Januar 1654 bestimmte, jegliche Verunglimpfung mit Strafe zu ahnden. Mancher Saliter hatte jedoch auch ein fühlendes Herz und tilgte die Spuren seiner Heimsuchung, so gut es eben ging, brachte den Bodenbelag wieder in Ordnung, sprach auch einmal ein begütigendes Wort: »Schau Bauer, i kann ja nix dafür, und an Saliter, dös woaßt selba, müaß ma habn.« Und schon ging es zum nächsten Opfer.

Der salpeterhaltige Ab- und Aushub selbst wurde mit reinigender Holzaschenlauge in kupfernen Kesseln so lange gesotten und verdampft, bis sich der weiße Salpeter abgeschieden hatte. Die benötigte Holzasche war aus den Herdbränden zu liefern. Dabei kühlte mancher kleine Bauer für den zugefügten Schaden sein Mütchen, indem er der Holzasche vorher die guten Bestandteile für seine Hauswäscherei ausgelaugt hatte und statt der vollwertigen die wieder getrocknete entwertete Holzasche brachte. Aus solchem Gebaren heraus sah sich die Regierung genötigt, hierfür Strafe anzukündigen.

Zur Ausübung des Salitergewerbes gehörten Geschicklichkeit und Erfahrung. War beides vorhanden, hatte der Beruf wahrhaft einen goldenen Boden. Der Reichtum der Saliter war sprichwörtlich, der Saliter selbst stand in hohem Ansehen.

Der Fortschritt in der chemischen Industrie hat auch dieses Gewerbe zu Fall gebracht. 1866 endete seine Gerechtsame. Nach Bergmaier, Ruhpolding, wurde hier 1882 das Sudhaus

einer Saliterei niedergerissen. Eine Salitersiederordnung vom
Jahre 1624 bewahrt das städtische Archiv in Traunstein.
Nördlich von Rottau fließt bei Grassau noch der »Saliter-
bach« und in Rottau, dem ehemaligen Sitz eines Saliters,
erinnert ein Hausname »zum Saliter« an dieses verflossene
Gewerbe. Noch im Jahr 1875 lautet eine Verordnung des
Landgerichtes Prien:
»Der Saliterer Jakob Schuhböck in Rottau, dem zum Betriebe der Saliterei auch der Amtsbezirk Prien zugewiesen
wurde, hat die Salpetergewinnung bereits begonnen. Es
ergeht an die Gemeindevorsteher der Auftrag, daß nach
allerhöchster Verordnung dessen Arbeit niemand hindern
darf, sondern möglichst fördern helfe. Jedes Haus hat demselben auf Verlangen einen Metzen Asche um den üblichen
Preis womöglich zu liefern. Gegen Widerspenstige ist sofort
Anzeige zu erstatten.«

Die Privilegien des Klosterbaders

Einer gewissen Sonderstellung erfreute sich früher das Gewerbe des Baders. »Baderwaschl, Baderwaschl, hast koan
Kreiza Geid im Taschl!« plärrten wir Kinder aus schützen-
der Geborgenheit hinter dem Bader her, wo wir seiner
ansichtig wurden. Dieser Spottvers greift wohl in jene Zeit
zurück, in der die Beschäftigung des Baders hauptsächlich in
der Betreuung der Badstuben und in der Bedienung der
Gebrechlichen und an ansteckenden Krankheiten Leidenden
bestand. Dem Bader oblag auch der Aderlaß, dem man sich
als »Universalheilmittel« im Frühjahr und im Herbst unter-
zog und der sich bei »Hoch und Nieder« großer Beliebtheit
erfreute.
Gleich anderen Klöstern hatte auch Frauenchiemsee seinen
eigenen Klosterbader. Aus Frauenwörther Aufzeichnungen

vom Jahre 1803 geht hervor, daß der Klosterbader für seine Tätigkeit recht ansehnliche Einkünfte bezog. Jährlich standen ihm 16 Gulden und 24 Kreuzer vom Opfergeld zu. Seine »Stiblkost« zu Mittag und zu Nacht, so oft zur Ader gelassen oder geschröpft wurde, war auf jährlich 26 Gulden veranschlagt. Vier Gulden trug der Aderlaß bei der Frau Äbtissin ein, je drei Gulden bei einer Chorfrau. Hiezu kamen außerdem an Naturalien zwei Münchener Schäffl Korn zu 46 Gulden, zwei Metzen Weizen zu 20 Gulden, acht Klafter weiches Brennholz zu 108 Gulden, das Nutznießungsrecht eines Krautackers zu 12 Gulden, schließlich »freye Logis und Wurzgartennutzniessung«, angeschlagen auf 18 Gulden.

Die Troadfahrerei

Als noch der erzherzogliche Hof in Innsbruck und der Adel des getreidearmen Tirol eigene Händler unterhielten, die wöchentlich in bayerischen Dörfern, Märkten, in Kloster- und Schloßgütern Getreide aller Art einkauften, war auch die »Troadfahrerei« ein einträgliches Geschäft.

Auf hohen, mit einer weißen Plane überdeckten Wagen wurde das Getreide von der Traunsteiner Schranne nach Tirol gefahren. Der »Troadwagen« war mit sechs hintereinander gehenden Pferden bespannt, damit Hohlstraßen, die für ein Gespannpaar zu eng waren, passiert werden konnten. Wie einträglich diese Tätigkeit war, ersah man aus dem Gehabe der Fuhrleute. Ein breiter, lederner Ranzen, der auf seiner Innenseite mit Taschen zur Aufnahme des Geldes versehen und mit gespaltenen Pfaufederkielen kunstvoll ausgenäht war, legte sich um den wohlgenährten Bauch. Mit kurzer Hose, weißen Strümpfen, roter Weste und einem hohen, spitzen, etwas schief auf den Kopf gedrückten Hut mit breiter Krempe saß der Fahrer »in der Antz«, auf dem letzten Pferd. Die Zügel des Gespannes liefen über ein hohes zugespitztes Kummet. Der Weg der Getreidefuhrwerke führte entweder über Reit im Winkl oder bei hohem Schnee über Marquartstein nach Tirol hinein. In späterer Zeit hat allerdings die Eisenbahn den Getreidewagen die Pferde ausgespannt.

Das Modell eines Getreidewagens, mit dem die Bauern des nördlichen Chiemgaus ihre Ernte auf die Schranne nach Traunstein brachten, kann man noch im Gasthaus »Zur Post« in Bergen bei Traunstein sehen. Die Pferde gehen im Tiroler Geschirr, die Stangenpferde »ganzbruach«, die vorderen Paare »halbbruach«. Das Kummet der drei Handpferde ist nach alter Sitte zum Schutze gegen böse Geister mit einem Dachsfell behangen. Auf dem Sattelgaul sitzt im blauen Staubkittel mit langen Stiefeln und schwarzem runden Hut der »Troadfahrer«. Der »Troadwagen« schließt vorne und rückwärts mit der »Gritzn«, einem geflochtenen Korb, ab und ist mit einer Plahe überspannt. In der »Schutz« unter dem Wagen liegen Winde und Reservehufeisen sowie »Fuhrmannskufer«. Außerdem hängen noch in der »Langwid« zwei Winden und dazu die Bergstütze. Die Hinterradbremse ist schraubbar. An den Seiten des Fuhrwerkes befinden sich Reitketten und ein Reservevorreitscheit. Auf den Deichselarmen liegt die pickelähnliche Stockhaue, denn der Weg ging über Stock und Stein. Eine Ledertasche auf der Sattelseite enthält das Hufbeschlagzeug und sonstige Geräte. Auch Trankeimer und Futtersieb sind dem Wagen angehängt.

Das Alter dieses Modelles wird auf 100 Jahre geschätzt. Hoch über Tabakspfeifenrauch und Sonntagswirtshausdiputat, über aufbrausenden jugendlichen Hitzköpfen und bockbeinigen weißhaarigen Bauernschädeln wiegt es seine vergangene Zeit.

Die Schlittenmacher

Zu den ältesten Gewerben in unseren holzreichen Gebirgsgegenden zählt das Schlittenmachen, das seinen Rückschlag
erfuhr, als die Eisenbahn die Beförderung der Lasten übernahm. Es mußte nun vom Bauen schwerer Roß- und Fuhr-
schlitten zu dem der leichteren Holzknecht- und Pferde-
schlitten und der gefügigeren Hörndlschlitten wechseln.
Früher gingen die Schlittenmacher am Klemenstag, dem 23.
November, so er »einen Anhang«, d. h. einen tüchtigen
Schuß Kälte hatte, zum Wein. Man wußte, daß der Winter
nach seinem vielverheißenden Einstand reichlichen Schnee,
gute Schlittenbahn und ein einträgliches Geschäft bringen
würde.
Ein Schlitten aus der guten alten Zeit hatte einen soliden,
schier unverwüstlichen Bau. Er war fast »a ewigs Werk«.
Das wußte ein tüchtiger Schlittenmacher recht wohl, und so
rühmte sich der Schlittenmacher Staller in Winkl, daß von
seinen Schlitten keiner auf den Markt käme, wenn man ihn
nicht unbeschadet über die »Labn-Altane« seines Hauses
herunterwerfen könne. Das Gegenstück dazu war der alte
Steinhauf, dem es nicht darauf ankam, ob sein Machwerk
einen verstärkenden Keil mehr oder weniger habe. Als ihn
einmal ein vorsichtiger Käufer auf einen solchen Mangel
aufmerksam machte und ihm bedeutete, daß noch ein Keil
hineinmüsse, erwiderte er kurzerhand: »Da tuast Dein
Schaft eini!«
Verkaufsmarkt für die Schlittenmachergerechtsame, zu
denen der Laubauer, der Stockreiter, der Steinhaufgütler
Weich, der Kainz von Wasen, der Wagner in der Fuchsau,
der Staller in Winkl, der Taler in Brand, der Maxl in Busch-
achen, der Madlmann in Bacherwinkl, der Biberloher in der
Wiese, der Dorfwagner, der Oberlohner sowie noch andere
gehörten, war Traunstein.

Der Schäffler, der ein Skimacher war

Am Sagberg hat der Skilauf von Frasdorf seinen Anfang genommen. Wie könnte es auch anders sein, denn vom Sagberg herab führen die idealen waldfreien Nordhänge ins Tal. Hier wohnt und lebt noch heute ein Skipionier dieses Gebietes. Es ist der Schäffler und Faßbinder August Riepertinger, den Leuten als »Sturmvater« vertraut, der immer noch in der Werkstatt steht und hölzernes »Gschirr«, Faßl und Blumenkübel, herstellt und so alt ist wie das Jahrhundert.

Im Rückblick auf sein Leben, den er im Winter 1977 hält, erinnert er sich vor allem an den strengen, schneereichen Winter des Jahres 1909, in dem sein Vater das erste Mal in der Werkstatt ein Paar Ski hergestellt hat. Es waren »feichtene« Bretter, die ähnlich wie Faßdauben genäßt und dann »starr gefeuert« wurden, so daß sich eine Schaufel bildete. Als im Jahr 1912 die Frasdorfer und Sagberger, lange ehe der Skiclub im Dorf gegründet war, ihr erstes Skirennen austrugen, hatte der Schäffler vom Sagberg bereits die ganze Mannschaft mit seinem Fabrikat ausgerüstet. Es gab eine einzige Klasse, in welcher der »Sturmvater« mit zwölf Jahren der jüngste war und sein Vater zu den ältesten zählte. Abgefahren wurde mit der »Alpenstange«, d. h. mit einem Stock.

Der Skisport kam in Frasdorf durch den 1. Weltkrieg zum Erliegen. Aber der alte Sturm, der im Allgäu bei einem Schneeschuhbataillon eine Art Skiwart war, brachte so viel Erfahrungen mit nach Hause, daß Vater und Sohn noch im Herbst 1918 in der Werkstatt nicht nur Rodel, sondern auch Ski im Dutzend herstellten. Zwei Paar Ski wurden am Tag fertig, 300 bis 400 Paar waren es im Jahr. Der Vorkriegsski kostete zwölf Mark, die nach 1918 etwa doppelt so viel. Die Bindung hatte den selben Preis. Sie war das einzige Zubehör, das nicht in der Werkstatt entstand. Montiert wurde die

Friedrich Johann Voltz, 1817–1886, Ochsengespann (Bleistift)

»Bilgeri«, das war die österreichische, oder die »Schuster«, das war die deutsche Militärbindung. Die Eschen vom Sagberg lieferten das Holz für die Stöcke. Auch die Stockteller bestanden anfangs noch aus hölzernen Scheiben.

Längst ist Vergangenheit, was der »Sturmvater« an einem Nachmittag in seiner Werkstatt erzählt, und nur eine verblichene Fotografie erinnert noch an das erste Skirennen in Frasdorf.

Auf der Kohlstatt

Der Bedarf an Holzkohle war einst sehr groß, mußten doch mit ihr Schmiedewerkstätten, Eisen- und Hüttenwerke versorgt werden. So kam es, daß beinahe jedes bäuerliche Anwesen, das einen Wald besaß – dies traf in den Gebirgsgegenden fast in jedem Fall zu – seine private Kohlstatt oder Kohlplatte hatte, wozu die Kohlstätten der Staatswaldungen mit beruflichen Kohlbrennern kamen. Auf diese Weise brannten in verhältnismäßig kleinen Bezirken nicht selten sechs bis acht Kohlhaufen zu gleicher Zeit.

Den Kohlhaufen, der einen Durchmesser von fünf bis elf Metern aufwies, »setzte« man folgendermaßen »an«: In die Mitte der Kohlplatte kam eine senkrecht stehende Stange, die am Boden mit Holzspänen umgeben wurde. Um diese »Kentlstange« (zu kenten, anzünden) herum legte man strahlenförmig Holzbalken und darüber zu schmalen Brettern gespaltenes eineinhalb Meter langes Holz, die »Spalten«. In diesem hölzernen Rost beließ man rings um die Kentlstange bis auf den Boden hinab den »Kentl«, einen Hohlraum, durch den die brennende Fackel zum Feuermachen eingeführt werden konnte. Auf dem Rost schichtete man drei bis vier Holzstöße in geringer Schieflage um die Kentlstange übereinander. Der oberste Stoß bestand aus leicht brennbarem Scheitholz. Ein dicker Brei aus Erde und feinstem Kohllösch-Kohlenstaub, mit Wasser angemacht, wurde als 20 cm starker Mantel dem Meiler aufgelegt. Zur Befestigung stützte man den Mantel um den ersten Holzstoß mit Kreuzsäulen, um den zweiten Holzstoß mit »Spalten« oder Brettern, um den dritten mit Krücken. Den vierten Stoß deckte man bis auf einen etwa einen halben Meter freibleibenden Raum in der Runde als Kamin mit grünen Fichtendaxen ein und bestreute diese gleichfalls mit Kohllösch.

Waren 90 bis 100 Ster aufgebaut, führte der Kohlbrenner an einem windstillen Tag den »Kentl«, ein an einer Stange angebrachtes Bündel brennender Holzspäne, in den Hohlraum ein. Das Feuer brannte an der Kentlstange den Holzstoß hinauf und verteilte sich von oben nach unten. Hatte es sich im Holzstoß genügend ausgebreitet, dann »stach« der Köhler »den Rauch an«, stach Löcher in die Kohllöschdecke, damit der Qualm entweichen konnte und das Feuer einen guten Zug nach unten bekam. Der Kohlhaufen mußte öfter angestochen, auch zuweilen ein Zugloch zugestopft werden. Zum Kohlhaufen oder Meiler hinauf führte ein hölzerner Steg, auf dem der Köhler in Pantoffeln, die eine drei Finger dicke Holzsohle und ein Schutzleder vor den Zehen hatten, seine »Führung« machte. Er beobachtete den Kohlhaufen, regulierte die Rauchabfuhr, und schürte alle zwei Tage von der Mitte des Meilers aus mit pechigem Scheit- oder Wurzelholz nach, damit der Prozeß, der das Holz in Kohle zu verwandeln hatte, nicht unterbrochen wurde. Da und dort warf er auch ein Loch zu, aus dem die rote Glut leuchtete.

Hauptaufgabe des Köhlers war zunächst, seinen Kohlhaufen richtig anzulegen. Hatte er ihn nämlich fehlerhaft oder unregelmäßig gebaut, bestand Gefahr, daß er zu »schlagen« oder »schütten« beginnen konnte; dann kamen die sich entwickelnden Gase zur Explosion und zerstörten unter Umständen den Kohlhaufen. Seine zweite Sorge galt dem gleichmäßigen Brand. Je langsamer der Verkohlungsprozeß sich abwickelte, desto besser wurde die Kohle, von der die aus Nadelholz am gefragtesten war. 17 bis 20 Tage währte in der Gegend um Ruhpolding ein Meilerbrand. Der anfänglich in grauen Schwaden ausqualmende Rauch wurde später weiß, schließlich blau, ein Zeichen, daß der Verkohlungsprozeß beendet war.

Nun schloß der Kohlbrenner die Luftzufuhr ab. Das Feuer

erlosch. Einen Tag lang ließ man den Meiler verglühen. Dann ging es an das »Kohlstürn«, das Auseinandernehmen des Meilers, an dem sich zusammen mit dem Köhler auch die in der Nachbarschaft ansässigen Leute beteiligten. Der glühende Kohlhaufen wurde von seiner Löschdecke befreit und die fertig gebrannte Kohle mittels langer Holzrechen auseinandergezogen. Um die Glut nicht aufs neue zu entfachen, wurde während des »Kohlstürns« mit Wasser gelöscht.

Ein Kohlhaufen lieferte dreierlei Kohle: die kleine oder Zugkohle, die größere Brocken- oder Tragkohle und die Scheibenkohle, die rund gebliebenen Stücke. Beste Kohle mußte von tiefer Schwärze sein und einen metallischen Schimmer haben.

Ein starker Meiler produzierte etwa 200 Säcke Kohle, die im »Kohlbarm«, dem Kohlenbarren, neben dem der Köhler seine Hütte oder Wohnstatt hatte, bis zur Abfuhr in die Eisen- und Hüttenwerke gelagert wurde. Diese begann mit Einzug des Winters. Da folgte an den »Schlittagen« vor den Kohlfuhren ein Schlitten hinter dem anderen; da stapften die Achtaler und die Ruhpoldinger, die Marquartsteiner und die Wössener Ochsen- und Kuhgespanne mit dampfenden Mäulern und schlagenden Flanken von der ersten Morgenfrühe an den ganzen langen Tag hindurch von Seehaus, Schwarzachen-, Rötl- und Öschlmoos nach Eisenärzt und Bergen durch den Schnee. Als Mahlzeit trugen die Fuhrleute »a roggas Loawi« in der Joppentasche mit sich. 24 bis 36 Kreuzer, also 70 Pfennig bis 1 Mark betrug ihr Taglohn.

Noch um 1850 brannten an allen Ecken und Enden die Kohlhaufen, brannten nicht nur im Ruhpoldinger Tal, in der Laubau, in Seehaus, Kraxenbach, Diesenbach, im Branderwinkel und im Bacherwinkel, sie brannten auch auf dem Samerberg und unten im Tal, brannten im Eschenwald bei Traunstein, im Krienfeld, am Reihenbichl zu Öd bei Allerfing, am Kendl bei Weiher unterhalb Hellabruck sowie in der Gegend von Inzell. Sie brannten tief im Wald und am Waldrand, brannten mit Vorliebe an den bewachten Straßengattern, weil dadurch ein Wächter für den Kohlenmeiler gespart werden konnte.

Eine Köhlersiedlung mit ehemals acht, heute noch zwei Häusern war einst der Bergweiler Hachau am Eingang in den Rottacher Taleinschnitt. Hausnamen und der Hofname Kohlbichl erinnern in der Gemeinde Surberg an ehemalige Kohlstätten. Einen Ortsnamen »Cohlprenn« verzeichnet bei Siegsdorf das herzogliche Urbarium von 1308–1313 als ehemalige Köhlerei für die Hochöfen. In dem Weiler Kohlbrenn steht das Heimathaus des kurfürstlichen Hofkammerrates Franz Seraph von Kohlbrenner. Es gab einst auch eine Kohlbrennerzunft, die um die Mitte des 18. Jahrhunderts 64 Meister zählte. Doch muß dieser Beruf nicht nach jedermanns Geschmack gewesen sein, da ein altes Lied von ihm singt:

A Holzknecht, a Kohlbrenn möcht i net sei / i fürchtet mi allawei, da Haufa gang ei. / Und wann da Deifi kam und bei mir Herberg nahm, / dös war a schöna Gruaß all zwoa voll Ruaß.

Die Köhlerei ist schließlich in den Spruchschatz des Volkes eingegangen, wo »ein Kohlhäufl anblasen« soviel heißt wie: aufhetzen, Mißtrauen, Haß, Rache, Eifersucht wecken.

Heute (1930) haben Holzindustrie und der schwarze Diamant aus den Bergwerken die Meiler bis auf einen winzigen Rest ausgeblasen, der noch in Neukirchen bei Traunstein, am Högl und im Weißenbachtal bei Inzell verglimmt.

Der Kalkbrenner

Dem Kohlenbrenner gewerblich verwandt ist der Kalkbrenner. Er findet dort Betätigung, wohin Wind und Wetter seit

Jahrtausenden das Kalkgestein der Berggipfel und -kämme stürzen ließen. Hat der Kalkbrenner zwischen den Felstrümmern genügend Material gefunden, so fährt er es zu seinem Ofen, einer seichten Grube, die mit einer zwei Meter hohen Steinkuppel überwölbt ist. Auf diese Feuerstätte schichtet er bis zu fünf Meter hoch das Kalkgestein und dichtet und stützt alles ähnlich wie der Kohlenbrenner ab. Zur Scheitelhöhe hinauf lehnt er noch eine Leiter, um den Brand beobachten zu können, und bringt als frommer Mann meist noch ein Holzkreuz an. Nach diesen Vorbereitungen wird der Kalkofen eine Woche lang mit pechhaltigem Wurzelholz beheizt und sein Feuer genau beobachtet. Der Rauch hat zunächst gelbe, dann weiße und schließlich bläuliche Farbe. Steigt er nur mehr sehr dünn auf, so mauert der Kalkbrenner das Feuerloch zu und der steinerne Turm kühlt ohne weiteres Zutun von selbst aus.

Der Schindler

Untergehen wird früher oder später das Handwerk des Schindelmachers oder Schindlers, das vornehmlich in Gebirgsgegenden ausgeübt wird, in denen die Haus- und Scheunendächer sowie die Wettermäntel der Häuser aus Schindeln bestehen. Die Schindeln werden meist aus Lärchenholz gefertigt, und zwar aus dem unteren Teil eines Baumes, der möglichst enge Jahresringe hat. Der Schindler schneidet dazu den Stamm in Rundlinge passender Größe, teilt diese in radiale Blöcke und spaltet von letzteren der Länge nach die schmalen Schindelbrettchen ab, die er noch an ihrem oberen Ende in Keilform bringt. (Leg- und Zaunschindeln werden «'kliabt«, die Scharschindeln geschnitten.) Die fichtenen, für Schindeln vorgesehenen Stämme hat man früher erst »verkostet«, indem man vom Baum in Brusthöhe

ein Stückchen Rinde entfernte und in den Stamm eine Hak-
kenspitze schlug. So konnte man sehen, ob die Holzfasern
gerade verliefen. Zwecks besserer Haltbarkeit haben die
Reit-im-Winkler noch bis zum Jahre 1870 Buchen- und
Fichtenschindeln während des Allerseelenmonats geräuchert
und mit bestimmten Zeichen versehen. Die mit Steinen
beschwerten Legschindeldächer wurden im übrigen alljährlich umgedeckt.
Schindellieferungen gehörten in alten Zeiten vielfach zur
Scharwerkspflicht der Grundholden.

Reifenschneider und Rohrschneider

Noch um die Jahrhundertwende war das Gewerbe des Faß-
reifenschneiders bekannt. Das Material zu den früher fast
ausschließlich hölzernen Faßreifen, 2 bis 3 m lange und 2 bis
5 cm breite Stecken, lieferten die einst zahlreich bestehenden
Hecken, meist Haselnuß-, Hagebutten- und Ahornstauden.
Im Herbst schnitt sich der Reifenschneider seine Stecken
zurecht, die er während der Wintermonate spaltete und
schnitzte.
Nicht minder schwere Arbeit leistete in dem von kriechen-
den Zwergföhren oder Latschen durchzogenen Torfmoor
der Torfgraber oder Torfstecher. Nach dem in den Latschen
hegenden Steinbock nannte ihn der Volksmund gerne »Lat-
schenbock«.
In den Schilfbeständen, vor allem des Chiemsees, geht der
Rohrschneider dem Tagwerk nach. Seine Arbeit erfordert
nicht nur Kraft und Geschicklichkeit, sondern auch Gesundheit. In Kähnen fahren die Rohrschneider die Ufersei-
ten entlang und schneiden mit besonders geformten Messern
die Schilfrohre. In Büschel gebunden und wie die Heu-

manndln in Pyramiden aufgeschichtet, säumen sie die See-
ufer, bis sie zu Matten verarbeitet werden.

In Schönau bei Berchtesgaden lebt noch hochbetagt ein
Schaberbandlmacher. Als einer der ältesten Almbauern des
Berchtesgadener Landes fertigt hier Josef Fegg vom Stein-
wandlehen Schaberbandl, aus denen die Sennerinnen und
Hütbuben mit kunstfertigen Händen die »Fuiklrösl« zum
Schmuck der Tiere beim Almabtrieb herstellen.

Der Ameisler

Als das wirtschaftliche Leben noch auf gemächlicheren Füßen ging, die Menschen einfacher, in ihrer Lebenshaltung
bedürfnisloser waren und ihnen auch noch ein Pfenniglohn
etwas bedeutete, hatte die Natur in Wald und Flur einer
Reihe von Kostgängern den Tisch gedeckt, deren »Gewerbe« nur noch dem Namen nach bekannt sind.

Wer weiß in einer Zeit, in der ein ausländischer Singvogel
oder ein Aquarium zur Familie gehört und die Ameiseneier
für die gefiederten Hausgenossen auf dem Viktualienmarkt
in jeder Pfundmenge zu kaufen sind, wer weiß heute noch
etwas vom ehemaligen »Amoasa« oder Ameisler, der sich
wie ein Großkaufmann vorkam, wenn er für die damals in
Käfigen gehaltenen Amseln und Drosseln ein paar Dutzend
Maßln getrockneter Ameiseneier zum Verkauf bringen
konnte? Und, wenn jemand schon von der Existenz des
Ameislers gehört hat, dann weiß er noch lange nicht, wie
dieser seinem Gewerbe nachging.

Diese Betätigung erforderte zwei Mann. In der zweiten oder
dritten Morgenstunde zogen die Ameisenjäger in den Wald
auf ihre Jagd. War ein Ameisenhügel gefunden, wischten sie
ihm die obere Nadeldecke ab und rissen den kunstvollen

Bau mit der Schaufel oder Kelle auf. Während sich die bloßgelegten Ameisen auf ihre Brut stürzten, um sie in Sicherheit zu bringen, schaufelte der Ameisler schnell den kribbelnden Hügel, der bis zu 40 000 Eier enthalten konnte, in den bereit gehaltenen Sack. Die Männer gingen von Ameisenbau zu Ameisenbau, bis die mitgenommenen Säcke prall gefüllt waren.

Der zweite Akt war das »Auslaufenlassen«. Am Rande eines Wassers wurde ein kleines Bodenstück von einem Graben umzogen, in den Wasser geleitet wurde. In die Mitte der wasserumflossenen Insel kamen handhohe Gruben und darüber grüne Tannenzweige, so daß in den Gruben schattige Kühle herrschte. Den Inhalt der Säcke schüttete der Ameisler auf der Insel aus. Die freigewordenen Ameisen hasteten in wilder Flucht dem schützenden Obdach, den bedeckten Gruben, zu. Auch ihre Brut häuften sie zum Schutze gegen das Sonnenlicht in deren Schatten. Wenn am Abend alle Ameiseneier eingetragen waren, erschien der Ameisler wieder und schöpfte die zusammengetragenen Eier in ein Gefäß. Er verstopfte den Wasserlauf, ließ das Grubenwasser ab, und die um ihre Nachkommenschaft betrogenen Ameisen konnten wieder dahin laufen, woher sie gebracht worden waren.

Eine andere Möglichkeit bestand darin, daß man ein langes, weißes Tuch in die pralle Sonne breitete. Sein Rand wurde nach innen eingeschlagen und mit grünem Laub überdeckt. War der quirlende Inhalt der Säcke auf das Tuch geschüttet, rannten die Ameisen dem grünen Obdach zu. Wieder kehrten sie um, ihre Eier einzubringen, und wieder schöpfte der Ameisler die Eier in sein Gefäß. Auf dem weißen Tuch war nach Abzug der Ameisen nichts geblieben als der »Waldrauch«, der »gelbe Weihrauch«, aromatisch duftendes Harz, das die eingesackten Ameisen mit den Fichtennadeln in ihren Bau eingetragen hatten. Vom Duft dieses Harzes war wäh-

rend des »Auslaufenlassens« die Luft erfüllt, weshalb Brust-
und Lungenkranke oft den Ameisler begleitet haben.

Die eingebrachten Eier breitete der Ameisler auf einem Tuch
aus und reinigte sie von den Tannennadeln. Waren die
Ameiseneier auf langen Brettern getrocknet, kamen sie in
den Handel. – Auch der Ameisler hatte zur Ausübung seiner
Jagd die Gerechtsame zu erwerben.

Der Pechkratzer

Eine Reihe von Handwerkern, der Schuster, der Seiler, der
Brauer, der Schiffbauer, der Schweinemetzger, bedurften
zur Ausübung ihres Berufes des Peches. Die Gewinnung lag
in den Händen des Pechlers, Pechschabers oder Pechkrat-
zers. »Wer den Pech angreift, besudelt sich«, sagt der Volksmund. Denn vom Kopf bis zu den Füßen starrte der Pechler
von Harz, und legte er seine Kluft ab, so konnte diese auf
eigenen Füßen stehen.

Ein verantwortungsbewußter Pechler nahm den Bäumen
nicht mehr Harz, als sie freiwillig ausstießen. Wehe aber
dem Wald, in dem der »Piglbrenner« (pigl = cymbrisch
Pech oder Parz), der wilde Pechler, umging. Den schönsten
Bäumen, die an der Sonnenseite strotzend vor Gesundheit
standen, sog er den Saft aus. Er schlug ihnen eine Wunde
oder riß der schützenden Rinde halbmeterlange Streifen
ab.

Bald begannen die Wunden zu tropfen. Die goldenen Harz-
tränen rannen einen ganzen Sommer lang. Der waidwunde
Baum aber wurde zum Kümmerer, wenn nicht gar zum
Krüppel. Sein Same, den er noch mühselig hervorbrachte,
war schwach und zur Aufzucht von Sämlingen unbrauchbar.
Der Borkenkäfer bevölkerte den geschundenen Stamm, bis
der nächste Windbruch oder die Axt eines Holzfällers dem

Baum eine Ende bereitete. Den ausgeronnenen verkrusteten Saft hatte der Pechler im Herbst gesammelt.

Das Harz, ob rechtmäßig oder unrechtmäßig gepechelt, kam, wenn es der Pechler nicht eigenhändig in widerstandsfähigen Gefäßen ausschmolz, zum Pechsieder. Das ausgesottene Pech ließ man in Bottiche rinnen, in denen es sich zum handelsmäßigen Pechkuchen härtete. Je nach der Sorgfalt, mit der das Pech während seiner Schmelze gereinigt wurde, ergab sich weißes oder schwarzes Pech. Schwarzes Pechfett war Fabrikationsstoff des Wagenschmierhändlers und wurde in Notzeiten als Salbe verwendet. Als Abfallprodukt ergaben sich bei der Pechsiederei gewerblich verwendbares Kienöl und Kienruß.

Auch die Pechler hatten ihre Gerechtsame und waren zu einer Zunft zusammengeschlossen. Ende des 19. Jahrhunderts ist die Pechlerei in den bayerischen Bergen erloschen.

Einen breiten Platz nahm einst das Pech in der Hausapotheke ein. Ein heißes Pflaster von frischem Pech zog schmerzlos eingetretene Glasscherben oder eingezogene Holzschiefer heraus. Frisch ausgequollenes Fichtenharz legte man als »Blaserlpech« über Wasserblasen. Als besonders wirksame Wundsalbe galt das »Gloriaharz«, das Lärchenharz. Hausfrauen, die auf blendend weiße Wäsche sahen, gaben beim Auskochen der Wäsche der Aschenlauge ein Stück Pech bei. Eine weit verbreitete Gepflogenheit war auch – gesunder Zähne wegen – das Pechkauen, das die Kinder mit größtem Vergnügen von den Erwachsenen übernahmen. Als Kaupech wurde Pech verwendet, das geballt aus der Fichtenrinde quoll und nicht klebte. Süßeren Geschmack besaß das aus wilden Kirschbäumen quellende Harz.

Im Liebesbrauchtum spielte einst, vielleicht da und dort auch heute noch, das »Koatl« oder »Kaiatl« eine Rolle. Wollte der Bursch wissen, ob das Dirndl, das er sich zum Schatz auserkoren hatte, seine Zuneigung teilte, hielt er ihm zwischen seinen Zähnen ein bereits von ihm angekautes Stück Pech entgegen. Zog ihm das Dirndl das »Koatl« mit seinen Zähnen aus dem Mund, dann hieß das: »Ich bin Dir in Liebe ergeben.« Dieses Liebesbrauchtum heißt auch das »Kolerltauschen«.

Zundersucher und Zinnkrautsammler

Ehe es Zünd- und Schwefelhölzl gab, wurde das Feuer mittels Stahl und Stein und Zunder erzeugt. Den Zunder, den besonders der Schmied benötigte, lieferten die bemoosten Häupter der Buchenwälder, jene alten Stämme, an denen sich Schwamm angesetzt hatte. Diesen Buchenschwamm sammelte der Zundersucher, dörrte, klopfte ihn und verhandelte ihn auf seinem mit einer hohen Rückenlehne gebauten Schwammkarren.

Mit den Schwefelhölzln konnten sich seinerzeit die alten Leute, besonders auf dem Lande, nicht mehr befreunden, und so besorgten sie das Feuermachen weiterhin mit Zunder und Feuerstein. Sie bekam man beim Kramer zu kaufen, doch behaupteten Raucher, daß der gekaufte Zündschwamm nichts tauge, weshalb sie sich diesen eigenhändig zubereiteten. Sollte er von erstklassiger Güte werden, dann durfte der Buchenschwamm nur einjährig, höchstens zweijährig sein. Er wurde einige Tage zum Beizen in eine starke Aschenlauge gelegt, dann auf einem Brett weich und breit geklopft, daß er zottig wurde, und zuletzt gut getrocknet. Je zottiger dieser Zündschwamm war, desto leichter fing er Feuer.

Auch die Zeit des Zinnkrautsammlers ist endgültig vorüber. Es gibt keine Kellnerin und Wirtin mehr, die mit aufgekrempelten Ärmeln am flachen hölzernen Waschschaffl stehen und mit krebsroten Händen in dampfender Aschenlauge mit einem Büschel Zinnkraut das zinnene Biergeschirr, die Zinn-

krügeln, die Maßkrügeln und die Maßkrugdeckel blank
reiben. Alte Traunsteiner Bürgersfrauen wissen möglicher-
weise noch von einem letzten Traunsteiner Zinnkraut-
manndl und seinem Leibvers:

> Juhu, juhu, iatzt ist beisamm
> a großa Buschn Waldeskram.
> Mit dem zieh ich zur Stadt hinein,
> zum schwarz-grau-goldnen Fahndl.
> Dort lieben sie die Reinlichkeit
> und mich, das Zinnkrautmanndl.

Kräutler-, Wurzin- und Bleamlbrocker

Vor Tag und Tau geht heute noch (1935) der Kräutler oder
das Kräutlwei auf die Suche nach Kräutern für den »Gsund«.
Auch der Wurzlgraber und die Wurzin machen sich schon
um diese Zeit an ihr beschwerliches Tagwerk.
Gebirgsgegenden kennen noch den Latschenbrenner. Seine
einfache Brennerei besteht aus zwei großen Kesseln, in
denen er die harzreichen Legeföhren des Hochgebirges de-
stilliert. Der Kessel hat zwei Ablaufhähne. Aus dem einen
läuft das überschüssige Wasser, aus dem anderen tropft
dickes, braunes Öl in eine untergestellte Flasche. Mit Hilfe
von Filtrierpulver und Filtrierpapier gereinigt, ergibt es das
glashelle, für Heilzwecke überaus nutzbare Latschenöl.
Zu den Wald- und Flurgängern gehörte schließlich auch der
Bleamlbrocker, der einst an den Samstagen oder Vortagen
kirchlicher Feste in den Bürgerhäusern seine kunstvoll zu-
sammengestellten Sträuße aus den jeweils blühenden Köst-
lichkeiten der Flora verhandelte. Da gab es: Märzenveilchen,
Maiglöckchen, Frauenschuh, Türkenbund, Iris und Enzian.

Hermann Groeber, 1865–1935, Mutter und Kind (Radierung)

Sie fanden immer gute Abnehmer. Auch zu Ferienzeiten machten die Bleamlbrocker auf unseren Bahnhöfen in Rosenheim und Prien mit Alpenrosenbuketten und Edelweißsträußl gute Geschäfte. Die Zeit des Pflanzenschutzes hat den Bleamlbrocker aus seinem blühenden Paradies verjagt.

Die Kraxentrager

Im Friedhof zu Berchtesgaden kann der Besucher an der Portalseite der Stiftskirche auf einem Grabstein lesen, daß hier Anton Adner ruht, der im 114. Jahre seines Lebens den Frauenturm zu München bestieg und im Alter von 117 Jahren zu seinem himmlischen Vater heimgekehrt ist. Der Verstorbene hatte Zeit seines Lebens keineswegs auf der Sonnenseite des Lebens gestanden. Er war als Kraxentrager mit »Berchtesgadener War« gereist. »Ein heiteres Ende des langen Lebens gewährte ihm die Wohltat seines Königs« in Gestalt einer kleinen Pension, die der Landesvater dem 90jährigen aussetzte.

Adner aber war nur einer aus der Vielzahl derer, die bis in die Mitte des 19. Jahrhunderts als Kraxentrager, den Strickstrumpf in den Händen, die künstlerischen Holzarbeiten der Berchtesgadener Hausindustrie von Dorf zu Dorf handelten. Bis über den Kopf hinauf türmten sich in ihrer Buckel-Kraxe geschnitzte Spielwaren, Rösser und Rinder, Trompeten und »Doggamanndln«, dazu geschnitzter Hausrat aller Art. (Schon vor dem 30jährigen Krieg hatten sich die Berchtesgadener Drechsler und Schnitzer in Zünften zusammengeschlossen.)

Kaum der Schule entwachsen, begann so ein »Kraxmo« seine Laufbahn. Er war ein gerne gesehener Mann und fand darum dort, wo er auf seiner Wanderschaft zu Abend einkehrte, meist auch eine unentgeltliche Liegerstatt für die Nacht.

Und damit die Erinnerung an die Berchtesgadener Kraxentrager nicht erlöschen sollte, hat man stellvertretend für sie den »unsterblichen Adner«, wie der Volksmund den langlebigen Greis scherzhaft nannte, lebensgroß in Holz geschnitten und im Schnitzereimuseum in Berchtesgaden aufgestellt.

Neben dem Kraxentrager gehört noch eine Reihe anderer Berufe zum Bilderbuch meiner Kindheitsbegegnungen. Da war der heute überflüssig gewordene Glastrager, der, seine grüne Schürze vorgebunden, mit Glastafeln zum Einglasen der Fenster das Gäu bewanderte. Der Uhrenhandler führte seine Schwarzwälderuhren in einer Holzkraxe auf dem Buckel mit, die in Märkten beschäftigte Brothauslerin, -hüterin oder auch -tragerin hausierte mit weißem Brot in den Dörfern.

Aus Welschtirol kam der Bilderhandler, der hauptsächlich die entlegenen Gebirgstäler besuchte. Auf dem Buckel schleppte er seinen schweren Bilderkasten, gefüllt mit Farbdrucken religiöser und weltlicher Motive. Ein Kunstwerk nach dem andern holte er da vor den staunenden Augen der Hausbewohner aus seinem Kasten: Darstellungen der Himmelskönigin, der Mutter Anna, der Hl. Familie, der Haus- und Hofheiligen, der Stall-, Vieh- und Dienstbotenpatrone, auch gedruckte Haussegen, die man gerne an die Stuben- und Stalltüre nagelte. Den Himmelsgestalten reihten sich Bildnisse der Landesfürsten, aber auch fremdländischer Monarchen an, die eindrucksvoll im Krönungsornat oder in Feldherrnuniform prangten. – Der Bilderhändler, wie er in meiner Erinnerung lebt, hatte stets einen Hund bei sich, mit struppigem Fell, Eigenbrödler wie sein Herr, mit dem er Brot und Lager teilte.

Aus Welschtirol zogen auch der Barometertrager, der Herrgottskramer mit geschnittenen Kruzifixus, zogen die Öl-

und »Sturpntrager«. Die Öltrager handelten mit Theriak oder Steinöl und mit Skorpionöl, beide für Heilzwecke verwendbar, der »Sturpntrager« mit lebendigen Skorpionen, die er in einer großen, mit Gras und Grünzeug gefüllten Schachtel verwahrte.

In regelmäßigen Abständen kehrte letzter auf den Bauernhöfen, namentlich entlegenen Einschichthöfen ein, von der Bäuerin oft schon mit Schmerzen erwartet, wenn ihr Vorrat an Skorpionöl ausgegangen war. In einem gläsernen Flaschl wartete das Baumöl auf die lebendigen »Sturpn«, die der Händler hineinzählte. Das solcherweise vor ihren Augen zubereitete Skorpionöl war der Bäuerin immer lieber als ein fertig gekauftes, weil sie dann gewiß war, daß in ihrem Öl der »Geist«, das heilende Gift, das die Skorpione bei ihrem Tod im Baumöl ausgespritzt hatten, wirklich drinnen war. Das Skorpionöl galt als vorzügliches Heilmittel bei Entzündungen. Man schmierte es nicht nur der Milchkuh an das entzündete Euter, sondern verwendete es auch nach dem Grundsatz, was dem Viech gut tut, das hilft auch dem Menschen, bei Halsentzündungen, Zahngeschwüren, als Linderungsmittel gegen das »Glofeuer« und gegen die fiebrigen Hitzen.

Meist verhausierte so ein Sturpntrager in einem hölzernen Faß auch Seefelder Steinöl als Mittel gegen bösartige Hautleiden. Theriak war seinerzeit ein begehrter Heilartikel. Hergestellt aus Angelika, Baldrian, Meerzwiebel, Zimt, Cardamon, Myrrhe und etwas Opium, ergab er, mit Schnaps gemischt, ein ausgezeichnetes Magenmittel; mit warmem Bier vermengt, wurde der Theriak dem Vieh gegen Kolik gegeben.

Oft hatten »Sturpn-« und Öltrager zu ihren Heilmitteln auch gute Ratschläge bereit. Vom Ölkurbi weiß ich heute noch einen Spruch, mit dem er über Zahnschmerzen klagende ältere Jahrgänge aufforderte:

Geh her, Du stoaalte Krucka,
hast ja koan Zahn mehr im Mäu,
laß mi in Dein Fotz einigucka,
und sei mir mitm Eischmiern
net z'fäu (faul).

Von einem Öltrager handelt ein Schwank des Volksdichters
Joly, geb. 1756, »Der Öltragerfeichtl«.
Großer Beliebtheit erfreuten sich insbesondere bei der
Weiblichkeit, die »Geistweiber«, Frauen, die mit Melissen-
geist, Karmelitergeist, Hoffmannstropfen, Baldriantropfen,
mit Balsam und Painexpeller handelten.

Die Lemonifrau

Einmal im Jahr erschien bei uns daheim die »Lemonifrau«.
Sie handelte mit Zitronen und Pomeranzen und kam direkt
aus Bozen. Ihr Gesicht sah aus wie eine Zitrone. Ihre
Fältchen, die sich um den zusammengekniffenen Mund wie
eine Krause zogen, waren wie in Holz geschnitten. Am Arm
trug sie einen Weidenkorb, der bis an den Rand mit gelben
Zitronen und rotgoldenen Pomeranzen gefüllt war. Eine
Wolke fremden Dufts ging von diesem Korb aus, der bei
jedem Schritt ächzte und knarzte. Mehr noch als die Süd-
früchte interessierte mich freilich an ihr der fremdländische
Akzent der Sprache mit dem harten gutturalen »ch«. – Die
»Lemonifrau« besuchte nur die »besseren Häuser«. Trotzdem hätte sie bei uns im Schulhaus nie ein Geschäft gemacht,
wäre sie nicht gerade zur Faschingszeit gekommen, in der
Vater dem Kirchenchor eine Einladung zum Punsch aus
echten Zitronen und Orangen gab.
Lange schon sind auch das »Salzburger Kräutlwei« sowie
der Tiroler Wurzlkramer mit der wassertreibenden Holler-

sulz und der »Boaßlsulz«, hergestellt aus dem Saft der berberis vulgaris, auf Nimmerwiederkommen heimgegangen. Dagegen hat sich noch der Kranawittsulzhandler erhalten. Mit einem hölzernen Faßl, das grün wie ein Laubfrosch angestrichen ist, besuchte und besucht er seine Kundschaft. Er machte gute Geschäfte, denn die Kranawittsulz, aus den gesottenen grünen Beeren gewonnen, gilt als blutreinigend, heilend für die kranke Niere und wird auch mit Vorliebe von hoffenden Frauen gegen Stuhlverstopfung genommen. Ein weithin bekannter Kranawittsulzhandler war der Riedl aus Rosenheim.

Von Zeit zu Zeit schob ferner der Wagenschmierführer sein pappiges Gefährt durch das Dorf. Dazu erschienen der Mausfallenhandler, der Blechgeschirrhandler, der Scherenschleifer, der Viehkastrierer und der Wetzstoahandler. Dieser kehrte meist in landwirtschaftlichen Betrieben ein und hatte feste Abnehmer. Heute ist von ihm nichts mehr geblieben, als das Lied:

I bin der Hans vom welschn Land,
hab Wetzstoa, Sichln allahand;
was i in meina Kraxn trag,
is lauta guate War.
Zumtriari, zumtriara,
der Wetzstoahans is da.

Und hinterdrei schreit d'Bäurin glei,
sie sagt, sie kennt's am Greifa glei,
sie sagt, sie kennt's ganz gwiß, ganz gwiß,
was a guata Wetzstoa is.
Zumtriari, zumtriara,
der Wetzstoahans is da.

In größeren Abständen klangen die melancholischen Weisen eines Dudelsackpfeifers aus der Campagna über unseren

Karl Raupp, 1837–1918, Fischermädchen (Bleistift)

Dorfplatz. Öfter ließ ein dunkelhäutiger Savoyarde mit messinggelben Ohrgehängen und rabenschwarzen Haaren einen brummigen Bären tanzen und ein rotberocktes Äffchen auf einen allzu vorwitzigen Bubenkopf springen. Wir Kinder stoben dann kreischend auseinander, um gleich wieder zurückzukehren und aufgeregt zu warten, auf welchen Kopf der Affe jetzt springen würde.

Bandlkramer und Guckkastenmann

Eine bei alt und jung gleichermaßen beliebte Erscheinung war der Bandlkramer. Er war zugleich meist auch Guckkastenmann. Fast immer handelte es sich bei ihm um einen Kriegsinvaliden mit einem Stelzfuß oder mit einer schwarzen Binde auf einem Auge. Er war schon der Barmherzigkeit willen gerne aufgenommen. Mit Hilfe seines Guckkastens konnte man die ganze Welt bereisen. Der untere Teil desselben hatte zwei Reihen Schubläden, in denen Schuhbandln und Kreuzerbandln, Nadeln und Kragenknöpfln, Knöpfe und Einfaßlitzen sowie Glufern beieinander lagen.
Wer sein Schicksal befragen wollte, dem ließ der Guckkastenmann gegen einige Pfennige das Glücksmanndl tanzen, ein Temperamentsmännchen, das in einer mit Flüssigkeit gefüllten und mit einer Blase zugebundenen Flasche schwebte. Ehe der Guckkastenmann das Schicksal fragte, legte er rings um die Flasche Temperaments- oder Glücksblattn aus; jedem war ein prophetischer Text aufgedruckt. Dann drückte er auf die Verschlußblase der Flasche, worauf das Glücksmanndl mehr oder minder leidenschaftlich zu tanzen begann. Das Blattl, vor dem es still stand, fällte den Schicksalsspruch. Er lautete ungefähr so: »Du bist unter einem verheißungsvollen Planeten geboren. Ein unerwartetes Ereignis wird Dich glücklich oder unglücklich machen.

Das Unglück steht vor Dir und will Deinen Stern vernichten. Eine Feindin steht hinter Dir. Aber, laß den Mut nicht sinken. Du wirst Großes vollbringen mit dem Anker Deiner Hoffnung, die Dir verleihen wird, was Du Dir heimlich wünschest. Wenn Du alle Widerstände überwunden hast, wirst Du ganz glücklich werden.«

Mit zwei blauen prall mit Federn vollgepfropften Säcken von eineinhalb Zentnern Gewicht erschien von Zeit zu Zeit, doch regelmäßig, wenn er von einer großen Hochzeit erfahren hatte, der Federntrager. Er war ein herkulisch gebauter Mann, der seine Last auf dem Rücken trug und sich nicht selten bücken mußte, wenn er unter eine Haustür trat. Zu uns kam der Federntrager nie. Wir hatten Federn von unseren Hühnern, und auf Daunen hätten wir im Schulhaus schon gar nicht schlafen mögen. Auf den Jahrmärkten hatte dann der Federnschmucker, der mit Reiher- und Spielhahnfedern für die Burschen- und Mannerhüte handelte, seinen Stand aufgeschlagen.

Um Johanni tauchte der böhmische Gansltreiber mit seiner schnatternden Herde auf. Auf dem kleinen Graszipfel vor der Zenz Nanni ihrem Obstgarten trieb er seine »Kirtavögl« zum Kauf auf. Wenn der Sautreiber anrückte, und seine rosigen Jungferkel mit fliegenden Ohren quiecksend und quietschend vor Lebensfreude um den Marktbrunnen und das Kriegermonument jagten, lief Mutter, wie sie ging und stand, auf den Marktplatz, denn »Faggl« waren ihre Schwäche. Fütterte sie doch selbst jedes Jahr mit Hilfe der nachbarlichen Trankfaßln und -häfen ein oder zwei Borstentiere.

Der Jahrlingshandler

Jedes Jahr im September zog auch der Jahrlingshandler auf unserem Viehmarkt auf. Er kam aus dem Pinzgau von

Saalfelden und brachte einjährige Jungpferde zum Verkauf. In Mähnen und Schweif war Stroh eingeflochten. Die Jahrlinge führten sich, einer hinter dem anderen an den Schweif gebunden, sozusagen selbst. Ein schöner Anblick! So stellte ich mir eine Kamelkarawane auf ihrer Wanderung durch die Wüste vor.

Hin und wieder warfen böhmische Musikanten, nicht zu verwechseln mit den üblichen Bettelmusikanten, ihre schmetternden Fanfaren in unsere Gassen, daß die Fensterscheiben klirrten und die Leute horchend vor die Häuser traten. Am wichtigsten hatten es dabei mit der Dorfjugend die Dorfhunde, die aufgeregt die unbekannte Witterung umkreisten und die fremden Hosenbeine abschnüffelten. Mitunter kehrte auch einmal ein »Fiedlböhm« im Dorf zu, strich seine schwarzbraune Fiedel und geigte, daß es einem ganz warm um den Herzfleck wurde.

Auf dem Landtag zu München wurde im Jahr 1605 folgende Beschwerde geführt: »Die savoyschen Krämer durchreisen das ganze Land, betrügen die Bauern und die anderen Leute mit ihren Waren. Haben sogar Gewölbe für dieselben«. Zum Unterschied von solchen Elementen war der bis vor 50 Jahren als Handelsmann durch die Landschaft wandernde Graner oder Greiner (von Krain) wohl geachtet. Seinen Kaufladen trug er als hölzerne Kraxe auf dem Buckel, entweder gefüllt mit gemischten Waren oder nur für Schnittware eingerichtet. Die Schnittwaren befanden sich in leiterartigen Holzgestellen, die zur Auslage auseinandergeklappt werden konnten. Der Graner hausierte nur den Winter über, in dem seine bäuerliche Kundschaft Zeit zum Schauen hatte. Wo er durch gute Bedienung einmal Fuß gefaßt hatte, dort blieb man ihm auch treu. Man hielt ihn wie einen Familienangehörigen und hob ihm von einem Winter zum anderen die Einkäufe auf.

Hugo Kauffmann, 1844–1915, Das Angebot (Federzeichnung laviert)

Friedrich Johann Voltz, 1817–1886, Kühe im Stall (Bleistift)

Der Graner hatte einen festen Gehstock, mit Messingbe-
schlägen verziert und mit einem Ellenmaß versehen. Auf ihn
stützte er sich bei seinen Wanderungen, auf ihn stellte er
seine Rückenlast ab, wenn er verkaufen wollte. War gerade
Mittagszeit oder Abendessen, wenn er auf einem Hof ein-
traf, dann entnahm er dem zuhöchst auf seiner Kraxe liegenden Päckchen einen Löffel und tauchte ihn mit den um den
Tisch Sitzenden in die Schüssel. Auf dem ledernen Kanapee
in der Stube legte er sich schlafen. Mit »Grüaß God bei-
nand!« trat er ein, und ehe er nach seinen Verkäufen das
Haus wieder verließ, überreichte er der Bäuerin ein kleines
Gastgeschenk, eine filigranene Brosche mit einem funkelnden Glasrubin oder ein schönes Flortüchl:

> Dös is bloß für dö Weibaleit,
> dö wo was Bsonders tragn.
> Und aufs Jahr kim i na wieda her,
> Bal mir 's Lebn no ham.
> Pfüa God beinand!

Der Graner, der vielfach aus südlich von uns gelegenen
Ländern stammt (Krain, Steiermark, Istrien) – man nannte
ihn wegen seines Kauderwelsch, das er sprach, auch »Kaude-
rer« – ist ein für allemal in die Vergangenheit eingegangen.
An seine Stelle ist der Hausierer oder Umtrager getreten, der
sich aber lange nicht mehr derselben Beliebtheit erfreut wie
sein Vorgänger, weil er nicht mehr zum notwendigen Bestand des dörflichen Wirtschaftslebens gehört. Heute führt
ja schon der kleinste Dorfkrämer modische Neuheiten in
seinem Laden.
Aus dem Traunsteiner Wochenblatt von 1892 stammt folgendes Hausiererlied, in dem ein Mißgelaunter sich seine
Galle vom Leibe schrie über ein Gewerbe, das auch heute
noch schwere Arbeit bedeuten kann:

Als geborner Hausierer erblickt ich das Licht der Welt.
Werd ich reif an Jahren, hab ich Verschiedenes gewählt.
Mein erstes war Hausieren, die Leute drangsalieren,
Von Haus zu Haus ich laufte, bis ich den Schund verkaufte.
Die Vorbildung in mein Geschäft ist schwer zu absolvieren,
denn da ist richtig Rednerkunst, um die Leute auszu-
schmieren.

Die Ehre muß verschwinden, kein Charakter ist zu finden,
nur Betteln und Hausieren muß mich zeitweise zieren.

Ist in manchem Haus kein Geld, da bettl ich um was z'essen,
mei Losung schreibt nix anders vor, als d'Hausleit auszu-
pressen.

Auch bin ich zu jedem Tausch bereit mit Produkten aller
Art,
wenn i oan schö eisoafan ko, da is mir nia was z'hart.

Die Plakaten an den Türen wegen Betteln und Hausieren,
von denen is mir die Schrift zu klein, ich gehe deshalb keck
hinein.

Wenn ich einmal bin drinnen, such ich den Pavel anzu-
bringen,
bevor ich werd hinausgerannt, bettl ich um Proviant.

Weiß ich Bauernleit in Jahren, nimm i mei Kraxn glei auf
d'Höh,
da mach i a Präsenterl fein, der Handel kommt dann hinterdrein.

Dadurch bring i mein Schund guat naus und wisch ea
d'Augn sauba aus,
denn mitn Ködern mach is alle warm mit meine prima Warn.

Und erst im Grenzbezirk is fei, da wern dö Bauern grupft,
koa anderer kimt mir leicht net rei, der werd herin glei zupft.

Dös Feld ghört mir ganz alloa, weil i a Schlaucherl bin.
Mir kemans net dazwischen leicht in dene Dörfa drin.

I laß a an dem Hochzeitstisch dö Leitln koane Ruah,
bis i den Pavi losgebracht mit Zigarrn no dazua.

Und wenn a dort dö Kellnerin na macht a finstas Gsicht,
i reiß ihr doch 's Brot vom Maul, denn dös schiniert mi
nicht.

I laß koan Fremdn in mei Gäu, net mit der Kraxn tragn,
wenn's a anderer probieren will, wer i avikatisch klagn.

Dö Auslagn san ja beim Hausiern selbstverständli a net
klein,
drum pfusch i den andern auch in ihre Geschäfte nein.

I bin sogar sehr stolz darauf und brauch nicht mehr zu
klagn,
weil i iatzt alles pfuschn kann, sogar dö Kraxn bschlagn.

Das Kramerladl

Kirche, Schule und Wirtshaus – sie verkörpern die Dorfkultur. Hinzu kommt noch der Krämer, der freilich in der heutigen Zeit des aufgeschlossenen Verkehrs und einer anspruchsvolleren Lebenshaltung auch schon im winzigen und weltverlorenen »Heft« (von Gehöft) zum »Kaufmann« geworden ist. Vor 50 Jahren aber, da gab es bei uns daheim, obwohl wir durch die Eisenbahn schon an die große Welt angeschlossen waren, noch ein Kramerladl, und Inhaberin dieses Märchens von Tausend-und-einer-Nacht war die Zenz Nanni.

Schon der Eintritt in ihr ewig ins Dämmrige sich verlierende Reich war ein Erlebnis. Beim Öffnen der Ladentüre schlug am Türpfosten eine Glocke mit aufgeregtem Laut an und bimmelte, bis die kleine, rundliche Zenz Nanni manchmal geschäftig, manchmal mürrisch herbeitrippelte und sie mit iher molligen Hand den zitternden Metallbügel, an dem die Glocke schwang, zum Stillstand brachte.

Als die Zenz Nanni noch jünger war und noch ein feineres Gehör hatte, meldete statt der aufdringlichen Glocke eine Äolsharfe mit süßem Gesang das Erscheinen eines Kunden. Wer zu groß geraten war, mußte sich unter dem Türeingang bücken. Befanden sich zwei Käufer im Laden, kam es beim dritten schon zu einer Stauung an der Ladenbudl. Vor dem Geldschubladl – man konnte es am Einwurfschlitz auf der Tischplatte erkennen – war der Sicherheit halber ein Drahtgitter vorgespannt.

Zu kaufen gab es in diesem Laden fast alles: vom Schnupftabak bis zu den Zibeben und Weinbeerln, vom Salzhering bis zum Putzstein und dem »Dreikinirach«, dazu schwarze und weiße Kreuzerbandln, Rocklitzen, großköpfige »Glufern« für den Schal, Nähnadeln, Stopfnadeln, das Stück 1 bis 2 Pfennige, »Kinderludln« (Milchflaschen) und »Duzln«, Nachtlichhln, Abziehbildln und »Lockenwuggerl« für die kleinen festlich gekleideten Mädchen. An einem Nagel des Türstocks hingen wie ein dicker Roßschwanz gebündelte Kreuzerstricke, »Goaßlschnüre« und lederne und baumwollene Schuhlitzen, die immer in eine schreckhafte Unruhe gerieten, wenn die Krämerin das eine oder andere vom Käufer ausgewählte Stück mit rauher Hand aus seiner Schlafversunkenheit riß. Mit blechernen und hölzernen Trichtern und »Trachterln« wurden der Essig abgefüllt, das

Petroleum, das Brennöl und das Salatöl, floß der Schnupftabak in die enghalsigen Schnupftabaksglasln.

Die Düfte und Gerüche in der Zenz Nanni ihrem Laden sind
unbeschreiblich. Alle fünf Erdteile waren in dem Ladl ge-
genwärtig, ja, der ganze Kosmos.

Der Zenz Nanni ihre vornehmste Kundin war die »Fräuln
Kathi«, die Hausdame vom alten Herrn Benefiziaten Scharl.
Sie war wirklich eine Dame! Mit hochgehobener Nase und
gemessenen Ganges, eine schwer atlassene Schürze um die
hochgeschnürte Taille gelegt, so erschien sie zum Einkaufen,
einen Reisesack an der Hand, der einen golden funkelnden
Messingbügel hatte und an dessen beiden Seiten ein farben-
prächtiges Blumenbukett auf Stramin eingestickt war. Letzten brauchte die Fräuln Kathi in der Hauptsache zur Unter-
bringung der »altbachenen« Semmeln, die sich in dem feuch-
ten Ladl der Zenz Nanni wunderbar weich hielten und für
die wenigen Zähne des Herrn Benefiziaten gerade recht
waren.

Die angeboteten Waren reichten bei der Zenz Nanni vom
»Perlkaffee« bis zum »Weihnachtsrauch«, die Kaufsummen
aber blieben meist in Pfennigbereichen. Doch auch die Pfennige und »Zwoaringe« verschluckte der Schlitz vom Geldschubladl, das an die Stelle des früheren hölzernen Geld-
schüsserls getreten war, mit demselben Kling-Klang wie die
Mark. Für teuere Einkäufe war die Kundschaft der Zenz
Nanni im allgemeinen gar nicht geboren und wohl nie hat
ein Goldstück den Weg zur Zenz Nanni gefunden.

Mich hat die Zenz Nanni einmal schwer beleidigt. Als ich
ein Suppengrün aus ihrem Garten holte und die üblichen
drei Pfennige nicht dabeihatte, belferte sie mich an: »Daßd
Du grad zu mir um a Suppngrea kimst, wannst koa Geld net
hast!«

Nun ist die Zenz Nanni lange schon gestorben – und mit ihr
auf Nimmerwiederauferstehn das Kramerladl.

Von der Straße

Die Samer

Einstmals zogen schwer beladen
nach der Glöcklein Melodien
auf gar steilen Bergespfaden
Samer durch das Land dahin.

Als neben den Schiffszügen auf Salzach und Inn auch noch
das Pferd auf seinem Rücken den Segen des Salzes landauf,
landab und im Saumdienst auf schmalen Pfaden über das
Gebirge trug, da blühte das Gewerbe der Samer oder Salz-
verfrachter. Der Beruf wurde von selbständigen Bauern
unserer Gebirgstäler, des Traun- und Prien- und Achentales,
des Grassauer- und Schlechingertales, von Bewohnern aus
dem Vogelwald, von Surberg, aus dem Bergener Winkel und
aus dem Miesenbachertal, ausgeübt. Auch die Leute des
locker besiedelten Samerbergs oblagen dem »Wegwerch«,
d. h. sie standen als Frachter oder Samer im Dienst des Salz-
verkehrs. Davon soll der Samerberg seinen Namen haben.
Von diesem Salztransport auf dem Rücken der Pferde – drei
Salzstöcke im Gewicht von etwa drei Zentnern waren auf
einem Lindenholzsattel aufgepackt – vermögen wir uns als
Zeitgenossen der motorischen Kraft gar keine Vorstellung
mehr zu machen. Den Aufzeichnungen von Dr. Mitterwie-
ser anhand alter Mautrechnungen entnehmen wir, daß im
Jahre 1618 nicht weniger als 2531 Saumrosse über die Wasserburger Brücke gingen, daß in den Jahren 1721 bis 1729
von der Wasserburger- und Rosenheimerbrücke und ihren
Landstraßen 142 420 und 119 089 Salzscheiben auf dem
Rücken der »Sämbross« einliefen.
Jahraus, jahrein läuteten die Saumpferde, schellenbehangen,
gerne zu zweien mit einem Maulesel aneinandergekoppelt,
in Gruppen bis zu 50 Pferden kreuz und quer durch das
Land. Reichliche Privilegien bestätigten seit 1558 die Zunft

Friedrich Johann Voltz
1817–1886, Jäger (Bleistift)

der Salzfahrer. Burgherren und Handelsherren nahmen sie in ihren besonderen Schutz. Darüber hinaus stellten sich die Samer in den Segen der Kirche und ihres Schutzpatrons St. Winthir.

An bestimmten an der Straße liegenden und mit Gattern eingehegten Weideplätzen nahmen die Samrosse auf ihrer Wanderung Äsung, indes die Samer unter einem Baum rasteten. Halt und Einkehr wurde gleichfalls an bestimmten Herbergen gemacht, die mächtige Fremdenstallungen hatten. Eine solche war etwa das heute noch in Betrieb stehende Gasthaus »Zum alten Wirt« in Bernau, dessen Fremdenstallung von den Alten bis in unsere Zeit herein »Samerstall« genannt wird. In Traunstein erinnert noch am römischen Saumweg das Wirtshaus »zum Sametz« an eine Samereinkehr, aber auch im Schwarzbachtal außerhalb Ruhpolding weiß man heute noch von einem »Sameröfl« – »Öfl« nannte das Volk kleine Felsnischen –, einer Feueresse auf dem über die Berge führenden Verbindungsweg Reichenhall – Reit im Winkl. Hier kochten die salzfrachtenden Samer ihre Mahlzeiten.

Wo der Saumpfad im Gebirg so schmal wurde, daß das Roß nicht mehr Fuß fassen konnte, wurden Ziegenböcke in den Saumdienst gestellt. Beim Straßenbau Ruhpolding – Kössen fand man eine Vielzahl von Hufeisen, wie sie die breitbrüstigen Pinzgauer Pferde, welche die schwer beladenen Salzwagen zogen, trugen.

> Samerglöckei
> um an Kreiza Spitzlweckei,
> um an Kreiza roggas Brot,
> Sama, liegst vor Hunga tot.

Das Brot, das der Samer aß, war sauer verdient. Aber Landfahren war gefragt. Freier und unbeschwerter lebte es sich unter des Himmels endloser Plane, freier als in der Engnis des häuslichen Herdes, wo Zucht und Sitte die Zügel führten. Obgleich eine strenge Samerordnung »das Spillen, Karteln, Kegeln und was sonst den Pfennig verlieren mag,« verbot, hören wir den Freiberger auf Hohenaschau bittre Klage führen über die sittenverderbenden Samer: »da daraus dann erfollgt, das sy an alle vnderschit der zeit vnnd täge auff der strass liegen, weder zu khierchen noch predigen khommen. daraus dann ein vulebliches vnchrystliches vnd abscheuliches leben, grobheit, vnwisenheit auch etwa (dann und wann) vngehorsame ervolgen thuat gewonnen (gewöhnen) des stetten vnauffhörlichen fluchens, so sy mit irn rossen treiben, legen sy sy die wirtsheusser, drinnen vnnd ross dauschen zu grossen nachthail yerer weyb vnnd khindern . . .«

Begreiflicherweise waren die Samer gleich den Fuhrleuten in den Wirthäusern gern gesehene Gäste. Auch ihnen saß das Geld locker in der Tasche. Sie waren eine lebendige Zeitung und tischten bereitwillig, auch mit einem Stich ins Großtuerische, ihre Neuigkeiten auf. Der Saumdienst führte sie ja nicht nur durch das eigene Land sondern über das Gebirge nach dem Süden. Laut urkundlicher Aufzeichnung mußten die Samer von Reit im Winkl, die mit Salz und Getreide nach dem Süden und mit italienischem Gut, Wein und Öl, in die Heimat zurück frachteten, im Jahr 1326 dem bayerischen Herzog Welschwein zinsen. Eine Votivtafel in der Kirche zu Steinkirchen auf dem Samerberg zeigt einen sechsspännigen Samwagen, der in Schwaz verunglückte, »Da er guet von Nürenberg gegen Potzen führte.«

Das Jahr 1785 brachte das Verbot des Salzsaumes auf dem Rücken der Pferde, denn so armselig konnte der Häuter nicht sein, als daß ihm sein Herr nicht den Saumsattel über die dürren Rippen geschnallt hätte.

Mit Besitzergreifung der Landschaft durch kunstvoll angelegte Straßen, durch den Schienenstrang und die motorische Kraft verblich das Samergewerbe. Damit kehrte auch der Samerberger »Wegwercher« dorthin zurück, woher er gekommen war. Auf dem Boden seiner Väter pflügte er wieder seinen Acker, baute sein »Samerberger Fleisch«, die »Hoßbouna« (Pferdebohne), und erfreute sich am heimischen Herde seines Lieblingsgerichtes, der »Fisoln-« oder Bohnenknödel. Er hat sich mit Fleiß einen soliden Stand im Leben erarbeitet. In seiner schroffen Eigenart, »selm gwachsn«, wie man zu sagen pflegt, ist der Samerberger ein Eigenbrödler, der sich schwer anschließt. Man spricht darum von »dö schtoanan Sama«.

Laut Urkunde vom Jahr 1135 trug der Samerberg einst die Bezeichnung »Rossersberg«, zu der sich die Bewohner bis in unsere späte Zeit herein bekannten, nach der Aufschrift über einem Hl. Grab in der Kirche, das aber 1880 entfernt wurde:

> Wir Rosserberger weihen Dir,
> o Herr, das Grab aus Herzens Triebe.
> Und dieses Grab erhalten wir
> zum Andenken Deiner Liebe.

Von der Straße

Es ist noch nicht lange her, da waren Reitpferde und Pferdewagen die einzigen Verkehrs- und Transportmittel auf fester Straße. Bei Trockenheit wolkte dichter Staub auf, und die Räder der schwer beladenen Frachtwagen, von vier, sechs und acht stampfenden Gäulen unter Peitschenhieben und Fuhrmannsflüchen in Lauf gehalten, holperten aus einem Loch in das andere. Zur Regenzeit wurden die Straßen zu Pfützen, in denen schlammiger Brei oft Fuß und Rad festhielt. Solch unliebsamen Zwischenfällen entging der hochgeborene Herr so wenig wie der einfache Reisende. Ein Reisebericht aus alter Zeit meldet, wie auch Königin Luise das Unglück widerfuhr, daß ihr Reisewagen mehrmals umstürzte.

Schlimm waren aber auch die Fußgänger daran. Darum zogen sie es vor, im Felde neben der Straße zu gehen. Auf diese Art entstanden die Feld- und Fußwege, wie wir sie heute noch zahlreich begehen. Einzig der Handwerksbursche war gezwungen, die Landstraße zu wandern. Er durfte keinen Feldweg benutzen. Es trieb sich in damaliger Zeit viel »landstörzendes« und lichtscheues Gesindel unter dem Schein des rechtschaffenen Handwerksburschen herum, darum die Verordnung: »Fahrendes Volk, Bettler, Vaganten, Bänklsänger, Komödianten und Handwerksburschen dürfen zu ihren Reisen keine Fuß- und Feldwege, sondern nur die direkten Hauptstraßen von Stadt zu Stadt benützen und müssen sich sofort beim Eintreffen am Sitze jeden Landgerichtes melden, ihre Ausweispapiere vorlegen und visieren lassen, müssen auch das nötige Reisegeld vorzeigen können.«

Wer es sich leisten konnte – für 20 Gulden war schon ein Klepper zu erstehen – der ritt seinen Weg. Das tat der Gsellpriester von Grassau zu Gottesdienst, Schulunterricht und Versehgang auf seinem »Vikariblaß« mit der gleichen Selbstverständlichkeit wie Jahrhunderte vor ihm die hochwürdige Frau Äbtissin zur Güterinspektion. Ich erinnere mich an ein Bild in unserem Schullesebuch zu der Ballade »Der Graf von Habsburg«, das zu meiner Verwunderung den Priester mit dem Allerheiligsten hoch zu Roß zeigte. Für das Reitpferd selbst aber bedeutete ein Tag auf der Landstraße eine respektable Leistung, und weil ein Fußgänger die weniger ermüdenden und abkürzenden Feldwege benutzen konnte (an sumpfigen Geländen kamen Sumpfbretter an die Füße), benötigten Pferd und Fußgänger für die gleiche Entfernung meist dieselbe Zeit. Ein guter Fußgänger legte früher am Tag 50 km zurück.

Um 1800 standen an der Landstraße Schranken oder Fallgatter, an denen die Reiter vom Pferde steigen und für das Öffnen des Gatters einen Kreuzer bezahlen mußten. Obwohl der Verkehr auf der Straße einer gewissen Überwachung unterstand – Apian schreibt in seiner Reise durch Bayern, daß er im Jahr 1655 zwischen Marquartstein und Ruhpolding vereinsamte Straßentore vorfand, die ohne Zweifel von Befestigungen zum Schutze des Verkehrs herrühren – war die Sicherheit auf der Landstraße zweifelhaft: »Item eine Reise über Hammerwurf hinaus gleicht einer Reiss ins feindliche Land.«

Auf Raubrittertum und Wegelagerei folgte die »heimatlose Armut«, nach den Friedensschlüssen der jeweiligen Kriege, angefangen vom 30jährigen Krieg, brotlos gewordene Söldner, die als marodisierende Banden umherstreiften und nahmen, was immer zu nehmen war. Noch Ende des 18. Jahrhunderts hieß es, so berichtet der Pflegekommissär von Kling, man gehe nicht in die Kirche, wenn sie eine Stunde weit entfernt war, »wegen des bekanntermaßen häufig herumziehenden Raub- und Diebsgesindel«. Dieses machte nach den napoleonischen Kriegen Ende des 18. Jahrhunderts besonders die Grenzgebiete gegen Österreich unsicher. Es war keineswegs ausschließlich die Not, vielmehr trieb ein mit dem moralischen Tiefstand gepaarter Hang zum Abenteuertum Männer von gutem Ruf sowie deren Söhne auf die Straße, die dann von Raub, Brand, Mord und Totschlag lebten.

Die Überlieferung hat manchen Namen der Bandenführer und der Banden selbst bewahrt. So hat der Bachauer Toni mit seinen Spießgesellen die Gegend um Laufen heimgesucht, bis er in Österreich durch den Strang hingerichtet wurde. Anführer einer Räuberbande war um 1850 in der

Gegend von Schnaitsee ein angesehener Handelsmann von St. Leonhard im Buchet. Auf dem Schelmberg zu Teisendorf endete durch den Scharfrichter der »Hendl Max«. Kopf einer Traunwalchener Bande war der »Ankerlmo«, so benannt nach seinem Hausnamen »zum Ankerl«. Ungeachtet er mit seinen Spießgesellen für vogelfrei erklärt worden war und die Bauern auf ihn förmlich Jagd machten, trieb er lange sein Unwesen, denn die großen Wälder boten ihm Schutz. Der Volksmund behauptete von ihm, er könne sich »gfrörn«, d. h. mittels Zaubers kugelfest machen. Doch war am dritten »goldenen Samstag« des Jahres 1851 auch sein Maß voll. Während eines nächtlichen Überfalls der »Ankerlmo-Bande« auf ein Bauernhaus gelang es der Dirn des Hauses, den Nachbarn um Hilfe zu rufen. Dieser schoß blind durch den Türschieber und tötete dabei den Anführer. Später erzählte man sich, der Schütze habe nur getroffen, weil das Gewehr mit einer Glaskugel geladen war, welche die Worte des Johannis-Evangeliums trug: »Und das Wort ist Fleisch geworden«; ferner weil der Ankerlmo einen Wachsstock bei sich getragen habe, der neunmal bei der Lichtmeßweihe geweiht worden war und somit die Macht des Kugelfesten brechen konnte. Schimmel zogen seine Leiche in den Zinkenwald, wo ihn der Schinder verscharrte. Das Haus des Aubauern in der Gemeinde Taching, in dem der Ankerlmo sein Ende gefunden hatte, steht nicht mehr und nur ein eingesunkenes Tuffkreuz bezeichnet noch seine Stelle.

Räuberlieder

Lange sang man im Volke die »Räuberlieder«, Lieder, die das Tun und Treiben einzelner Banden und ihrer Anführer schilderten, so das Lied vom »Bachauer Toni«, das der

Volksdichter Joly verfaßt haben soll. Der Held des nachfolgenden Räuberliedes war der 1850 im Zuchthaus verstorbene Anton Ganghofer, Metzger von Tyrlaching. Er soll das Lied selbst verfaßt haben:

Das ist mein Lebenslauf.
Aus der Tyrlacher Pfarr
Anton heiß ich mit Nam,
alt bin ich neunzehn Jahr.

An mir kann man sehen,
wie's den Leuten muß gehen,
die gute Lehren nicht achten
und dem Bösen nachtrachten.

Mich tatens oft belehren
Herr Göth und Frau Godn,
wollt aber nichts hören
und wissen davon.

's Geld war bei mir wenig,
d'Schuldn aber viel
und durch Überredung
kam ich an das Ziel.

Ich hab mir halt denkt
es ist net so weit gfehlt,
weil so viele dabei sind,
die Haus ham und Geld.

Was unser Verbrechen ist?
Das heißt man rauben,
daß wir es getan haben
wollt niemand glauben.

Auf einmal sins kommen,
mit Säbel und Büx
Da hat's dann gleich gheißen,
wo der Metzgerbursch ist.

Es hat immer gheißen,
man hat sich's auch denkt:
Fremde sind's gwesen,
weil sie niemand hat kennt.

Ich durft nicht mehr gehen
zu der Türe hinaus.
Was soll das bedeuten?
Kein Mensch kennt sich aus.

Zuerst hams mi ausgsucht,
im Kastn mei Gwand,
dann habns mi gschloßn
in Kette und Band.

Ei, ei, Du jungs Bürschl,
sagt zu mir der Grenadier,
in der Tittmoninger Stadt
bekommst ein Quartier.

Jetzt bin i anghängt
an der steinernen Bank,
kann 's Taglicht nicht sehen
bin dazu immer krank.

Mei Tür is verriegelt
und 's Fensta is zua,
i bin ganz allein
in der nächtlichen Ruah.

Friedrich Johann Voltz, 1817–1886, Jäger mit Hund (Bleistift)

Otto Strützel, 1855–1930, Pflügender Bauer (Gouache)

Ich seh weder Sonne,
noch Mond oder Stern,
auch der Vögelein Singen
ist meinem Ohr fern.

Ich bin kraftlos in Füßen
und am ganzen Leib,
aus den Augen fließen Tränen,
ja, Tränen der Reu.

Ein trauriges Schicksal,
das mich jetzt umschließt,
so geht es dem Menschen,
der den Herrgott vergißt.

Ich sitz schon neun Monat,
die Strafe ist nicht aus,
Jetzt kimm i aufs Schwurgricht,
dann folgt 's Arbeitshaus.

Behüt euch Gott, Freunde,
bekannt und verwandt,
ich muß von euch scheiden,
hier ist meine Hand.

Das Lied will ich schließen,
mit traurigem Ton,
weil d'Leut allaweil sagn
daß ich nimmer komm.

Harmloser Art war dagegen das Landfahrertum des Wirtssepperl von Garching, der als Deserteur in fremden Landen
sich mit Zitherspielen und Singen durchs Leben schlug und
schließlich, der Überlieferung nach, im Zuchthaus endete.

Andere wissen, daß er von einem böhmischen Musikanten in
Maria Eck getötet wurde. Von ihm handelt folgendes Lied:

Iatzt wern ma oans singa, a Liadl a neus
Zwegn an Wirtssepperl von Garching und von seiner
Schneid.

Von Wirtssepperl z'Garching habts scho öfters ghört,
Is an Kini von Boarn dreimal desertiert.

Der Kini von Boarn hat Steckbriaf ausgebn
Zwegn an Wirtssepperl vo Garching und sein lustinga Lebn.

D'Steckbriaf san ganga bergauf und tala,
Wia i auf Kraiburg bin kema, san d'Steckbriaf scho da.

Iatzt bin i halt ganga über d'Dorfner Bruck,
Da han i mei altboarisch Hüatl dann gruckt.

Aft han i halt eikehrt beim Dorfner Wirt,
I drah mi kam um, stehngan d'Schandarm hinter mir.

Da hättns mi halt bandlt, hättn mi aufi an Wagn,
Aft han i's halt gschmißn, daß d'Tschako san gflogn.

Aft hams mi halt gschmißn, ham mi aufi an Wagn,
Na san ma vo Kraiburg auf Mühldorf nei gfahrn.

Wia ma von Kraiburg auf Mühldorf san gfahrn,
Alle Vögal in de Bama san ganz trauri worn.

Der Landrichta z'Mühldorf schaut mi ganz vodraht an:
»Bist der Wirtssepperl z'Garching, Du bist der Recht
schon!«

D'Landrichterin z'Mühldorf schaut mi a a so an,
»Is der Wirtssepperl z'Garching, hängts ma'n net gar z'lang
an.«

Reisesegen

Eine Reise war also früher ein gewagtes Unternehmen.
Keiner konnte wissen, ob er ohne Schaden an Leib und
Leben oder überhaupt noch zurückkehren würde. Dazu
stärkten damals nicht wie heute Gasthäuser den Hungern-
den, es erwartete den Ermüdeten kein weiches Bett, es gab
keine Werkstätten für Wagen. – Was lag unter solchen
Umständen näher, als sich der Gnade des Himmels zu
empfehlen? Man trank vor Antritt der Reise geweihten
Johanniswein und schützte sich mit einem Reisesegen, den
man nicht nur in ein Kleidungsstück eingenäht bei sich trug,
sondern mit dem man in Gefahr und Bedrängnis vertrauens-
voll Zwiesprache hielt:

Ich bin ein Christ auf Erden und hab hier keinen Stand,
Der Himmel soll mir werden, der ist mein Vaterland.
Hier reis ich aus, aber dort ist in Gott ewige Ruh,
Gnadengabe, die schleußt alle Arbeit zu.

Dazu kam der Tobiassegen:

Sankt Oswald Deiner Reise pfleg,
Sankt Gertrud Dir gute Herberg geb.
Nun segne Dir Gott mit Abels Segen den Tritt,
Vor St. Urbans Plag (Rheuma)
Dich Gott behüt.

Man konnte sich auch in den Schutz eines Reisegebetes
begeben:

Teuerster Herr Jesu! Der Du der Weg, die Wahrheit und das Leben bist, in Deinem allerheiligsten Namen tret ich eine Reise an, um meinem Beruf nachzugehen. Herr, zeige mir Deine Wege und lehre mich Deine Steige und leite mich in Deiner Wahrheit. Führe mich auf ebener Bahn, da mein Herz von Natur immerdar den Irrweg will. Erhalte meine Gesundheit und Kräfte, laß mich des rechten Weges nicht verfehlen, auch nicht in die grausame Gewalt der Räuber fallen, oder des Meinigen durch diebische Hände beraubt werden. Wende Wassernot und andere Gefährlichkeiten ab. Führe mich dahin, wo ich mein Brot durch meiner Hände Arbeit verdienen und mich redlich nähren kann. Bringe mich zur rechten Zeit unter dem sicheren Geleit der himmlischen Heerscharen wieder zu den Meinen.

Endlich ließ man sich vor Antritt einer größeren Reise eine Dreikönigsmesse für Reisende lesen, da die Dreikönige als Reisepatrone galten. So findet man häufig Fremdenherbergen, Gasthäuser und Hotels mit dem Namen »Zu den heiligen drei Königen«.

Herbergen boten ursprünglich fast ausschließlich die Klöster, schon um der Pilger willen, die in das heilige Land zogen. Damit erwarben sich die Klöster Verdienste um das Verkehrswesen und um die Wohlfahrt der Reisenden. Der heilige Otto, Bischof von Bamberg rechtfertigt sich auf den Vorhalt bezüglich der vielen Klöster: »Wenn die in der Welt Lebenden von Räubern überfallen und halb tot geschlagen werden, erfahren sie es, wie gut es ist, wenn die Herberge nahe ist.«

Stolze Fuhrleute

Herr der Landstraße war einst der Fuhrmann. Er verfrachtete und verteilte die Güter des Landes, trieb Handel, war

Brücke von Land zu Land, Mittler und Wahrer wirtschaftlichen Wohlstandes. Darum hatte der Landesherr das Gewerbe des Fuhrmanns mit reichlichen Vorrechten ausgestattet.

Die Straße von einst, besaß nur zwei Wagenbreiten. Das Ausweichen zweier Fuhrwerke war darum immer ein Problem. Erschien der privilegierte Fuhrmann mit seinem Gespann, dann hatte jedes andere Gefährt ihm Platz zu machen, d. h. es mußte an den äußersten Straßenrand weichen. Jeder Straßenbenutzer kannte das Peitschensignal des privilegierten Fuhrmannes, wich er nicht aus der Fahrbahn, konnte es ihm passieren, daß ihn die Fuhrmannsfäuste unsanft von seinem Wagen rissen und traktierten.

Fuhrleute waren stolze Leute. Mit Stolz trugen sie an den Feiertagen ihr blaues Staubhemd, das kunstvoll eingefältelt und reich gestickt oder mit reichgewirkten bunten Borten besetzt und besäumt war. Neben einem schön gearbeiteten Peitschenstiel oder »Goaßlstock« gehörte ein nicht selten kunstvoll geschnitzter Wanderstock zum Handwerkszeug. Dazu kam eine ständig qualmende Pfeife.

Und a lustiga Fuhrmo, was is er denn wert?
Bei der Nacht a schöns Deandl, beim Tag a schöns Pferd.

Wohlgenährt gingen die Rösser in den Strängen. An ihrem Lederzeug funkelten Messingbeschläge, sauber gestriegelt und gekämmt waren Mähne und Schweif. Vom Kummet des Handgauls hing gegen Ungeziefer ein Dachsfell samt Kopf herab. Aus dem weit aufgerissenen Dachsmaul leuchtete der rote Rachen und wehrte gemeinsam mit einem roten Tuchlappen, »Wahhadern« oder »Staubhuttn« genannt, die bösen Geister ab, die den Pferden Unheil und Krankheit bringen konnten. Denn:

Das Dachsfell am Kummet
kennt keine Not,
schützt Roß und Reiter
vor Krankheit und Tod.

Dem schützenden Zweck dienten auch die Zierplättchen
und -schnallen am Lederzeug. Wenn die Unholde sich im
Messing spiegeln sehen, dann müssen sie nach dem Volksglauben vor dem Anblick ihrer eigenen Häßlichkeit fliehen.
Der messingene Roßkamm am Kummet hatte den Erzfeind
der Rösser, die Drud abzuwehren. Diese schlich des Nachts
in die Ställe, stieg auf die Pferde und ritt die armen Tiere so
lange, bis ihnen der Angstschweiß ausbrach. Dann flocht sie
ihnen Mähne und Schweif zu unentwirrbaren Zöpfen. Fuhrleute, die mit ihrem Gefährt bis nach Italien kamen,
schmückten das Pferdegeschirr außerdem mit den dort gebräuchlichen Kaurimuscheln. Kein richtiger Fuhrmann vergaß, eine »Adernzunge«, eine Natternzunge, in seinen Peitschenstiel einzuflechten, weil dann seine Pferde imstande
waren, selbst den steilsten Berg zu bewältigen. Kaum einer
auch, der nicht im stillem Gedenken seinen Hut lupfte oder
ein heimliches »Gelobt sei Jesus Christus!« sprach, wenn er
an einer durch Geister- und Gespenstergeschichten verrufe-
nen Unfall- oder Mordstätte oder am Marterl eines Verunglückten vorüberkam, dessen arme Seel' vielleicht noch nicht
erlöst war.
Schwer und wuchtig war so ein Fuhrmannswagen gebaut
und mit einer wasserdichten Plane überdacht. In die Deich-
selgabel war das »Rollfaßl« des eisernen Geldbehälters ein-
gefügt, so daß dieser nur nach Entfernung der Deichsel
abgenommen werden konnte. Hatte der Fuhrmann keinen
scharfen Wachhund bei seinem Wagen, dann nahm er nachts
die Geldkasse mit in seine Schlafstelle. Am Wagen hing das
Futtersieb, dazu schaukelte die Laterne neben zwei Schmier-

Hugo Engl, 1852–1926
Studie (Bleistift)

büchsen. Unter dem Wagen lagerte in einer zwischen der Vorder- und Hinterachse schwebenden Schwinge das Fuhrmannswerkzeug, die schweren Wagenketten, Hacke und Stemmeisen, Hammer und Winde. Eine Truhe barg ein paar Habseligkeiten des Fuhrmannes, frische Wäsche, die Roßdecken und das Wigwam für den Hund. Begleiter war meist ein Spitz, der zu Frachtwagen und Fuhrmann gehörte wie der Knopf zum Kirchturm. Tagsüber umkreiste er mit hängender Zunge den Wagen. Plagte ihn der Übermut, dann zwickte er der Abwechslung halber einmal einem Gaul ins Bein oder er keifte und belferte, wenn er schlecht aufgelegt war, mit bleckenden Zähnen vom Fuhrmannssitz herab.

Wochen- und monatelang knarrte der Frachtwagen durch die Landschaft, durch alle Gunst und alle Tücke der Wetter. Kam ein Stadttor in Sicht, knallte der Fuhrmann mit der Peitsche einen Einzugsmarsch. Wupp, sprang der Spitz dem Handgaul auf den Rücken und saß dort, ganz Würde, mit aufgebogenem Schweif und hochgestellten Ohren, die glänzende Nase unternehmend in die blaue Luft gestreckt. Und der Handgaul schaukelte die Handvoll Würde mit wohlwollender Väterlichkeit über die Pflastersteine zum nächsten Tor hinaus oder zur Rast und Einkehr in die Fuhrmannsherberge.

Kaum hielt dort der Wagen, stürzte die bedienende Magd herbei, dem Fuhrmann die Geißel abzunehmen. So war es Brauch. Das Beste, was Küche und Keller zu bieten hatten, wurde dem Fuhrmann aufgetischt. Ihn bediente man vor allen anderen Gästen. Das entsprach seinem Ansehen. Fand sich der Fuhrmann genügend geehrt, dann ging es in der Wirtsstube alsbald lustig her, denn der Trunk lockerte seine Zunge. Was er auf seiner Reise erlebt, was er gesehen und gehört, vor allem, was er über die politische und wirtschaftliche Weltlage in Erfahrung gebracht hatte, das spann er in langen Fäden um eine andächtig lauschende Zuhörerschaft, die sich an seinem Tisch zusammengefunden hatte und die stets nach einer solchen »lebendigen Zeitung« dürstete. Sprichwörtlich war im ganzen Land die Ehrlichkeit dieses Standes. Er genoß Kredit bei der Kaufmannschaft wie bei den Herbergvätern, und es war gar nichts besonderes, wenn man einem Fuhrmann, dem die Pferde verunglückt waren, auf Handschlag das Geld zum Ankauf von Ersatzpferden vorstreckte, damit er die ihm anvertraute Fracht an Ort und Stelle fuhrwerken konnten.

Vom Botenwesen

Eine Nachrichtenübermittlung gab es schon bei den ältesten Völkern. Die Sumerer bedienten sich dazu eigener Läufer, zur Zeit des Tacitus (55–116 n. Chr.) geschah sie u. a. durch Kaufleute. Auf deutschem Boden kannte bereits das fränkische Reich reisende königliche Gesandte oder Königsboten. Später ging der Nachrichtendienst auf die Handelsleute über, die bei ihren Reisen die berufenen Vertreter der Briefbeförderung waren. Hieraus entwickelte sich mit kleinem Güterverkehr das private Botenwesen.

In einem Plahenwagen fuhrwerkte der »Bot« landwirtschaftliche Produkte und Bodenerzeugnisse in die benachbarten Marktflecken und Städte. Mitten in der Nacht trat er seine Fahrt an. Hatte er seine Fracht abgesetzt, ging es an die Abwicklung aller möglichen schriftlichen und mündlichen Aufträge und Benachrichtigungen. Es gab keine Angelegenheit, die nicht seinem findigen Kopf und seiner Diskretion anvertraut worden wäre:
Da war für den Herrn Vetter und die Frau Bas auf dem Lande zu erkunden, ob der neue Erdenbürger, der inzwischen in der Stadt angekommen sein mußte, »a Deandl oder

a Bua worn is« und ob nachher die Frau Bas sich schon wieder »zusammengeklaubt« habe. Im Knabenseminar war dem Lenzn Sepperl, der in der Lateinschule »auf geistlich« studierte, auszurichten, daß es diesmal mit der Scheckn »nix gwesn is«, daß aber dafür »d'Fanni vor vierzehn Täg gfüllt hat«. Dem Kaufmann Oberhuber läßt die Kramerin bestellen, er solle ihr kein so windiges Briefpapier mehr schicken, weil die Madln vom Land auch wissen, was sich gehört. »Und dö schmeckatn Glasln san scho lang ausgangen und dös feine Häckelgarn, dös die Frau Lehrer für den Einsatz in ihre Paradekissen braucht, hat der Kramer auch noch nicht geschickt!« Draußen vor der Stadt hat der »Bot« dem Xaverl in der Schweren-Reiter-Kasern von der Stelzinger Lisl ein Gselchtes abzugeben. Sie laßt ihm außerdem sagen, »daß da Sunnleitner Irg auf da letztn Tanzmusi mitn Katerl vo da Binderwabn tanzt hat und daß de Bachmoar Zenz Stianghansln hat müaßn. Und iatzt gehts mit an andern!«
Beladen mit Frachtgütern und Neuigkeiten aller Art kehrt der »Bot« wieder in seine Dorf zurück.

Gutgeleitete Botenanstalten mit beamteten Boten für den Briefdienst bestanden in allen deutschen Städten schon um die Wende des 15. Jahrhunderts. In Bayern amtete der kurfürstlich fahrende »Both«. Jeden zweiten Dienstag ging der kurfürstliche »Salzamtboth« von Reichenhall über Traunstein, Wasserburg nach München. An Montagen, Donnerstagen und Samstagen fuhr der »Stadtboth« von Reichenhall nach Salzburg. Alle Sonntage ging die Briefpost von München über Traunstein nach Reichenhall. »Vom Chiemsee kommt alle vier Wochen der fahrende Both; wohnt beim Birnbaumbräu in der Theatiner-Schwabinger-Gasse«, heißt es in der Chronik.
Auf kleineren Strecken versah auch gerne eine Bötin den Nachrichtendienst und den kleinen Güterverkehr. Wie eine

aufgezogene Weckeruhr lief sie ihre Aufträge, Bestellungen und Botschaften ab, brachte auch die Zeitung über Land und Neuigkeiten. Auf dem Rücken trug sie einen Korb für Ver- und Einkäufe, am Arm einen Korb, meist mit in Gsott eingelegten frischen Eiern und mit Butter, und in der Hand das Parasol, oder sie schob einen Schubkarren vor sich her, wie bei uns daheim das Bernauer Lisei, die Bötin von Bernau.

Sie war die letzte und in ihrer Art wohl einmalig. Nicht nur Briefe und Waren, sondern auch viel Geld ging im Laufe eines langen Lebens durch ihre Hände. Obwohl sie geistig nicht besonders rege war, erlitt ihre geschäftliche Tüchtigkeit keine Einbuße.

Wöchentlich dreimal pendelte sie mit ihrem Schubkarren auf der schattenlosen Straße zwischen Bernau und Prien. Beide Orte waren damals schon durch die Eisenbahn miteinander verbunden. Das Lisei liebte die Ordnung. Es hob jeden »Roßpolln« (Pferdeapfel) auf und schleuderte ihn auf den Acker oder in die Wiese. Kein Papier ließ sie liegen. Das Lisei hatte ein Gedächtnis wie ein Sack, in dem viel Platz fand. Das war notwendig, denn das Lisei war immer mit Aufträgen und Bestellungen überhäuft.

»Also, Herr Lehra, an viertl Zentna Mehl Nr. . . . An viertl Zentna Nr. . . . fürn Herrn Hager. An viertl Zentna Nr. . . .«, so mahlte ihre Mundmühle unaufhörlich, langsam und sicher bis zum nächsten Haus, in dem die nächste Bestellung hinzukam.

Das Lisei war mit unserem Herrn Sekretär Karpfinger insofern wahlverwandt, als es auch im Winter im Chiemsee das Eis zum Baden einschlug. Während der Botenfahrten nahm es gerne die Gelegenheit wahr, in das Wasser zu steigen. So wieder einmal, als es mit seinem Schubkarren an den Mühlbach in der Nähe des Feßlerschen Sägewerks kam. Die Sonne brannte und das Wasser lockte. Das Lisei schob das Gewand in die nächste Staude und stieg in die kühlende Flut.

Aber der Mühlbach, der an diesem Tag besonders hochging, nahm dem Lisei nicht nur die überflüssigen Hitzen, sondern trug die Bötin ein Stück weit mit sich fort. Es soll ein Anblick für Götter gewesen sein, als die bachentstiegene Venus prustend und schimpfend im Sturmschritt den Stauden und ihren abgelegten Hüllen zustrebte.

Ich sehe das Weiblein noch vor mir, den wetterverwaschenen Rock einmal vorne, einmal hinten ein gutes Stück in den ledernen Taillengürtel geschoben. Hier hing von ihrem Gewand ein Fetzen herunter, dort ein anderer. Es kam dem Lisei gar nicht darauf an, ob ein kleinerer oder größerer Triangel oder ein ausgewetztes Loch im Gewand saßen. Viel hatte das Lisei ohnehin nicht an. Auffallend war der breite lederne Traggurt vom Schubkarren, schräg über die Schulter gelegt. Er schnitt tief in Brust und Schulter ein, Jahre und Jahre lang, bis Gottes Bote das Lisei von der brennheißen Bernauer Straße und seinem Schubkarren schnurgerade in den himmlischen Ruhestand abrief.

Außer dem Bernauer Lisei gab es auch noch die Bötin von Wildenwart, die meist nur den Sommer über in Botendiensten der Erzherzogin Adelgunde auf Schloß Wildenwart stand. Im Jahr 1944 starb der letzte Laufener und Salzburger Bote Martin Seeleitner. Mit ihm erloschen die Gerechtsame der Boten.

Der mündliche Nachrichtendienst hat sich bis heute auf dem Lande erhalten. Trägerin ist die »Seelnonn« oder Leichenbitterin, die in Todesfällen die Gesippten der betroffenen Familie und deren Bekannte von dem Todesfall in Kenntnis setzt und zur Beerdigung bittet.

Noch vor einigen Jahren übergab man der Bötin in Palling bei Traunstein das Einladungs-Inserat zu einer Fidelio-Aufführung in Palling. Auch das Programm und die Rollenbesetzung wurden ihr zur Veröffentlichung in den Traunsteiner Zeitungen mündlich aufgegeben. Was bei der Übermittlung an Wort- und Namensverdrehungen herauskam und im Inserat erschien, mag sich jeder Leser selbst vorstellen.

Zum mündlichen Botendienst zählte auch der Feuerreiter. Sein Amt war so wichtig, daß der Name an der Gemeindetafel angeschlagen stand. Daneben gab es im Gebirg den Wasserreiter. Er meldete, daß die Gebirgsbäche und -flüsse »ausgießen« werden und warnte die Dorfbewohner vor Hochwasser.

Der Hausl

Hauptzeiten für den Güter- und Personenverkehr auf dem Lande waren Markt- und Schrannentage. Da stauten sich die Botenfuhrwerke und Schrannenwagen, die »Schäsn«, auch bessere Kutschen, vor den Einstellwirtshäusern. An solchen Tagen war der Hausl (Hausknecht) »Moar«.

Wie die Schwalben zur Brutzeit, so flitzte er an den »gnädign Däg«, an den Tagen mit Hochbetrieb, durch Stall und Wirtsstube. Er half der jungen Salvermoserin, die vom letzten Kindsbett her einen »schiachn Hax« hatte, vom Wagentritt herunter. Er lupfte das kleine Katherl mit einem Schutzer auf d'Höh und reichte es der Mutter auf das Pflaster nach. Er fuhr mit seinem bunten Schneuztüchl dem Herrn Kaffeereisenden geschwind noch einmal über die blank gewichsten Stiefel, blies dem Herrn Verwalter ein letztes Stäubchen von seinem samtenen Rockkragen und hieb zwischen Tür und Angel dem Simer Anderl, dem besten Viehhandler im Gäu, aus dem Schnupftabaksglasl eine Nasevoll »Brasui« auf den Handrücken. Etwas wie Geborgenheit ging von so einem Hausl aus, daß selbst ein bissiger Häuter unter seinem Zuspruch fromm in den Unterstand ging.

Um alles kümmerte er sich, jedem wußte er einen geschäftigen Rat. Denn wozu hätte er sonst als »a Oaschicht« (ein

Lediger) ein langes Leben hindurch von Stallgeldern und Trinkgeldern ein »Gerschtl« zusammengekratzt, wenn er es nicht einem, der gerade in Nöten steckte, auf Treu und Handschlag geliehen hätte.

Ein tüchtiger Hausl war die Sparkasse und das Konto seines Herrn. Er war Arbeitstier, das Tag und Nacht nicht aus den Sielen kam. Er war der erste, der aus den Federn kroch, der letzte, der die Kerze in seiner Kammer löschte. Oft war er schon bei dem alten Herrn selig als junger Bursche in den Dienst getreten und nach dessen Tod mit dem Geschäft auf den Sohn übergegangen. Dann hat der Hausl dem jungen Herrn seinem Felix auf den Knien das Reiten gelernt. Und jetzt ist auch der Felix schon wieder ein junger Bursche, sauber und gwandt, wie der Hausl selbigsmal gewesen ist, als er beim alten Herrn in den Dienst eingestanden ist.

Solch ein Hausl bekam auch seine »Leich«. Vor dem Wirtshaus stauten sich an solch einem Tag die »Bauernschäsn«. Die Bauern gingen in langschößigen Feiertagsröcken und Harmonikastiefeln hinter der weißgestrichenen »Trucha« her wie hinter einem aus der eigenen Freundschaft. »Richtig is er gwen, der Hausl. An saubern Stall hat er ghabt, der Hausl. Um koa Körndl Habern hat er Di bschißn, der Hausl, und d'Roß, mei Liaba, d'Roß, dö hat er kennt, als wenn er a jeds selba aufzüglt ghabt hätt«, hieß es dann.

Der singende Nachtwachter

Mit dem Hausl von anno dazumal hat sich auch der singende Nachtwachter zur ewigen Ruhe begeben. Lang ist es her, da hinkte unser alter Steglackner harten Schrittes an der Schlafstube vorbei! Noch höre ich ihn mit blecherner Stimme die nächtlichen Stunden ausrufen, und noch weiß ich, wie ich mich freute, als auch er hatte sterben müssen. Er war nämlich von seinem Hauptberuf her Totengräber und hatte viele Leute, die ich gerne gehabt hatte, begraben. Am Leben geblieben aber sind die Verse, die er und seine »Zunftgenossen« gesungen hatten.

Nachts zehn Uhr begann der Steglackner mit der Ausrufung der Polizeistunde seine Wanderung durch unsere Dorfgassen:

> Liebe Herrn und Frauen, laßt euch sagen,
> der Hammer hat zehn Uhr geschlagen.
> Gebt acht auf Feuer und Licht,
> bei unserer Lieben Frau und heiligen Florian,
> gelobt sei Jesus Christus – Amen.

Hatte der Steglackner den Tag über mit irgend jemandem Streit, dann gedachte er seines Gegners mit dem Zusatz:

> Gebt acht auf Feuer und auf Kohlen,
> den Huber Max soll der Teufel holen.

Eine zweite Fassung seines Stundenrufes lautete:

Losts auf ihr lieben Leut, was heut der Wachter schreit, der euch die ganze Nacht zu jeder Stund bewacht.
Losts und laßt euch sagn, der Hammer hat schon zehne gschlagn.
Gott grüßt euch um die selbe Stund, die er euch verkundt. Hat zehne gschlagn.
Aufs Feuer und aufs Licht gebt fleißig acht, Gott geb euch eine glückselige Nacht.

Bis zu Beginn des 20. Jahrhunderts sang der Nachtwachter in der Au in Traunstein – seine Hellebarde steht dort im Heimatmuseum – den Salinern die Stundenrunde. Er begann

im Winter um neun Uhr, im Sommer um zehn Uhr und
schloß um vier Uhr bzw. zwei Uhr morgens.

Um 9 Uhr geht das Wachen an,
In Gottes Namen sei's getan.
Hört ihr Herren, laßt euch sagen,
Unsere Glöck hat zehn geschlagen.
Zehn sind der heiligen Gebot,
die uns gab der Herr, der Gott.

. . . hat elfe gschlagn.
Elf Jünger blieben Jesus treu.
hilf, daß bei uns kein Abfall sei.

. . . hat zwölfe gschlagn.
Zwölf Uhr ist das Ziel der Zeit.
Mensch, denk an die Ewigkeit.
Zwölf Apostel waren beim Herrn,
oana hat's erst müssen wern.

. . . hat eins geschlagen.
Eins tut not, Du treuer Gott,
Gib uns einen seligen Tod.

. . . hat zwei geschlagen.
Zwei Wege hat der Mensch vor sich.
Herr, den schmalen führe mich.

. . . hat drei geschlagen
Drei sind es in der Christenheit.
Gott Vater, Sohn und Heiliger Geist.

. . . hat viere gschlagn.
Vierfach ist das Ackerfeld,

Mensch, wie ist Dein Herz bestellt?
Auf, ermuntert eure Sinnen,
denn es weicht die Nacht von hinnen,
danket Gott, der euch die Nacht
hat so väterlich bewacht.
Hausmagd, steh auf, mach Feuer und Licht im Haus,
kommt der Morgenstern, der leucht uns alle gern.
Der leucht uns allen gwiß,
gelobt sei Jesus Christ.
Hat vier Uhr gschlagn.

Daß der Nachtwächter bereits um vier Uhr den Ruf ertönen
ließ: »Hausmagd steh auf, mach Feuer und Licht im Haus!«
ist erklärlich, wenn man bedenkt, daß in den Jahren, in
denen dieses Lied entstand, Licht und Feuer mit Feuerstein
und Zündschwamm zu machen waren; ein schweres Stück
Arbeit, die, wenn Zündschwamm, Feuerstein und Holzspäne nicht ganz trocken oder sonst nicht in Ordnung waren,
bis zu einer Stunde dauern konnte. Wollte sie dennoch nicht
gelingen, ging man in die Nachbarschaft und holte sich mit
der Laterne Licht oder erbat sich einige glühende Holzkoh-
len. Eine Hausmagd, bei der dieses öfters vorkam, konnte
sicher sein, im Fasching ausgespielt, zumindest am Palmsonntag als Palmesel verspottet zu werden.
Aus Teisendorf stammt folgendes schöne Nachtwächterlied:

Ihr Herrn und Frauen laßt euch sagen, / der Hammer hat
neune gschlagn, / gebt acht auf Feuer und auf Licht, / damit
niemand kein Schaden nit gschiecht.
Da loben wir Gott den Herrn und Unsre Liebe Frau,
die unbefleckte Jungfrau.
Da hab i no a Bitt,
vergeßt die armen Seeln im Fegefeuer nicht,
nehmt es tief zu Herzen,

denn sie leiden große Schmerzen.
Hat neune gschlagn.

In der Neujahrsnacht fügte der Nachtwächter seinen Neu-
jahrswunsch an:

> Wir danken Gott für dieses Jahr,
> daß er uns so treu bewahret hat.
> Behüte uns, o lieber Gott,
> vor Feuer, Unglück, aller Not.
> Was ihr Euch wünschet werde wahr,
> drum wird schöner noch das neue Jahr.
> Hat zwölfe gschlagn.

Der letzte Stundenruf hieß das »Abdanken«. Es wurde an
manchen Orten beschlossen mit der Ermahnung:

> Laßt uns beten aus Herzensgrund
> um eine glückselige Sterbestund.

Schließlich hat der Nachtwächter da und dort seinem Stun-
dengesang ab Mitternacht die Wettervorhersage angefügt.

Der Quartierer

Bevor im Jahre 1889 das Gesetz der Alters- und Invaliden-
versorgung in Kraft trat, oblag die Sorge für alte, arbeitsun-
fähige und bresthafte einschichtige Personen der jeweils
zuständigen Dorfgemeinschaft. Weil aber die Armut, ver-
schuldet oder unverschuldet, allzeit und überall zu Hause
ist, darum hatte jedes Dorf wenigstens zeitweise seinen
»Quartierer«. Dieser war ein klägliches Häuflein Mensch,
das, ohne feste Heimat und von Gott und der Welt verlassen, auf seiner Erdenfahrt zuletzt »auf die Gmoa« gekom-

men war, um dort sein kümmerliches Lebenslicht ausbrennen lassen zu können. Quartier und Nahrung hatten die Anwesenbesitzer des Dorfes zu stellen, wobei sich die Zahl der Verpflegungstage jeweils nach der Höhe der Haus- und Grundsteuerabgaben richtete. Auch alte, einschichtige und gebrechliche Weiberleut wurden auf solche Weise ernährt. Die Wanderung von einem Quartier zum anderen trug den hochtönenden Namen »Frauenumgang«.

Unter diesen Quartierern befand sich mancher Hallodri, der seiner Lebtag nur »unsern Herrgott an guatn Mo« hatte sein lassen, mancher Saufbruder, dessen Hab und Gut und Verdienst durch die Gurgel geronnen war, bis er schließlich beim Fusel strandete. Glichen die einen dem »heulenden Elend« und kugelte ihnen bei der geringsten Veranlassung Träne um Träne den struppigen Bart hinab, so wußten andere selbst dieser Erbärmlichkeit ihrer letzten Lebensspanne eine heitere Note abzugewinnen:

Warum soll i denn hausn,
hab i ja Sach grad gnua,
a Trucha volla Hadern,
bring an Deckl kam zua.

– Und warum weinen? Immer noch kam das Glück gegangen, kam eine Gelegenheit, bei der irgend jemand aus ehrlicher Barmherzigkeit oder in einem Anfall großtuerischen Übermutes dem »armseligen Häuter« und »Gmoafrass« einige Pfennige für ein Stamperl Schnaps zuwarf.

Freilich gab es unter den Gemeindearmen auch Leute, die vom Schicksal geschlagen waren. Ein ganzes Leben lang hatten sie gewerkelt und suchten auch jetzt noch durch kleine Dienstleistungen das Bettelbrot in eine ehrlich verdiente Gabe umzuwandeln.

Viel Wesens wurde in einem bäuerlichen Haushalt um einen

Quartierer nie gemacht. Es ging ihm dort nicht gut, und es ging ihm auch nicht schlecht. Man nahm ihn hin wie das schöne und das grobe Wetter, sah ihn ohne die mindeste Gemütsbewegung kommen und wieder gehen. Vielleicht empfing man ihn einmal mit einem über die Schulter hingesprochenen: »San ma wieda da?« und erwiderte sein »Vergelts Gott!« beim Abschied mit einem »Gsegns Gott!«. War die Bäuerin sehr gesprächig, dann murmelte sie auch hinter seinem zur Tür hinaus verschwindenden Rockzipfel ein »Pfüat di!« nach.

Den Sitzplatz hatte der Quartierer auf der Ofenbank. Dort aß er sein Essen, wie solches auf einen Dienstboten traf, und für die Nacht fanden sich leicht ein Winkel im Stadel oder in der Schupfe und Stroh und Heu für ein Schlafnest. Es gab indessen auch Quartierer, die neben ihren wenigen Habseligkeiten an »Gwand« ihr eigenes Bett in die jeweilige »Loschi« mitbrachten. Freilich eine Haut nur, daß Gott erbarm! Doch es war immerhin ein Bett und eine Art Heimat, darinnen der Quartierer, wenn es einmal so weit war, in Ruhe »seinen letzten Schnauferer« tun konnte. Dann aber lag er trotz seiner Armut mit derselben Feierlichkeit auf dem Schragen wie der Großbauer selbst, dem der Herr auch keine andere ewige Ruhe zu geben hatte.

In der Gaststube zum »Alten Wirt« in Bernau war neben dem Türstock in die Mauer ein Weichbrunnkesserl eingelassen und an diesem eine eiserne Sparbüchse befestigt. In ihr opferten die Gäste für die Armen einen Kreuzer vom gewonnenen Kartenspiel oder sonst ein Almosen. Feststehender Brauch war, daß der Bauer, der dem Wirt ein Kalb geliefert hatte, von dem »Kaiblgeld«, das er am Sonntag ausbezahlt bekam, je nach Freigebigkeit einen Gulden oder mehr einlegte. Eine ähnliche eiserne Sparbüchse mit der Aufschrift »Almosen für die Armen« sah ich auch noch im Jahre 1940 an einem Haus in Waging.

Friedrich Johann Voltz, 1817–1886, Gänsemagd (Bleistift)

Vereine,
Feste und Spiele

War das Dorf aus seiner Geschlossenheit herausgetreten und hatte es sich den Errungenschaften und dem Fortschritt in Handel und Wandel angeschlossen, war es also seinem ursprünglichen bäuerlichen Kern entwachsen wie die Buben ihren kurz gewordenen Hosen, ländlich blieb es dennoch.

Selbstverständlich mußte dabei die formale Struktur des ländlichen Dorfes gegenüber der des bürgerlichen einschneidende Wandlungen erfahren: Aus dem bäuerlichen Gesicht wurde ein bürgerliches, von Handwerk und Gewerbe repräsentiert.

Den ersten offiziellen Anschluß des ländlichen Dorfes an die Schlagader allen wirtschaftlichen Lebens, den Verkehr, verkörperte die Person des Herrn Bahnexpeditors oder die des Herrn Posthalters. Ihnen folgte als Pionier der Wissenschaft der Landarzt.

Während das bäuerliche Dorf sich nach Eintritt der Feierabendruhe schlafen legt, hat der Bewohner des ländlich-bürgerlichen Dorfes das Bedürfnis, nach des Tages Mühen sich einander mitzuteilen, im gegenseitigen Austausch der Gedanken, der Ideen und der Weltanschauungen sich zu entspannen und neue Gesichtspunkte und neue Daseinswerte aufzunehmen. Mittel zu diesem Zweck sind ihm gesellige Zusammenschlüsse, in denen gleich zu gleich findet. Außer den gewerblichen und handwerklichen Zwecken dienenden Zunftvereinigungen bestreiten· nun den gesellschaftlichen Fundus des bürgerlichen Dorfes der Schützenbund, der Veteranenverein, die Vereinigung der Sangesbrüder und die freiwillige Feuerwehr.

Vom Schützenwesen

Das Schützenwesen führt zurück in die Zeit, in der Feindschaft gesetzt war zwischen Mensch und Tier und noch Stein, Keule und Pfeil den Menschen als Waffen dienten.

Nachfolgende Zeiten bedurften der Waffe zum Schutze und zur Verteidigung von Hütte und Herd und zur Verteidigung der Stammesgenossen. Dieses Recht auf die Waffe war des freien Mannes vornehmste Zier, denn der unfreie Bauer mußte sich mit Hacke und Spieß begnügen.

Als man dann mit Einbruch des Mittelalters zur Gemeinschaftssiedlung überging, sich also der Städtebau zu entfalten begann, und die innerhalb der Mauern Wohnenden auf sich selbst und ihre eigene Hilfe angewiesen waren, wandelte sich das Recht. Niemand konnte Bürger werden, wenn er nicht neben sonstigen Aufnahmebedingungen auch noch »ein guets neves Armbrust«, die Waffe der damaligen Zeit, mitbrachte. Mit ihr hatte er die Mauern seiner Stadt oder seines befestigten Dorfes zu schützen und, rief der Landesherr zum Heerbann auf – ein stehendes Heer kannte diese Zeit nicht, sondern nur ein Heer von Söldnern, das gegen Bezahlung diente – die Grenze des Landes zu verteidigen. Aus der Not geboren, blieb die Freude an der Waffe über alle Zeit hinweg dem wehrfähigen Manne im Blut. Aber nicht immer war Fehde und Krieg, und »Rasten bringt Rosten«. So schloß man sich zur Übung der Waffenkunst in Körperschaften zusammen.

Die Waffe bedeutet im Augenblick feindlicher Gefahr dem, der sie führt, Leben und Tod. Vielleicht war dieses Bewußtsein des Stehens auf der Schwelle vom Diesseits zum Jenseits die Ursache dafür, daß die frühesten Körperschaften Waffenkundiger sich von ihren Anfängen an den Himmel empfahlen und den religiösen Charakter ihres Zusammenschlusses in der Bezeichnung »Schützenbruderschaft« zum Ausdruck brachten. Der Name »Schützenbruder« erfreut sich ja auch heute noch großer Beliebtheit. Die ersten Schützenbruderschaften stellten sich unter das Patronat des hl. Sebastian, der durch Pfeilschüsse den Martertod erlitten hatte. Bekannt sind eine »Sanndt Sewastians Zech« zu Neuötting und eine Schützenbruderschaft zu Aibling.

Ursprünglich waren es Zusammenschlüsse der Armbrustschützen, denn noch zu Ende des 15. Jahrhunderts überwog bei kriegerischen Unternehmungen deren Zahl vor der der »Püxenschützen«. So sah das ausgehende 14. Jahrhundert an fast allen großen Plätzen Schützenbruderschaften oder -vereinigungen: Die Schützengesellschaft Reichenhall nennt als Gründungsjahr das Jahr 1309, der Traunsteiner Schützenbund das Jahr 1311 und die Wasserburger Schützengilde das Jahr 1528. Auf ein ehrwürdiges Alter können sich auch die Schützen von Aschau berufen. Auf ihre »Schützen- und Schießensordnung auf der Hochgräflichen Herrschafts-Schießstatt in Aschau« hat der Aschauer Herrschaftsrichter, »der Ehrnvesst Woll fürneme Herr Georg Sämmer von Ambts und Obrigkeits wegen, auch auf der Schützen selbstiges anhalten und bitten, sein eigen Insigl hiefür getruckht. Beschechen am tag Philippi et Jacobi den ersten Monathstag May nach Christi unsers Lieben herrn und Seligmachers Gnadenzeichen geburth Im Ain Tausend Sechshundert und Siebente Jahr«. Die Aschauer Gebirgsschützen rückten einst mit Stutzen, Schurzfell, Rucksack und Steigeisen aus. Noch um das Jahr 1862 hatten sie drei Offiziere, drei Unteroffiziere, vier Korporale, 10 Spielleute, 2 Pioniere, 33 Schützen. Als Musikmeister fungierte der Lehrer vom benachbarten Frasdorf.

Mit dem Einzug der knallenden Feuerrohre, also der »Püxen«, gingen die Armbrustschützengilden in die Feuerschützenvereinigungen über, die bereits mit schießtechnischen Vorschriften, mit Moralsatzungen und äußeren Kennzeichen wie Wappen, Fahne und Geldstock ausgerüstet waren.

Während der Sommerszeit veranstaltete man auf Wiesen oder sonst geeigneten Plätzen Schießübungen, ursprünglich mit der Armbrust, dazu jährlich ein Preisschießen, damit die »stadtbürgerliche Wehrmacht«, wie die Schützengilden noch genannt wurden, ihre Ertüchtigung zeigten und so den Beweis erbrachten, daß sie im Ernstfall die Stadt vor feindlichen Überfällen schützen konnten. Das Preisschießen, zu dem einst die Gäste aus nah und fern durch Ladschreiben geladen wurden, gehört noch heute zu den großen Tagen der Schützengilden. Das älteste erhaltene Ladschreiben – es war von den Schützenbrüdern der Stadt Kelheim im Jahve 1404 an die Schützenbrüder in München ergangen – vermittelt dabei auch einen interessanten Einblick in das frühe Schützenwesen und sei darum im Wortlaut aufgeführt:

»Den ehrbaren u. weisenden Schützenmeistern u. allen Schiessgesellen der Stadt zu München. Unseren willigen Dienst wisst vor Liebe Herrn u. Freunde. Wir lassen euch wissen, um die Abentheuer, die wir zu uns gebracht mit Schiessen vor euerer Stadt zu München nach Gewohnheit derselben der Stadt, die sie ausgegeben hat, nach derselben Gewohnheit wir dieselben Abentheuer ausgerufen und ausgesetzt haben, darum zu schiessen an den nächsten Sonntag nach St. Johannistag zu Sonnenwenden. Es sind die Abentheuer ein würdiger Widder, ein Paar Hosen, eine rothe Haube, daran hangen vier silberne Schilte, ein Reisspitz, ein Armbrust, ein Schiesszeug, ein Schwert und unsere Bessung nach Ehren. Welche Armbrust die Abentheuer gewinnt, der hat einen silbernen Ring voraus. Darum Liebe Herrn, Freunde und Gesellen, bitten wir euch mit allen Fleiss, dass ihr auf ehgenannten Sonntag bey uns zu Kellheim seit u. bey allen Schiessgesellen, die wir euch dazu geladen haben. Versiegelt mit der Stadt Kellheim geheimen Insigel. Datum am hl. Pfingsttag 1404. Von uns Jörgen Schützenmeister u. allen Schiessgesellen der Stadt Kellheim.«

Erwähnte »Abentheuer«, später und noch heute »Best« oder »Vortl« (von das Beste und Vorteil) genannt, waren als Preise in Anerkennung der Schießtüchtigkeit und zur Förderung der Lust an diesem Waffenhandwerk von fürstlichen Personen, von mächtigen Gutsherren, vom Gemeindevorstand, auch von einzelnen Bürgern und Mäzenen der Schützenvereinigungen gestiftet. Sie bestanden ursprünglich in Tieren, etwa Pferden oder Böcken. Noch heute gibt es Bockschießen und »Kirtagans«-Schießen. Den »Tierabentheuern« folgten dann als Preise lederne Hosen, daher die Bezeichnung ein »Hosen-Schießen«, Zinngeschirr, Waffen und anderes mehr.

Die Einführung der Feuergewehre erforderte unfallsichere Schieß-Stätten, deren eine in Reichenhall schon im Jahre 1396 genannt wird.

Abschließend sei noch auf den Spruch verwiesen, der nicht ohne Stolz am Eingang des 1588 erbauten Leipziger Schützenhauses angeschrieben steht:

... Denn durch des Schützen Geschicklichkeit
erhalten wird oft Land und Leut.
Durch Schiessen in Gefahr und Not
Beschützt wird eine ganze Stadt.
Ein ganzes Land und Fürstentum
Erhalten wird durch Schützenruhm.

Die Landfahnen

Im Jahr 1596 ging Kurfürst Maximilian von Bayern daran, zum bisher bestehenden Söldnerheer ein Volksheer zu errichten, das den Namen »Landfahnen« trug. Die dazu Ausgehobenen hatten sich an Sonn- und Feiertagen nach dem Gottesdienst in der Waffe zu üben.

Hiezu erschienen die bayerischen Bauernsöhne zunächst in ihren eng anliegenden Hosen, bis der Kurfürst darauf hinwies, »es sei unmöglich, daß sich der Bauersmann in diesen Hosen recken und strecken könne, wie er sich im Felde recken und strecken muß.« – Also befahl er im Jahre 1602 statt der eng anliegenden eine weit geschnittene Hose.

Solches hatte der Kurfürst zwar wohlweise angeordnet, jedoch ohne die Rechnung mit dem Wirt, d. h. der bäuerlichen Dickköpfigkeit zu machen. Insbesondere im Landgericht Traunstein »manndelten« sie in selbstherrlicher Gepflogenheit auf, nach dem Grundsatz: »Mir san mir und schreim ins uns.«

Klugerweise hatte der Kurfürst, um seine Bauern nicht vor den Kopf zu stoßen, befohlen, die neue Wehrangelegenheit in aller Güte durchzuführen, und er wünschte von den Abrichtern, »sie sollten sich die Zuneigung der kleinen und grossen Hansen erringen.« Dies bedenkend beschloß der Pfleger von Traunstein nach vergeblichen Versuchen, den Rebellierern mit List und Schläue zu Leibe zu rücken: Er verkündete eines Tages vor der Übung, daß er nach Schluß derselben mit seinen Rekruten gemeinsam zu Tanz und Freibier marschieren wolle. In der Vorfreude auf die in Aussicht stehenden Genüsse reckte man sich in der Übung mit Begeisterung, und sogar die »Engbehosten« wurden mitgerissen, obgleich ihre knappen Hüllen an allen Ecken und Enden krachten. Dabei taten sich aber die Nähte auf und die Hemdzipfel entschlüpften ihrem sorglich behüteten Gehege. Nichtsdestotrotz trat man den Marsch zum Tanzboden an. Bei aller Bemühung seitens der »Blessierten« war es nicht zu verhindern, daß unerlaubte Blößen mehr und mehr sichtbar wurden und sich in wahrhaft strafwürdiger Ungeniertheit dem Spott, vor allem der holden Weiblichkeit, preisgaben. Die weiten Hosen hatten sich durchgesetzt. Die Schützengilden wurden staatserhaltende Korporationen. Die Landesherren bedienten sich dieser freiwilligen Waffenkundigen zur Verstärkung ihres Söldnerheeres.

Über diese Landfahnen berichtet Karl Primbs in seinem Buch »Schloß Hohenaschau und seine Herren«: Bis zum Jahre 1603 waren in den drei Gerichten Hohenaschau, Wildenwart und Söllhuben 90 Mann »Landfahnen« eingekleidet worden, was zu den inclusive Armatur 2476 fl, 53 kr, 2 Pfennige erforderte. Für Letztere waren allein 673 fl, 25 kr. aufgewendet worden. Im Jahre 1604 wurden 28 weiße und blaue Schützenröcke gemacht, 33 schwarze Federn auf die Schützenhüte gesteckt, da alle Soldaten mit Federn versehen sein mußten, von denen das Stück 20 kr kostete. An den Kaufmann Hafner in München bezahlte man »für sammt Farb englisch Tuch zu Hosen, gelb meixnisch Strumpftuch, gelb Federrueth Arrosenporten, Zwirn, Kneifeln und etlich Dutzend gläserne Knöpfln 416 fl. 36 Kr.«

Die Gebirgsschützen

Eine besondere Stellung unter den Schützen nahmen die Gebirgsschützen ein. In jenen Zeiten, da der österreichische Adler seine Fänge über die Tirolischen Alpen zu strecken trachtete, in jenen Zeiten der Grundstreitigkeiten, die ein und ein halbes Jahrhundert währten, wurden sie laut Aufruf der bayerischen Regierung vom 17. Oktober 1805 zu Kompanien zusammengeschlossen. Ihr Gelöbnis lautete:

Und kommt der Feind ins Land herein
und sollt's der Teufel selber sein,
es ruhen unsre Stutzen nicht,
bis daß das Auge bricht.

Eines ausgezeichneten Leumundes erfreute sich die Schützengilde Miesenbach, das ist Ruhpolding, die nach eigenen Angaben über 500 Jahre alt ist. Von ihr schrieb, wie Peter Bergmeier in seinem Buch »Ruhpolding« erzählt, im Jahre 1708 der Landrichter Endorfer von Traunstein in einem amtlichen Gutachten: ». ... Die Miesenbacher Schützen haben den Ruf, daß sich ihre Vorfahren in älteren Kriegszeiten auf den Grenzen redlich haben gebrauchen lassen, wofür Beweis eine ihnen zur Belohnung gewordene Ehrenfahne ist; die Anhänglichkeit der Gebirgsbewohner an Fürst und Vaterland kann auch unbedingt verbürgt werden.«

Diese Ehrenfahne hatte Kurfürst Maximilian Emanuel den Miesenbacher Schützen verliehen »wegen zu Kriegszeiten treu geleisteten Diensten, zu welchen sie sich auf der gränz mit den Feuergewähren haben brauchen lassen.« (Der Schützengilde von Marquartstein war vom Landesherrn sogar Fahne und Spiel verliehen worden, als Anerkennung »für ihre auf den Postierungen gegen Tyroll und Saltzburg geleisteten wichtigen Dienste.«)

Zum Festschießen im Jahre 1843 verfaßte Schützenmeister Georg Ferchl folgendes Einladungsschreiben:

»Grüss Gott, ihr Herrn Schützen, wir laden fröhlich ein zum Freischiessen auf Bürschgwehr, dasselb thut sein im Monat September, am vierundzwanzigsten in Zell, a halbes Stündl von Ruepling entlegen.

Am Sunnta hebts o und am Monta um Siebn am Abnd is' gar, könnts dann wieder abschiebn. Und 's Fahndl kriagst mit, wannst 's Best hast dermacht. Und fallst sauba durchi, dann ade – guate Nacht. Dös Erst, dös san zwoa und dös Zwoat is a Kran, dazua bei an jedn a sakrische Fahn:

So hat Ma's beim Haupt und a grad so am Glück,
's is net extra brillant, aba do a koa Gfick.

Drei Stechschuss am Glück und drei soiche aufm

Haupt. Um zwoa Guldn, zwölf Kreiza san an jedn
dalaubt. Und kimt no a weni a Standgebühr drein,
so wird dö ganz Einlag a Kranthaler sein.
A Schuss auf'm Glück tuat neun Kreiza gradaus,
Konnst hundert Schuss macha gradaus in oan Saus!

Zwanzg Schritt über Hundert – so lang is dös Trumm –
Gent d'Kugl auf d'Scheibn oder nebnbei rum.
Dö »Gugga« bleibn wecka, verdirbn oan nur d'Augn,
Zehn Zoll hat das Schwarzl, da brauchst net vui
Schaugn, Und obizogn wird – denn mir ham scho dö
Mod – Am Haupt und am Glück nach der Daffnermethod.
An Bürschstutzn nehmts, mir leidn koa Büchs,
Dö Freibüchs wird gschossn, aba aufghobn wird nix.
Dö Punktn wern grittert – auf den bayrischen Brauch
Vom Jahr neunundsechzig, das haltn wir auch,
Jetzt kemmts, meine Schützen, recht zahlreich daher,
es werd enk net reun und uns freut dö Ehr!
's werd woltern fidel – lang denkts no danach
An d'Scheibnschützengesellschaft vom Thal Miesenbach.«

Was das Vaterland von seinen Gebirgsschützen erwartete,
erhoffte, das geht aus einem von Vertrauen in sie getragenen
Aufruf des Kurfürsten zur Bildung der Schützenkompanien
im Jahre 1805 hervor:

»Treue Bewohner des baierischen Gebirges! Ihr wisst, wie
der Churfürst gezwungen worden ist, sich gegen die unge-
rechten Angriffe der Österreicher mit den Waffen zu verteidigen und seine Truppen mit den französischen zu vereinen.
In dieser Lage muss alles zusammenhelfen, um den Feind
aus dem Vaterland zu vertreiben. Schon sammelt sich der
Tiroler Landsturm, um euch in den friedlichen Gebirgen zu
überfallen und eure Weiber und Töchter zu misshandeln.

Dieser Überfall muss abgehalten werden, und wenn er erscheint, so zurückgetrieben werden, dass sie bereuen müssen, eure Gränzen betreten zu haben. Man wird euch mit Mannschaft unterstützen, aber ihr seid am ersten imstande, euch zu verteidigen. Ihr kennt die Wege und Stege, ihr seid treffliche Schützen, ihr seyd herzhafte, brave Männer. Sammelt euch also unter eueren Rotten unter eueren Hauptmannschaften, erfahrene Anführer stellen sich an euere Spitze. Ergreift die Waffen! Euer Vaterland wird bald ganz befreyet sein.«

Wenn auch der Friede zu Preßburg am 26. Dezember 1805 die Auflösung der Kompagnien brachte, bestanden sie weiter fort. Das Jahr 1809 rief sie noch einmal zum Schutz der bayerischen Grenze auf den Plan laut königlicher Verfügung vom 3. Juni 1809: »Alle Landcapitulanten ohne Unterschied werden aufgeboten, ihnen der Feldsold und eine verhältnismässige Vergütung für die Kleidung gereicht und ihnen nach dem Plan nur Cosquett und Mantel gegeben. Aus ihnen soll ein besonderes Corps gebildet werden. Die Armatur derselben besteht in der Muskete mit dem Bajonett, ihre Kleidung und Ausrüstung in einem Chemis und der ehemaligen ›Rumfordischen Kaskete‹, weil es durchaus nicht nötig ist, diesen Leuten ein militärisches Aussehen zu geben.«

Erst mit der Einführung der Landwehrordnung am 7. März 1826 erloschen vorübergehend die Gebirgsschützen-Kompanien. Nicht erloschen aber ist die Lust zum Schießhandwerk. Burschen von Aschau, Reit im Winkl, von Wössen, von Graussau, von Marquartstein, von Ruhpolding und von wo sie alle her sein mögen – den schießkundigen Gebirgler möchte ich kennen, dessen Herz nicht einen himmelhohen »Hupferer« tut, dem das Blut nicht steigt und dem der Finger sich nicht unwillkürlich am Abzug krümmt, wenn im

Karl Raupp, 1837–1918, Künstlerherberge auf der Fraueninsel (Bleistift)

Karl Raupp, 1837–1918, Breitbrunn (Bleistift)

jagdlichen »Gwänd« oder auf der festlichen Zielstatt die Stutzen krachen und das Pulver raucht.

So kommt es auch nicht von ungefähr, daß ein Chiemgauer im Jahr 1873 auf der Weltausstellung von Wien der Meisterschütze war. Und als derselbe sich daraufhin auch noch in einem Oktoberfestschießen zu München 11 Preise holte, sprach König Ludwig I. ihm seine besondere Anerkennung aus und meinte, er solle sich das nächstemal gleich alles holen. Dabei handelte es sich um Josef Strassberger aus Traunstein, gest. 18. Mai 1897 im gesegneten Alter von 92 Jahren.

Der Dichter und Schriftsteller Felix Dahn hat mit greiser Hand dem Traunsteiner Schützenbund den Schützenspruch geschrieben:

> Hoch zielt die Jugend,
> und in die Hand tritt hastig das Herz.
> Doch, weise Mannheit prüft besonnen lang.
> Gern noch einmal überdenkt sie das Bedachte,
> und früher nicht die Sehne lässt der Finger,
> bis schärfer Zusehn nicht das Auge trübt.
> So lang der Pfeil noch auf der Sehne liegt,
> Das höchste Ziel der Erde magst Du retten.

Nach wie vor gehört im Chiemgau das Schießen zum Fest. Wenn es donnert und kracht, daß die Fensterscheiben klirren und die Türen wackeln, dann teilt sich alter Dämonenglaube mit: Geistervertreibung durch Lärm.

Die Feuerwehr

Die erste Freiwillige Feuerwehr in Deutschland entstand im Jahre 1841.

Ich war noch ein Kind, als an einem Sonntagnachmittag in Prien die Leute dem Platz vor dem Wallnerhaus zustrebten, um, in den Laubengang beim Obstler Amesdörfer und an die verschiedenen Hausmauern gedrückt, das Schauspiel einer Hauptübung der Freiwilligen Feuerwehr zu erleben.

Indes war es nicht die große Übung allein, welche die Menschen lockte, sondern der Umstand, daß an der Hauptübung sich auch die »Turner-Feuerwehr« beteiligen sollte. Diese bestand aus vierzehn vom Turnwart Schuhmachermeister Erhardt ausgebildeten Buben im Alter von 13 bis 16 Jahren. Jeder im Dorf kannte diese Auserwählten, und außer ihren stolzen Vätern und Müttern wollten sich auch viele andere persönlich überzeugen, wie der Sepperl und der Hugo, der Ludwigl und der Maxl sich bei dieser Hauptübung »gschtellt«.

Während die Jugend exerzierte, wartete neben dem Übungsplatz das Sommerhäusl vom Sattlermeister Moosmüller auf seinen großen Augenblick. Das Häusl war das Brandobjekt, das die weißbehoste Jungfeuerwehr im Sturm zu nehmen hatte.

Am Abend erging man sich an den Biertischen beim »Kronprinzen«, beim »Unterwirt«, in der »Kampenwand«, beim »Ostermeier« und beim »Söllhuber« in weiten, geradezu seherischen Prophezeiungen über eine künftige »Großfeuerwehr Prien«. Die Väter der jugendlichen Helden der »Turner-Feuerwehr« strichen sich nach jedem Trunk Bier den Schnauzbart pathetisch links und rechts auseinander.

In Zeiten der Holzbauten, der Stroh- und Schindeldächer war die Gefahr der Feuersbrünste groß. Meist fiel einem Brand dabei nicht nur das Gebäude zum Opfer, in dem das Feuer ausgebrochen war, sondern auch der übrige Ort. Darum durfte sich in größeren geschlossenen Ortschaften als Handwerker oder Gewerbetreibender nur niederlassen und konnte das Bürgerrecht nur erwerben, wer einen Feuereimer für Brandfälle stellte. Jeder Bürgerwehrsoldat mußte einen ledernen Feuereimer besitzen und im Hausgang an sichtbarer Stelle aufhängen. Bei nächtlichem Brand rief dann das »Gschröckläuten«, riefen die Glocken vom Kirchturm Hilfe aus der näheren Umgebung herbei. Unterstützung aus der Ferne holte zur Tag- und Nachtzeit der Feuerreiter, dessen Name »auf der Gemeinde« angeschrieben war.

Alles kehrt wieder. So wurden im Rahmen des Luftschutzes 1942 die Haushaltungen eindringlich auf die Anschaffung einer Feuerpatsche hingewiesen. Ihren Zweck erklärt folgende Bekanntmachung der »Churfürstlichen General-Landesdirektion« aus dem Jahre 1803:

»Die Erfahrung hat bewährt, dass die verheerendsten Feuersbrünste verhütet worden wären, wenn die beym ersten Entstehen Anwesenden mit Gegenwart des Geistes zweckdienliche Werkzeuge zweckmässig angewendet hätten, die erste Flamme zu unterdrücken.

Ein unlängst bekannt gemachtes Lösch-Instrument, der Löschwisch genannt, gewährt hiebey vorzüglichen Nutzen.

Dieser Löschwisch besteht darin:

Man nimmt einen Besen von Birkenreisern, den man mit einer groben Leinwand umhüllt, durch welche alle Ruthen nicht zu hart aneinandergedrückt werden, sondern das ganze elastisch genug bleibt, um sich nach der Form und Lage der brennenden Fläche und nach der Stellung des Löschens zu bequemen. Auf dieser Oberfläche von Leinwand werden nun 6 bis 7 Reihen fünf Zoll breiter leinerner Streifen mit groben Falten aufgenäht, stets vier Manschetten. So ein Löschwisch, der eine Länge von 6–20 Fuß haben kann, wird ins Wasser getaucht und gleich auf der brennenden Oberfläche geschleppt, als wollte man diese Oberfläche mit Farbe anstreichen. Verfährt man mit Aufmerksamkeit, so kann man ganz gewiß darauf rechnen, dass auch die stärkste Glut durch ein einziges Bestreichen ausgelöscht wird. Man kann damit vorwärts, seitwärts, von oben nach unten, von unten nach oben, in jedem Winkel bequem löschen und sollte ja eine Ecke sich finden, wo der Löschwisch nicht eindringen konnte, so kann man mittels desselben soviel Wasser hineinschleudern, dass es auch da löschen muss. Kurze Löschwische können in Stuben, wo Wände brennen, lange aber aussen an den Häusern mit Vortheil gebraucht werden. Ein einziger Mensch kann ihn regieren, nur bey Löschwischen von 30 Fuss Länge werden zwei Menschen gefordert. Die Wirkung soll so beträchtlich sein, dass mit 30 Pfund Wasser eine brennende Fläche von 500 Quadratfuss durch zwey Menschen in kurzer Zeit gelöscht werden.«

Eine Maßnahme, die sich freilich weniger gegen das Feuer selbst als gegen die Verursacher desselben richtete, ist ein »Brandbrief« aus dem beginnenden 14. Jahrhundert, der heute im Staatsarchiv liegt. In dieser Urkunde verpflichten sich 139 Herren aus dem Bayerland – ihre Siegel hängen an diesem Dokument – zu gegenseitiger Hilfe gegen Mordbrenner und Brandstifter.

Denn immer noch wohnen auf dieser Welt Gut und Böse nahe beieinander und Haß und Zwietracht haben schon manchem den roten Hahn auf das Dach gesetzt. Dabei zeigte früher auf dem Lande der Mondbrenner seine verruchte Tat oft mit einem »Brandbrief« an. Das Schreiben war anonym und der größeren Eindringlichkeit halber mit roter Tinte geschrieben. Es wurde nachts vor die Haustüre des Opfers gelegt, in späterer Zeit auch mit der Post zugeschickt.

Es gab auch Brände, die ein und dieselbe Person legte. Dies war gerne der Fall, wenn sich eine alte baufällige Behausung kostenlos in einen schöneren und größeren Neubau wandeln sollte. Solche Brandstiftungen waren an Ort und Stelle nicht selten »offenes Geheimnis«, besonders wenn der Brandleider – dies soll vorgekommen sein – sich am Biertisch brüstete: »Aba schö ham ma's außabrunna!«

Welche Ursache ein Schadenfeuer auch immer hat, die Dorfgemeinschaft zeigt hier ihre werktätige Unterstützung. Sie
reicht von der unmittelbaren Hilfe auf den Ruf des nächtlichen »Gschröckläutens« oder des Feuerreiters bis zum Auf-
räumen der Brandstatt, einer ausschließlichen Pflicht des
Nachbarn. Kaum ist dies geschehen, blüht auch schon neues
Leben auf. Jeder aus der Ortschaft des Brandleiders gibt das,
was er zu geben hat, und zwar so viel, als er eben vermag:
Bauholz aus dem Wald, Steine aus dem Steinbruch, Kalkstei-
ne, Sand aus den Sandgruben, dazu seine eigene Arbeitskraft
und die seiner Angehörigen. Es dauert nicht lange, dann
flattern die bunten Bänder des »Firstboschens« über einer
neuen Hofstatt.
Den Frauen oblag das »Zimmertragen« (von zimmern), oder
sie gingen »in die Zimmerstoia« (Steuer), wie man auch
sagte. Die Bäuerinnen der Gemeinde des Brandleiders ließen
nach diesem Brauch während des Bauens den Handwerkern
Lebensmittel zutragen, Butter, Eier, Schmalz, Brot, Mehl.
Zu diesem Gang auf die Baustelle taten sich immer zwei oder
drei Dirnen als »Zimmertragerinnen« zusammen. Bei ihrem
Ansichtigwerden eilten ihnen die Bauhandwerker entgegen
und bereiteten ihnen mit Hafendeckeln, Kuhglocken und
sonstigen Lärmgeräten, mit Juchzen und Schreien einen
festlichen Empfang. Dieses Einführen der »Zimmertragerinnen« heißt in Inzell das »Schimmireitn«, weil den Bauhand-
werkern ein Arbeiter, einen Schimmel aus Pappe auf der
Schulter, wie auf einem Steckenpferd voranreitet.
Indes gedachte man auch der leiblichen Fürsorge des Brandleiders und seiner Familie. Einige Tage vor der Hebfeier
wurden Gaben überbracht. Hatte die Gemeinde wohlhabende Bauernhöfe, dann fielen umso ansehnlichere Geschenke
ab, die dann, geschmackvoll aufgebaut, zur Schau gestellt
wurden.
Ich zählte fünf Jahre, als ich an einem eisigkalten Frühlings-

tag mit meinen Eltern zum Salmerbauer nach Pinswang
– sein Anwesen war abgebrannt und wieder aufgebaut worden – zum »Anschaugn« wanderte. In der Stube, links bei
der Haustüre hinein war in der Ecke zwischen dem südli-
chen und östlichen Fenster die Ausstellung der bäuerlichen
Geschenkgaben wie auf einer Bühne auf Tischen aufgebaut.
Kleinere und größere Tannenbäume standen dazu Kulissen.
Am schönsten von allem dünkten mich die Buttergaben. Da
lag sie gleich haufenweis, vom bescheidenen Pfundweckerl
des Kleingütlers mit dem eingedrückten Christuszeichen
angefangen bis zum stattlichen Vielpfünder des Großbauern.
Da gab es einen butternen Tannenbaum, butterne Rösser,
Kühe, Kälblein, butterne Lämmer, die geringelte Wolle na-
turgetreu nachgebildet, butterne Rosen in verschiedenen
Größen und Formen und als prächtigstes Stück, auf einem
butternen Felsen stehend, eine butterne Gams.

Die Liedertafel

Gesangvereine gibt es im Chiemgau seit Mitte des vorigen
Jahrhunderts. Bei uns daheim ist es die Liedertafel, die schon
vom Namen her fortschrittliches Bestreben zeigt. Schlossen
sich doch die Priener Sänger der großen Tradition der
Zelter'schen Liedertafel in Berlin an, deren Mitglieder sich
zu den Gesangsproben um eine große Tafel in Hufeisenform
scharten. Das tut unsere Liedertafel zwar nicht, doch berichtet »Der freie Landbote« über sie am 17. August 1876 gelegentlich des 3. bayerischen Sängerbundesfestes:
». . . Die Liedertafel Prien, welche mit allgemeiner Spannung
belauscht wurde, weil man hören wollte, ob man mit ange-
feilter Brust auch singen kann, wirkte mit dem allerdings
dankbaren Waldvögelein von Storch sehr effektvoll und

hatte die Ehre dacapiert zu werden. Die Priener Liedertafel besitzt vortreffliche Stimmen.«

Und die »Süddeutsche Presse« schreibt am 15. August 1876: »... denn die Liedertafel von Prien, sodann die von Landshut und Traunstein ernteten unter den Konkurrenten, wenn man sie so nennen darf, die meisten Lorbeern. Die Priener trugen den Chor »Waldvögelein« von Storch ungemein ausdrucksvoll vor. Man begegnete da einer seltenen geistreichen Auffassung, ein Verdienst, das jedenfalls in erster Linie dem wackeren Dirigenten zuzuschreiben ist. Jede musikalische Phrase, jeder rhythmische Satzabschnitt erhielt seine charakteristische Färbung, sein richtiges wechselndes Tempo, seine dynamische Schattierung. Es wurde eben nicht trocken gesungen, sondern vorgetragen.«

Um die Zusammengehörigkeit der Sänger auch nach außen zu dokumentieren, trugen sie die gleichen Hüte. Sie waren aus graubraunem Bast geflochten, der hintere Rand war seitwärts kühn geschwungen, der vordere Rand à la Rinaldo Rinaldini herabgebogen. An jedem Hut steckte eine Seerose, Zeichen, daß der Träger vom Chiemsee kam. Ihre Kelche waren am Abend vor der Abreise aus dem Schafwaschener Winkel geholt worden und schwammen mit ihren langen Stielen bis zum Morgen in der hölzernen Wanne unseres Waschhauses.

Ländliche Jubelfeier

Als das Fest aller Feste, die bei uns in Prien begangen wurden, erscheint mir im Rückblick die Feier zu Ehren des 700jährigen Bestehens des Hauses Wittelsbach im Jahr 1880. Schon Wochen vorher sang in vielen abendlichen Proben die Liedertafel mit schmetternden Tenören und brunnentiefen Bässen immer wieder: »Was ist des Deutschen Vaterland«.

In allen Haushaltungen stärkte und bügelte man Hemdkragen, Hemdbrüste und Manschetten. Aus der Verborgenheit ihrer Schachteln wurden die Zylinder herausgeholt und mit dem Rockärmel geglättet. Mit bewunderungswürdiger Disziplin übten die Veteranen ihren Stechschritt, die Festjungfrauen probierten vor dem Spieglein an der Wand den Faltenwurf ihrer Schärpen und die Feuerwehrmänner polierten ihre Helme.

Beim Festbeginn standen alle Häuser leer, während der Marktplatz von Menschen überquoll. Alle Hunde waren eingesperrt, die Hühner durften auch nicht heraus. Der Herr Kommandant Reichenhaller paßte mit seinem Schandarm auf die Leute auf, die sich ohnehin nicht vom Fleck zu rühren wagten.

Über die Festtribüne spannte sich ein bayerischer Himmel, hoch und blau. Die seidenen Vereinsfahnen bauschten sich und rauschten im Wind. Die Festjungfrauen und die kleinen lockenköpfigen Mädchen bildeten ein weißes Spalier.

Da kam das Kommando: »Still gestanden!« In diesem Augenblick preschten droben, beim Bruckenbader, die kurzgeschwänzten Rappen mit der Schloßkutsche von Wildenwart über die Prienbrücke: Die Hoheit kam an.

Es ist still geworden. Die Hoheit steigt aus dem Wagen und auf die Tribüne. Der Dirigent der Liedertafel sticht mit seinem Dirigentenstab kerzengerade in die Luft und Tenöre und Bässe wissen auf einmal, »was des Deutschen Vaterland ist« und verkünden es in brausendem Chor über die Leute hin. Der Herr Festredner erzählt von diesem glücklichen Tag, den uns Gott geschenkt hat, und beschließt seine Huldigung an das Wittelsbachische Haus mit einem dreifachen Hoch. Dann »rühmen die Himmel des Ewigen Ehre«, und auf einmal schwingt und klingt es über den ganzen Festplatz, und alle die aufgestellten grünen Tannenbäume schwingen mit und alle Häuser singen es und der Markt-

Friedrich Johann Voltz, 1817–1886, Auf der Alm (Bleistift)

brunnen und das Kriegermonument: »Heil unserm König, Heil / lang Leben sei sein Teil / erhalt ihn Gott!« Bei den letzten Worten wischen sich die Leute die Augen.

Die Hoheit begibt sich von der Tribüne herab zum Festkomitee. Mit jedem Herrn redet sie etwas, und jeder Herr bekommt, was er auch gesagt haben mag, einen roten Kopf.

Die Hoheit besteigt wieder ihre Kutsche, deren kurzgeschwänzte Rappen abpreschen, und bis zum Bruckenbader hinauf sieht man die weißen Federn am dreieckigen Hut des Herrn, der neben der Hoheit sitzt, im Winde flattern.

Die Musikanten spielten noch den Mussinanmarsch, die gestickten Fahnen zogen ab und mit ihnen die Leute. Die Hunde wurden wieder herausgelassen und die Hühner auch. Die Buben und Mädchen klaubten die Festzeichen und Vereinszeichen zusammen und trugen sie wie einen Schatz in der hohlen Hand nach Hause.

Langsam begannen die Girlanden in der Mittagshitze zu welken. Das Kriegermonument sank in seine eiserne Ruhe zurück, und der Marktplatz befreite sich mit einem himmelweiten, erlösenden »Gott sei Dank!« von der Bürde seiner Erkenntnis: »Es ist nichts schwerer zu ertragen als eine Reihe von festlichen Tagen.«

Primiz

Jedes Jahr einmal besuche ich die Voglin. Sie hat draußen in einem Dorf ein »mittleres Sach«, das sie, früh verwitwet, mit ihren Kindern bewirtschaftet. Die Voglin hat mir in den furchtbaren Jahren der Inflationsnot manchen Keil Brot, manches Ei und zwischendrein auch einmal ein Stückl Butter zukommen lassen. Dabei nahm sie mein »Vergelts Gott!« in Anzahlung und verlangte für ihre Gab keinen Heller mehr, als Eier und Brot tatsächlich kosteten.

Mit der nunmehr alten Voglin haust seit mehreren Jahren eine junge, um die herum ein Nest voll Kinder kribbelt und krabbelt.

Wie immer, reihte auch dieses Jahr die junge Voglin ihre ganze Vogelschar vor mir auf: »Sie san mir gar net zvui. Und wann no so vui nachikema tatn, gern tua i mi plagn für dö Kinda und Tag und Nacht mag i dafür arbatn. Aber, wissns« – in ihre Augen kam ein tiefer Glanz und ihre Stimme wurde ganz weich – »wissns, an ›Herrn‹ wann i halt kriagn tat!«

Ja, einen »Herrn«, einen Arbeiter im Weinberg Gottes, einen Priester als Sohn zu besitzen, das war nicht nur der Voglin ihr inbrünstiger Wunsch, es ist die heimliche Sehnsucht mancher bäuerlichen Mutter.

Bis es aber so weit ist, hat der, der die Erfüllung bringen soll, der »Student«, wie er von der ersten Lateinschulklasse an heißt, einen weiten Weg. Doch braucht er diesen ja nicht allein zu gehen. Das ganze Dorf geht ihn im Geiste mit, Studienjahr um Studienjahr. Denn er gehört nun nicht mehr Vater und Mutter allein, er gehört dem ganzen Dorf, das auf ihn hofft. Auf dem künftigen Diener Gottes ruht ja der Segen Gottes, und so wird mit ihm auch der Segen in das ganze Dorf einkehren.

Ist der Student arm an irdischen Gütern, dann trägt man gerne sein Scherflein zur Bestreitung der Studienkosten bei. Nicht selten läßt ein wohlhabender Bauer einen unbemittelten Burschen als künftigen Priester auf seine Kosten ausbilden, um sein irdisches Kapital auf himmlische Zinsen anzulegen.

Eine Oase in der Wüste der Studienjahre bildet für den Studenten die Vakanz. In den ersten Tagen wandert er in den Pfarrhof zum Herrn Pfarrer, zum Herrn Benefiziaten und zum Herrn Kooperator, sein Zeugnis vorzuweisen. Dafür spendieren die Herrn einen Vakanzkreuzer und lassen ihn außerdem einmal in den Ferien »mit dem großen Löffel speisen«, d. h. laden ihn zu einer festlichen Mahlzeit in den Pfarrhof ein.

Je näher das Ziel rückt, desto höher steigt im Dorf die Vorfreude. »Dös wann ma halt no derlebn tatn, daß der Simerl ausgweicht werd«, sinnieren die Alten, die, mit einem Fuß schon auf der Schwelle des großen Abschieds stehend, nur noch den einen Wunsch haben, das Erlebnis des ersten Meßopfers in ihrer Dorfkirche als Reisesegen mitnehmen zu können auf ihre Fahrt in das jenseitige Land. »Vui z'schnell kimt er daher, der Tag«, klagt dagegen die weibliche Jugend, die einstmals, den Schulranzen auf dem Buckel, mit dem Primizianten zur Schule gewandert ist, mit ihm das Einmaleins und das ABC gelernt hat und nun alle Hände voll zu tun hat. Stunden und Stunden müssen noch aufgewendet werden, um die Triumphbogen mit hochzeitlichem Grün zu schmücken.

Steht der Primiztag fest, wandert der »Primizlader« von Haus zu Haus, von Dorf zu Dorf, um die Verwandten und die Freunde des Primizianten zur geistlichen Hochzeit zu laden:

> »Grüss Gott, liabe Mannder und Weiberleut,
> mir keman heit mit a großn Freid,
> bei uns in Rimsting is iatzt bald a Primiz,
> zu dera seids gladn, ob's sturmt oder blitzt.
> Der Hochwürdige Herr N. N. is der Primiziant,
> als Herr N. N. is er euch längst bekannt.«

Die Burschen, die mit dem Primizianten auf der Schulbank ihre Hosen durchgewetzt haben, legen aus der Gschirrkammer die Prunkstücke zurecht, das kunstvoll verzierte und kunstreich gearbeitete Zaum- und Sattelzeug für die Pferde, um ihren ehemaligen Schulkameraden festlich einzuholen.

Die Fuchsn, Rappln und Bräundln und Schimmel werden gestriegelt und geputzt.

Und dann stäubt die ganze glänzende Kavalkade mit den Reitern zum Bahnhof, hinterdrein die blumengeschmückten »Schäsn« mit den Eltern des Neupriesters, mit dem Herrn Dekan, mit dem Herrn Bürgermeister. Zuletzt kommt die schimmelgezogene Kutsche für den Herrn Primizianten selbst.

Eine solche festliche Einholung erlebte ich diesen Sommer auf einer Fahrt über das Land. Unter der Linde am Eingang des Dorfes hatte der Zug halt gemacht. Ich hörte gerade noch die Schlußworte, mit denen der Primiziant begrüßt wurde, dann scholl es in den späten Nachmittag hinein: »Großer Gott wir loben Dich«, scholl mit einer Kraft der Inbrunst, die einen Himmel zu tragen vermocht hätte. Die Männer standen barhäuptig wie Säulen des Gelöbnisses, die Weiber falteten die Hände über ihrem Leib, und die kleinen kranzgeschmückten Mädchen und die Bübchen schmiegten sich scheu an die Hosenbeine der Väter und in die Rockfalten der Mütter. Die Pferde tänzelten auf unruhigen Hufen, eines stieg auch einmal auf seiner Hinterhand kerzengerade hoch – dann setzte sich der Zug wieder in Bewegung und entschwand unseren Augen. Nur der Gesang der Grillen blieb zurück, mit dem diese Gott den Herrn priesen.

Von der elterlichen Wohnung aus besucht einige Tage später der Primiziant Verwandte, Freunde und Wohltäter, geht von Haus zu Haus, von Hof zu Hof und erteilt den »Haussegen«. Man erwartet seinen Besuch mit Freuden, denn noch immer gilt beim Bauern vom alten Schlag das Wort: »Der Segen eines Primizianten is mehra wert als zehn Roß.«

Am Tag des ersten heiligen Meßopfers strömt das Volk von überall herbei. Kein Weg ist zu weit, denn: »Um zu einer Primiz kommen zu können, darf man sich nicht scheuen, ein Paar Schuhe durchzulaufen«. Zur Vermählung des jungen

Priesters mit seiner himmlischen Braut, der Kirche, also zur geistlichen Hochzeit, wie das Volk die Primiz nennt, fehlt auch nicht die Kranzljungfrau, heute meist ein kleines Mädchen in weißem Kleid und Brautkranz, das als geistliche Braut auf dem Zug in die Kirche ihrem Bräutigam voranschreitet.

Nach der kirchlichen Feier versammeln sich die geladenen Gäste zu den weltlichen Tafelfreuden, die von Musik, Festreden und Versen umrahmt werden. Das myrthene Bräutigamskränzlein um den linken Arm, beschloß noch vor hundert Jahren der Primiziant mit einem Tanz mit seiner geistlichen Braut seinen Abschied von den Freuden der Welt.

Dem Kunsthistoriker Max Fürst, Traunstein, verdanken wir folgende Mitteilung eines alten Primizverses aus der Zeit um 1840, der uns einen Einblick gibt in die bäuerliche Art zu denken und zu reden:

Vozeyh' mas, Wastl, das i kim
von Eggenfelln herein!

Da Markt, die Gmain, das ganze Gricht,
dö thuen si all erfreun,
das du so wacka drau gstudirt,
bist worn Sankt Barthlmee,
erwählt die heilig Priesterweyh
und nöt die heilig Eh.
Dei Muata freyd dös Ding aso –
sieh! wias dort aussa schaut,
dankt Gott demüthig, denkt dabey:
›iatzt hat mein Sohn a Brauth,
dö braucht kein Essen, Trinka nöt‹,
das Ding ligt mir im Sinn;
mein! wer wird dann dö Frau wohl seyn?
die Himmelskönigin.

Der liebreich gnädig Herr (Propst von Baumburg),
der hat dich so rekommandirt,
das Du, Herr Stadl, kommen bist
zu dieser hohen Würd.
Bitt stets vor ihm bey grossen Gott
um Seegen, Heyl und Glick
und ihn erhalt in späte Jahr,
auch lauta Gnaden schick!

Verehre stets dein Institut,
so dich gearbeit aus!
Gedenk, daß diese wahrhaftig sey
der armen Tugend Hauss!
Wann Gott dir sollte Mitl bschern
und höcher dich erhöhn,
vergiss fei nöt dein Institut,
thue recht die Stoia (Steuer) gebn!

Die gütige Frau Vischerin,
dein grosse guete Freund,
die fühlet Trost und Freude stets,
besonders aber heunt,
da sie beym Altar Gottes dich
das Opfer sieht ablegn,
so ihr und auch der ganzen Welt
Versöhnung bringt zuwegn.

Bett fein vor sie und alle Freund
obs da sänt oder nit!
Führ di nur, wie bishero auf
und tue kein falschen Tritt!
Aft kannst a brava Pfarra wern
Und ga a gsteifta Mann,
dei Bäuchl mit Copauna aft
nach Beliebn schoppn an.

Schau, wie Dein Jungfer Kräntzelbraut
so hipsch die Ohrn spitzt,
ganz tugendreich, recht schön und fein
auf ihren Hintern sitzt!
Von Scharing ist si zwar gebohrn
und sist vom Stadtl-Gschlecht:
sie muess si nachn Votän schreibn,
vom Meichlbeck a Gmächt.

Dö Kräntzlbraut dö hofft auf die,
wannst habn sollst Glick und Stern,
a Pfarra oda gnädig Herr,
möcht sie dein Köchin wern.
und dir aufwarthen früh und spath,
was willst denn habn mehr?
I aber förcht und glab für gwis:
ihr Muata lasts nöt her.

D'Hofwirthin lasst a grüassen di
und hat aufgebn mir,
du solst an heiligen Seegen auch
in d'Kuchl schicka ihr.
Sie hat mir gsaid, es sey da Seegn
für das Fegfoia guet.
I ha kain Sack, kain Rantzen, nöt,
bitt: gib mirn in mein Huat!

Leb wohl, Herr Stadl, immerhin
vogniegt zu aller Zeit!
I wünsch hier Trost und einstens dort
die ewig Seeligkeit!
Gedenk dein Vatern, aller Freund,
So etwan in der Gluat! (Fegfeuer)
Du kannst es thun bey dem Altar,
beim allerhöchsten Guat.

Max Liebermann, 1847–1935, Hofbräukellergarten (Radierung)▷

Karl Raupp, 1837–1918, Partie am Chiemsee (Bleistift)

Rudolf Sieck, 1877–1957, Mösern (Bleistift)

Ist der Weg des Studenten schon bei Unterstützung durch die Dorfgemeinschaft kein leichter, so ist er ganz gewiß noch dort um ein Stück beschwerlicher, wo die Armut Weggefährte ist. War kein Freiplatz in einer Studienanstalt zu erringen, dann mußte der unbemittelte Dorfstudent früherer Zeit seinen Hunger an Ort und Stelle seines Studiums hauptsächlich an den »Tischen der Barmherzigkeit« stillen. Diese bestanden in sogenannten Kosttagen, an denen in wohlbestellten Familien aller Berufsschichten unentgeltliches Mittagessen gereicht wurde. Es gab Familien, in denen jahraus-jahrein ein oder mehr Hungrige Speisung fanden, meist gegen Gotteslohn, manchmal gegen Rückvergütung in Form von Nachhilfestunden an Familiensprößlinge, die in der Schule zurückgeblieben waren.

An solchen »Tischen der Barmherzigkeit« mußte einst auch mein Vater während seiner Studien am Lehrerseminar zu Linz seinen Hunger stillen. Er hat uns oft von seinem besten Kostplatz erzählt, den er bei einem Bäckermeister dreimal in der Woche einnehmen durfte und wofür er dann morgens um 5 Uhr dessen Sprößlingen im Lernen nachhalf. Hier hatte er auch mit einem anderen zusammen ein Bett, in dem sie abwechselnd schliefen. Es zählt zu meinen großen Erlebnissen, als mein Vater in der Nacht vor seinem Tod, als 84jähriger Greis von uns und seiner Zeit Abschied nehmend, mit klarer Stimme uns Kindern befahl: »Ein Vaterunser für meinen Guttäter in Linz«. Dyr Vater betete es noch gemeinsam mit uns.

Reichten dem Studenten die Kosttage nicht für eine ganze Woche, und das war meist der Fall, dann ging er noch mit dem »Kosthaferl« umher. Er sprach in weniger begüterten, aber dennoch wohltätigen Familien vor, in denen eigentlich »der Schelm mehr gab, als er hatte«, und bekam gewöhnlich Suppe oder Sauerkraut.

An diese Bittgänge erinnert ein Vers, den wir als Kinder

unseren ehemaligen Mitschülern nachplärrten, wenn sie in
der Vakanz uns Volksschüler nicht mehr kennen wollten:

> Bettelstudent,
> nimm 's Haferl in d'Händ,
> steh außi auf Bruckn
> und bettl a Suppn.

Der lateinische Bauer

Das Los eines Bettelstudenten war indes nochherträglicher
als das des »ausgesprungenen« Studenten, des Theologen,
der in der tapferen Erkenntnis seiner Untauglichkeit sich mit
einem kühnen Sprung aus der Enge des ihm gesetzten Rah-
mens in die freie Berufswahl rettete.
Abgesehen von dem Leid, das in das bislang von Glück und
Stolz getragene Elternhaus einzog,hwandelte sich mitunter
auch das Wohlwollen des Dorfes, das sich um seine schönste
Hoffnung betrogen sah, in Abneigung. Wo früher die Mild-
tätigkeit helfend am Wege gestanden war, gab es jetzt Steine
statt Brot. Das Tagesgespräch in den feierabendlichen Stuben und auf der sonntäglichen Bierbank war nicht mehr die
Freude auf den künftigen hochwürdigen Herrn, sondern die
Angst um den kommenden »Dorflumpen«. Denn, so fragte
man sich, wo könnte solch eine gescheiterte Existenz überhaupt unterkommen, die obendrein durch das Studium der
harten Arbeit entfremdet war? Wozu könnte solch ein »ent-
sprungener Pfarrerlehrbua« noch taugen, als zum Tagdieb,
der schließlich und endlich als »Gmoafraß« der Gemeinde
zur Last fallen würde? Wäre das Loch, in das so ein armer
Hascher von einem ausgesprungenen Studenten sich verkrie-
chen hätte können, noch so klein und verborgen gewesen,
Verachtung und Abscheu hätten hineingefunden.

Zum Glück gab es manchen Pfarrherrn, dem in einem langen Leben die Gnade des Begreifens geschenkt worden war. Er übernahm das Amt des Fürbitters bei den Eltern und vermittelte auch bei seinen Dorfbewohnern. Und wie er einst dem Bübl mit »mensa, mensae, mensam« das Tor in die Vorhalle der Wissenschaft aufgetan, so führte er den jungen Mann aus der geistlichen in die profane Welt zurück.

Es gab freilich auch bäuerliche Dickschädel, die nichts und niemand zu berennen vermochte, für die der ausgesprungene Student die Schmach und die Schande der Sippe bedeutete, die durch nichts auszutilgen waren. Dies mußte auch mein Großvater mütterlicherseits erfahren. Sein elterlicher Hof thronte mit über hundert Tagwerk Grund ringsum auf einem Hügel wie ein königlicher Herr. Großvater war, nachdem er erkannt hatte, nicht für den geistlichen Stand berufen zu sein, Arzt geworden und übte seine Praxis in einer benachbarten Stadt aus. Im Elternhaus nahm man von dem verlorenen Sohn keine Notiz. Trotz seiner späteren bezirksärztlichen Würde blieb die Enterbung bestehen. Seine Mutter hatte den Hof anderwärts verschenkt.

Bei manchem Studenten erwiesen sich auch Acker und Pflug stärker als die Macht der Wissenschaft, und er kehrte zurück auf den Weg, den seine Vorväter gegangen waren. Aber wie man auf die Frage nach dem Schicksal eines am Leben Gestrandeten heute noch hören kann: »No ja, was werd er denn gwen sei? A so a ausgsprungana Student halt!«, so konnte man auch über einen, der von den Büchern zum Acker zurückgekehrt war, aber die Eierschalen seiner absolvierten Studienjahre nicht mehr abgestreift hatte, den Ausspruch vernehmen: »Is a lateinischa Baua.« – Einen solchen kennt auch unsere Familie. Obwohl längst gestorben, ist er heute immer noch lebendig, da er durch Maximilian Schmid als Titelheld in dessen Erzählung »Der lateinische Bauer« Eingang in die bayerische Literatur gefunden hat.

Gmustert werd

So frisch, wia mir heit san,
dös hat gar koan Nam.
Und so halts mi nur grad,
sunst reiß i all's zsam.

Ein besonderes Ereignis auf dem Lande war bis zum ersten
Weltkrieg die Aushebung der Rekruten.
»Wia alt is nacha Dei Girgl?« fragt der Menznbauer von
Bachham den Michlbauern von Draxlham. Im 70er Feldzug
waren die beiden nebeneinander im Felde gestanden, und
heute sind sie nach langen Jahren gelegentlich der Leich des
alten Stefflvaters von Mundling, eines gemeinsamen Vetters,
wieder zueinander gestoßen.
»Wia alt werd er nacha sei, mei Girgl? Zu der Musterung
kimt er heia. Is a Endstrumm Mannsbuid worn und a manni-
ga Bua, daß er Dir glei an Deifi auf der freien Woad fangt!
Und übermorgn toans spuin«.
Und wenn der Girgl und seine gleichaltrigen Kameraden
übermorgen »spuin«, so ist das nicht nur für die Väter eine
wichtige Sache, sondern für das Dorf überhaupt.
Der Rekrut war bis 1914 des Dorfes Stolz, seine Kraft und
seine Zuversicht.
Schon seit Neujahr hat sich der angehenden Rekruten eine
Unruhe bemächtigt, denn gleich mit Beginn des Jahres stand
am Gemeindebrett die Bekanntmachung zu lesen, daß alle
jungen Männer, die in diesem Jahr das 20ste Lebensjahr
erreichten, sich zur Rekrutenstammrolle anzumelden hätten.
An einem Sonntag gingen diese dann gemeinsam zum Bürgermeister zum »Einschreiben«, und von dem Tag an waren
die Burschen sozusagen Männer geworden. Sie hatten das
offizielle Recht, die Feder auf dem Hut zu tragen, zu der sie
nun noch die Rekrutenbandln, bunte wimpelnde seidene

Bänder, und den Rekrutenbüschl steckten, künstliche far-
benfrohe Blumen, die mit glitzerndem Flitterkram durch-
setzt waren. Burschen, die im Dorf keine Bekanntschaft,
also kein Dirndl haben, gehen zum Kramer und kaufen sich
selbst ihr Rekrutenbüscherl. Die anderen haben es sich
schon bei der letzten Tanzmusi von einer Spenderin ausbe-
dungen: »Was is's nacha, Resl, kafst mir a Rekrutensträußl?«
Und nun steht der Girgl oder Naz bei ihr unter der Stalltür:
»Also, Resl, was is's iatzt mit mein Rekrutensträußl?« Die
Antwort kann sich ein jeder selbst geben.
Die Eintragung in die Stammrolle war der erste militärische
Akt, der zweite ist das »Spuin«, das Spielen. Diese alte
Bezeichnung für die Musterung stammt noch aus jener Zeit,
da die Militärpflichtigen bei der Aushebung tatsächlich wie
in der Lotterie spielen, d. h. Lose ziehen mußten, um die
soziale Schichtung des Heeres möglichst gleich zu halten.
Nach der Höhe der gezogenen Nummern richtete sich dann
die Eingliederung des Gemusterten in Infanterie, Kavallerie,
zu den Pionieren, zum Train. Wer das Glück hatte, eine
hohe Nummer zu ziehen, wurde vom Militärdienst als über-
zählig bedingt befreit, kam also zur Reserve und wurde nur
im Kriegsfall eingezogen. Andere hohe Nummern genossen
noch die Vergünstigung, daß ihre Gewinner nur zwei Mona-
te zu dienen hatten. Wer ausgemustert war und dennoch
nicht dienen wollte, konnte, wenn er die Mittel besaß, sich
einen Mann »kaufen«, der jedoch schon gedient haben
mußte. So ein gekaufter »Einstehmann« kostete in normalen
Zeiten etwa 500 Gulden. War Krieg in Aussicht, kostete er
mehr.
Selbstverständlich knüpften sich an das Spielen allerhand
abergläubische Gebräuche. So trug man etwa den Ehering
der Mutter während der Ziehung an der linken Hand oder
man schrieb sein Geburtsdatum auf einen im Beinhaus liegenden Totenschädel.

Einen Tag vor dem Spielen versammelten sich die Rekruten geschniegelt und gestriegelt nach Feierabend zum Rekruten- abschied, zu dem der Wirt nach altem Brauch einen Banzen Freibier spendierte. Gleichzeitig wurde der »Hagmoar«, der Anführer der zur Musterung Befohlenen, »ausgeranggelt«.

Druckvoll ist an diesem Abend die Wirtsstube. An den Bauerntischen sitzen die gstandnen Manner. Sie sind fast alle einmal bei der Militari gewesen und geben den Jungen »die Ehr«. Sogar der Ahndl von Bachmoar, der längst überfällige Krauterer, tut noch einen Schnalzer und singt wie jedes Jahr zum Rekrutenabschied sein Leiblied »Zu Straßburg auf der Schanz«. Und wie jedes Jahr beim Rekrutenabschied erzählt er weitschichtig und umständlich von seinem Kameraden, dem Hinteregger Lippei, wie den anno 66 schnurgrad neben seiner eine Kugel umgerissen hat.
Aber nur bloß heute der Traurigkeit keinen Schwung lassen!
Schon macht der Pumperer Muck mitten in der Wirtsstube einen kerzengeraden Handstand,

> schlagt a Rad bis an Deckn,
> springt eini in d'Leut,
> es gibt ja nix Schönas
> im Lebn, als wia d'Schneid.

Dann stellt er sich brettlbreit auf seine Füaß und laßt seine Flaxn schpuin: »Auf geht's! Der Hagmoar werd aus- granggelt«.
Als erster geht der Reschn Sepp den Muck an mit gesenktem Kopf wie ein gereizter Stier. Jetzt greifen die gegnerischen Körper ineinander, ziehen und zerren, bis sich der Muck mit einem einzigen Ruck aus der Umklammerung befreit und den Sepp mit einem kunstgerechten Wurf wie einen lästigen Zeckn auf den Boden niederschnellt. Der Sepp liegt da wie

eine umgedrehte Schildkrot. Dem nächsten geht es nicht besser. So wird der Muck Hagmoar.

In aller Gemütsruhe rückt er seine Schneidfeder auf dem Hut in Siegerstellung. (Je nach Heimatbrauch handelt es sich dabei um einen Spielhahnstoß, eine hochzeitliche Reiherfeder, einen Gamsbart, eine Runde von Gocklfedern. Wenn der Hagmoar aus der Gegend von Ruhpolding oder Bergen ist, dann steckt er zu seiner Feder noch das »Hagmoarglöckl« auf seinen Hut. Mit diesem Glöckl wird er zum Musterungslokal seiner Schar voranläuten wie droben auf der Alm die »Hagmoarin«, die wehrhafteste Kuh unter ihren Weidgenossinnen. Sie trägt im Tirolischen diesen Namen nach der Alm, die nach ihrer umzäunenden Einfriedung Hag genannt wird.)

Die Federn auf dem Hagmoar seinem Hut sitzen nun richtig, so, wie es sich gehört. Gleich darauf fällt aus seinem Mund kurz und bündig sein erster Befehl an seine Schutzbefohlenen: »Morgen in der Fruah um drei!«

Im Handumdrehen ist die Wirtsstube leer. Die Kellnerin rafft scheppernd die leeren Maßkrüge von den Tischen, der Wirt pritschelt hinten an der Schenke die verschiedenen Biernoagerln zusammen und kranzt mit der Kreide auf der Zechtafel die aufgeschriebene Zech ein, die später der Hagmoar, gleichzeitig Zechmeister, aus der gesammelten Rekrutenkasse auszahlt. Der Hausknecht sperrt die Haustür zu.

Noch hat es nicht richtig drei Uhr geschlagen, da wird es am Mooshamer seinem Röhrlbrunnen lebendig. Die Zunterer Buam sind die ersten. Dann kommen sie von überall her angerückt und ein Spektakel hebt an, als wenn der Leibhaftige selber los geworden wäre. Fotzhobel singen, Hafendeckel schlagen, die Ziach quietscht, jeder plärrt und juchezt. Mit den Bockhörndln wird geblasen, daß die Gartenzäune wackeln. Ist ja ein Herkommen von eh, der Ruf mit dem Horn,

Alphons Spring, 1843–1908, Am Biertisch (Bleistift)

wenn auch heute statt des mächtigen Urhorns die Kuh und der Goaßbock die Hörndln dazu hergeben müssen. Der Wirt sticht einen frischen Banzen Bier an, und bis das Bier durch die verschiedenen Kehlen geronnen ist, ist es auch Zeit zum Einsteigen.

Auf dem Bahnhof wartet das Zügerl, schaut den Burschen zu, wie sie geschwind noch einen plattln und verschluckt dann die ganzen »wuidn Duifin«.

Die Burschen aus den Bergen und aus den Bergtälern gehen in der Kurzen. Statt des Hosenträgers haben sie zu der heutigen festlichen Sach den Ranzen um die Lenden gegürtet, den wunderschönen breiten mit Pfaufederkielen kunstvoll gestickten Ledergut. Dazu tragen sie die »rupfene Pfoad« (das leinerne Hemd), in der sie mit offener Brust gehen. Schileleibl gibt es zum Ranzen nicht. Der graue Janker oder die Joppe wird zwerch über die Achsel geschutzt, weil es heute keinen friert. Die Füße stecken in Grobgenagelten und auf dem Haarschüppl sitzt frech und keck 's Hüatei mit »dö gscheckatn Rekrutenbleame« und mit der Schneid, den lustig schwingenden Federn. Dazu kommt oft noch allerlei übermütiger Schnick-Schnack. Die Feldwieser haben sich in die Bandln von ihrer Kurzn Zwiebeln eingeflochten, die Grassauer Haferähren. Die Schneidbuam aus dem Talgrund von Reit im Winkl stecken sich ein Kartenblatt mit dem Schellnunter, die droberen eines mit dem Schellnober auf den Hut. So ist von jedem einzelnen seine Herkunft von der Montur abzulesen.

Vom Bahnhof weg läutet der Hagmoar mit dem Glöckei auf dem Hut voran, die Herde marschiert nach, hinein in d'Stadt. Und grad fidel geht es dahin. Die Hüatln fliegen, die Haxn schnaggln und die ganz Narrischn aus der Schar, die sich gar nimmer zu derfangen wissen vor lauter Freud, sie walgln sich im Vorbeimarschieren noch gschwind in einem Schneehaufen.

Freilich, wie sie dann droben im Musterungslokal in Traunstein beim Auwirt, in Rosenheim beim Saubräu vor der Ärztekommission stehen, da sind die brinnrotn Gsichter um einen Schein kasiger.

Nach der Untersuchung steigen die Burschen wieder in ihre Kluft – und hinaus geht's zum Tempel! »Juhu! Guat is's ganga! Und weh hat's net to. Und koan Vaterlandskrüppl ham mir a koan oanzign net bei uns.« Noch einmal so lustig fliegen jetzt die Rekrutenbandln, noch einmal so schön ist jetzt die Welt. Schnell noch die Taferln mit der Bezeichnung der Waffengattung neben den Rekrutenbuschn auf den Hut oder an die Brust gesteckt und gleich das Versl gesungen:

Dö schönstn Soldatn, dö unsa Kini wohl hat,
san dö lustinga Jaga in der Burghausener Stadt.

Das ganze Musterungsstadtl auf und ab ist nun ein einziges Juchzen. Zwischendrein gröhlt aus heiser geschrieener Kehle der Ruf:

Mir han ma von der Dorauer Schneid,
iatzt ganga ma auf Trauschtoa,
ob's nix zum ranggln geit.

Und gfeit is's scho! Ums Eck, vorn beim Vater Jahn singen »Austrige«, die »Trostberger Steckerlbuam« vom ebenen Land draußen, daher. Auf ihrem Hut haben sie lange Pfauenfedern oder auch Fasanenfedern und statt der gemsenen oder hirschenen Lederhose tragen sie »das große Gwand« mit der langen schwarzen Hose und a bandlat's Hacklstekkerl dazu.

»Und überhaupts, was ham dö Austringa bei ins herin in dö Berg zum sucha?« sticht der Bachmoar Naz beim Ansichtigwerden der Steckerlbuam auf. Und wie sie sich begegnen, langt er gleich dem Nächstbesten an seine Pfauenfeder. Aber auch die Austrigen wissen, daß der Bursch ohne Schneid auf dem Hut wie der Gockel ohne Schweif ist. Der Angegriffene streckt seine Hand nach dem Naz seiner Feder und fertig ist das Rafats. Da haut der Muck, der weiß, was er seiner Reputation als Hagmoar schuldig ist, den beiden Kampfhähnen ins Gesicht und setzt den einen rechts, den anderen links auf das Straßenpflaster nieder: »A Fried' muaß sei!«

In das Heimatdorf zurückgekehrt, geben meist am Sonntag darauf die Rekruten in Form eines Rekrutenballes »ihren Einstand«. Es ist der festliche Tag der Burschen, zu dem jeder Rekrut sein Dirndl hat, nicht seine Liebste, sondern ein Dirndl aus seinem Jahrgang, das während der Militärzeit die barmherzige Hand darstellt, die dem Hungrigen Futter streut, d. h. dem Soldaten die Packl in die Kaserne liefert. Auf dem Rekrutenball selbst spielen die Musikanten zunächst den »Verlaubtanz«, die Ehrenrunde, die nur für die Rekruten gehört und nur mit dem Rekrutenmadl getanzt wird. Und von nun an geht es dem Hagmoar nichts mehr an, wenn etwa im Verlauf der Festlichkeit die Bandlbuam drunterdrein auch einmal ein Bsatzl raufen.

Noch manche Woche wachelt der Rekrutenbüschl auf dem Hut, bis die ungestümen Feiertagsgefühle sich wieder an den Werktag gewöhnt haben.

Wenn im Herbst die Schwalben sich auf den Telegraphendrähten aufzureihen beginnen, wechselt das Rekrutenlustspiel in das Trauerspiel des Abschiedes von daheim. Der Rekrut legt seinen Schneidhut obenauf in den Kasten, von dem das Reiskuferl herunter kommt, das die Mutter mit allen möglichen Leibspeisen und Liebesgaben füllt. Auch der einrückende Knecht bekommt von der Bäuerin eine appetitliche Gab in seine Pappschachtel, und der Bauer druckt seinem abrückenden Dienstbuben einen Fünferstut-

zen in die Hand, weil dieser ihm immer auf die Roß so gut
aufgeschaut hat und weil der Bauer selber einmal eingruckt
war und darum weiß, wie es einem dabei ums Herz und um
den Geldbeutel ist.

Dann kommt das Schwerste: »das Pfüatn im Stall«. »Gell
Maxl, sei net gar z'wuid!« mahnt der Scheidende mit seltsam
weicher Stimme den breitnackigen Stier, der ihn darüber
ganz verwundert aus seinen runden Augen anglotzt. Dem
jüngst geworfenen Kalb krault er die Stirnhaare, und dieses
leckt dafür mit rosiger Zunge über seine Hand. Die übrigen
Rindviecher haben ihm das Gemüt nie so sonderlich bewegt.
Braucht er bei ihnen auch nicht zu »pfüatn«. Bei den zwei
Bräundln angelangt, rupfen diese ungerührt Schüppl um
Schüppl des Heues aus der Raufe und futtern weiter, als er
ihnen mit den fünf Fingern durch die Mähne kämmt. Sie
kennen sich aus, denn sie gehen schon lange im Strang und
haben die Sache mit den Rekruten schon viel zu oft mitge-
macht.

Morgen früh, wenn der Bauer draußen im Stall dem Rappl
das Kummet über den Kopf hebt und um den Hals legt, ist
drinnen in der Kaserne auch der junge Rekrut in Zaum und
Zügel gelegt.

Von unseren Rekruten einen Schritt zurück in die Zeit der
am 3. April 1807 errichteten Bürgerwehr, welche die innere
Ordnung im Land hütete. Aus Reichenhall stammt folgendes Lied, das Feilmeier aufgezeichnet und das nach Auflösung der Wehr noch lange gesungen wurde:

Der Kini kimt, der Kini kimt, fidri bimbambum,
daß jeder fei sei Gwehr mitnimmt, fidri bimbambum
und daß ihr mir fei acht auch gebt, fidri bimbamheurassa
und jeder seine Füaß aufhebt, fidri, bimbambum.

Ha, Nachba, bist scho zsamagricht, fidri . . .
ja Du, dös is a Teufisgschicht . . .
mir is mei Huat ins Häusl gfalln . . .
und kim i net, so muaß i zahln . . .
Lautoria, Lautoria, fidri bimbambum.

Höi, Nachba, leich i Dir an Huat, fidri . . .
und wenn er Dir a z'kloa sei tuat, . . .
so schneidst'n halt a zwerchte Hand . . .
beim hintern Zipfi ausanand . . .
Lautoria . . .

Ös wißts scho, wia da Hauptmann is, fidri . . .
wann ma net gleich wia a Gockl is, . . .
so schimpft und fluacht er wia net gscheit . . .
und hoaßt uns schlechte Packlleut . . .
Lautoria . . .

So, meine Leut, so seids iatzt da, . . .
Dös Ding is guat, iatzt stellts enk o, . . .
's Gwehr zu Fuß, bumbumbumbums, . . .
was treibst denn Du, Du Viech, Du dumms, . . .
Lautoria . . .

Nehmts 's Gwehr bei Fuß mit rechter Hand, . . .
Ha, Schneider, hast koan Verstand, . . .
der Dümmste bist scho Du von alln – . . .
iatzt lasst er gar sei Gwehr umfalln . . .
Lautoria . . .

Iatzt schulterts 's Gwehr und präsentiert! . . .
Schau, daß die fei Dei Nasn irrt . . .
iatzt stößt der Galn-Ochs mir sei Gwehr . . .
scho 's drittmal auf mein Haxn her . . .
Lautoria . . .

Na, da marschierts glei, wo i steh . . .
und hebts a bißl d'Füaß auf d'Höh, . . .
und machts dö Schritt net wieda z'groß, . . .
marschierts nur auf den Küahdreck los, . . .
Lautoria . . .

Machts a Schwenkung rechts auf ein, zwei, drei, . . .
ja, wia i sag, ös seids halt Säu! . . .
rechts is auf dö Straßn naus, . . .
und ös schaugts alle zum Branntweihaus . . .
Lautoria . . .

So meine Leut, iatzt habts a Ruah, . . .
iatzt schaugn ma dö Kavalleristn zua, . . .
und daß dö Heita nix schiniert, . . .
auf's Rathaus arschling zruckmarschiert . . .
Lautoria . . .

Paßts auf, der Hauptmann kommandiert, . . .
daß jeder 's Pferd ins Glied neiführt, . . .
iatzt aufi ghockt und Schwenkung gmacht, . . .
gebts no auf mei Kommando acht . . .
Lautoria . . .

Der wampat Bräu, dös woaß i gschwind, . . .
daß er alloa net aufikimt, . . .
oh je, da steht sei Knecht danem, . . .
der muaß den Broatling aufihebn . . .
Lautoria . . .

Iatzt sitzt er drobn, dös Ding ist guat, . . .
iatzt losts fei, wie er schnaufa tuat, . . .
sei Heita macht verfluachte Augn, . . .
es werd eahm halt dös Gwicht net taugn . . .
Lautoria . . .

Schaugts, wia da Sattla drobn sitzt . . .
und schaugts no, wia sei Häuta schwitzt, . . .
sei Roß is wia a Hennasteign, . . .
da möcht oan wahrli 's Reitn voleidn, . . .
Lautoria . . .

Ziagts d'Sabl raus, potzsapermost, . . .
Dö san ja alle dick voll Rost! . . .
Und der da bringt'n gar net raus, . . .
Du ziagst'n znaxt dahoam zerscht raus . . .
Lautoria . . .

No, Schmied, wo hast Dei Sablschoad? . . .
Herr Hauptmann, 's is da Sabl z'broat, . . .
der liegt dahoam in Wei sein Bett, . . .
i hab halt gmoant, i brauch'n heit net . . .
Lautoria . . .

Der Hauptmann reit' a Roß vom Bräu, . . .
dö Luada san do allsamt scheu . . .
A Mistviech is's scho von Geburt, . . .
iatzt rennts uns gar mit'n Hauptmann furt . . .
Lautoria . . .

Herr Hauptmann, hörns, wo reitns denn hi? . . .
Ja, meine Leut, was woaß denn i! . . .
I kon dös Luada net dahebn . . .
und muaß eahm fredi an Zügl gebn. . . .
Lautoria . . .

Der Häuta rennt ganz flink durchaus, . . .
bei oan Tor rei, bei'n andern naus, . . .
dö Kavalleristn packn zsam, . . .
natürli, weils koan Hauptmann ham . . .
Lautoria . . .

Das Bürgermilitär war eine ehrendienstliche Angelegenheit der Heimat gegenüber, also eine Art Ortspolizei ohne kriegerischen Einschlag, denn: »Nie wehrt der Bürger« – so lautet es in den »Gesetzen des königlich-bayerischen Bürger Militärs« von 1809 – seine Waffen gegen die äußeren Feinde. Seine Bestimmung bleibt ausschließend, den friedlichen, rechtlichen Einwohner zu schützen und die Wirkung des Gesetzes gegen polizeiliche Vergehen und das Verbrechen zu schützen ... Da die tägliche Waffenübung dem Gewerbsmanne zu viel Zeit kostet und der allerhöchsten Willensmeinung nicht gemäß ist, so haben Se. Majestät der König den Befehl gegeben: daß diese Waffen-Übung mit Ausnahme freiwilliger Einverständnisse, nur an Sonn- und Feiertagen in den Nachmittagsstunden (die höchsten Feiertage ausgenommen, an welchen nicht exerziert wird) und nach der gegenwärtigen ersten Formationszeit nur in den Sommermonaten bei Guter Witterung gehalten werden sollen ... Um der bürgerlichen Artillerie im wirklichen Gebrauche der Kanonen einige Übung zu verschaffen, wird denselben gestattet, am Fronleichnamsfeste bei den vier Evangelien feuern zu dürfen ...«

Von den Kraftspielen

Der Bua, wo a Federn tragt,
der Bua, der tragt schwar,
und iatzt möcht i no wißn,
wia stark als er war.

Nicht selten vollkommen abgeriegelt vom Nachbarn und auf sich allein gestellt, sind dem Bergvolk aus der angestammten Landschaft, aus der Härte seines Tagwerks die Kraft erwachsen, sein Mut, seine Entschossenheit und seine Ausdauer.

Das Ranggln

Wie ließe sich die einschläfernde Langeweile eines nicht selten eine Stunde weiten Weges zur Schule und zurück besser abkürzen, als daß man einander zeigt, wer man ist und was man kann? So braucht es zu so einem unterwegs sich ergebenden Ranggeln keine umständliche gegenseitige Einladung.

Die Erwachsenen dagegen treten dazu auf windumflogenen Berghalden oder auf dem Dorfanger an. Um die Spielhalden auf den Berghöhen schließen sich die Felshänge- und -flanken zum natürlichen Stadion für eine aus allen Windrichtungen zusammenströmende interessierte Zuschauerschaft, während drunten im Tal hölzerne Sitzbänke den Spielanger im Geviert eingrenzen. Gesellen sich eine lustige Ziehharmonika dazu und ein geschäftiger Wirt mit einer Faßlbank und einem Banzen Bier darauf, dann ist die Seligkeit voll.

Manche Ortschaften veranstalten jährlich einmal mit einem befreundeten Dorf ein solches Kampfspiel, in dem sich zeigt, wer sich für ein Jahr Meister-Ranggler und »Hagmoar« unter den Burschen nennen darf; so etwa die in der Nähe von Reichenhall beheimateten Mauthausener und Pidinger. Die Burschen von Ainring, die sich gleichfalls ihre Sonntagsnachmittage mit Ranggln vertreiben, sagen indessen zu diesem Spiel »Höseln«, weil sie dazu bloßfüßig und nur mit Hemd und Hose bekleidet antreten.

Die Wiege des Ranggl-Sportes steht in dem Chiemgau benachbarten Tirol. Dort war es schon vor Jahrhunderten üblich, daß die stärksten unter den kampflustigen Burschen einer Ortschaft, auch ganzer Talbezirke sich zusammenfanden, ihren Moar, ihren major domus, den Herrn über die Schar, auszuraufen. Aus dieser Gepflogenheit, Überbleibsel aus frühester Zeit, soll sich die Form des Rangglns herausgebildet haben.

Während aber bei brutalen Raufhändeln manch einer auf Nimmerwiedersehen auf dem Kampfplatz bleibt, geht das Ranggln ohne Gefährdung für Leib und Leben vor sich, auch wenn dabei die stärkste »rupfene Pfoad«, ohne die kein Ranggler auftreten kann, in Fetzen geht. Ganz rücksichtsvolle tauschen diese vor Beginn ihres Wettkampfes untereinander aus, damit sie gegebenenfalls am Gegner nur das eigene Hemd zerreißen. In früheren Zeiten durften beim Ranggln nur ledige Mädchen zuschauen, die sich bei dieser Gelegenheit die kräftigsten und gelenkigsten Burschen aussuchen konnten. Auch das Ranggln selbst war ja Angelegenheit der unverheirateten Burschen.

Wie beim Ringen, bei dem der Unterlegene mit der Schulter den Boden berühren muß, ist beim Ranggln der Gegner entweder hoch über die Schulter zu schwingen oder in gebückter Stellung zu unterlaufen und auszuheben.

Und das scheint mir das Ranggln von der dämonischen Lust des Raufens zu unterscheiden: Die Partner verlassen beim Ranggln nach dem Wettstreit den Kampfplatz wie eben zwei, die ihre kämpferischen Qualitäten aneinander gemessen haben, die Raufer aber scheiden von einander, nach wie vor in Feindschaft verschworen. Es gibt nicht wenige, denen jeder Anlaß zu einer Rauferei recht ist und die, wo immer sie erscheinen, gefürchtet sind. So flüsterten in meiner Kinderzeit auf Hochzeiten die Gäste in Angst und Schrecken: »D'Rimschtinga Buama keman!« Dem großen Ranggler dagegen zeigt man Bewunderung und betrachtet man als den Stolz und den Glanz eines Dorfes. Jeder Bauer rechnet es sich zur Ehre, wenn ein »Ranggler-Hagmoar« als Knecht auf seinem Hof dient.

Beim Ranggln geht es nicht so sehr um Stärke als um Gewandtheit und Geistesgegenwart, die erlaubten Vorteile, die verschiedenen Arten von Griffen und Würfen, auszunutzen. Dabei handelt es sich um den Kreuzwurf, geschickte

Armverschlingungen, den Stierer, schubweises Arbeiten im Kampfe, das Hufen oder Fußen, bei dem die beiden Ranggler auf dem Boden liegen und statt mit den Armen mit den Füßen arbeiten, und endlich das Lupfen, wo man mit einer geschickten Drehung dem Gegner das Gleichgewicht zu nehmen und ihn so auf den Boden zu bringen versucht. Verboten sind das Brückenschlagen, das Würgen, der Hennawurf und der Nackenhebel. Sieger ist, wer seinen Gegner so auf den Boden zu werfen oder niederzuzwingen vermag, daß dieser mit beiden Schultern den Boden berührt.

Von jeher erfreuten sich die volkstümlichen Kraftspiele, da sie der körperlichen Ertüchtigung dienen, auch der landesherrlichen Gunst. In seinen »Gasteiner Novellen« weist Steub auf eine Urkunde mit einem Erlaß des salzburgischen Erzbischofs Leonhard von Keutschach (1495–1519) hin: ». . . Unsern Gruß zuvor Getreuer, Lieber! Wie im nächsthin abgewichenen Jahr an St. Jakoben des heiligen Zwölfboten Tag das Hosenrekken auf dem Berg Hundstein Deines anvertrauten Gerichtes gelegen mit Ruhe und Ordnung geschehen und fürgegangen ist, so ist an Dich unser ernstlicher Befehl, daß im heurigen Jahr das Hosenrekken auf dem Berg Hundstein am besagten Jakobentag wie von Alters her gehalten werden darf, daß auch ein Preis geben wird von einem Pfund schwarzer Pfening. Fürder aber, wann es bei diesem Hosenrekken zu Trotz unseres Befehles ein Zank und Schlägerei entstünde, dieses Hosenrekken gar abzustellen wäre. Also hast Du daher nach unserem Willen und Befehl in Deinem anvertrauten Gericht männiglich berufen zu lassen, damit die Untertanen und ledige Bursch sich darnach achten, an dem geschieht unser Will und Befehl. Gegeben in unser Stadt Salzburg am Montag . . . 1518 . . .« Der Befehl war ergangen an den Hauptmann und Pfleger Sigemund Graf zu Schernberg und Taxenbach. Das Ranggln am Hundstein über dem Zeller See findet auch in der zweiten Hälfte des 20. Jahrhunderts noch alljährlich am Jakobitag statt.

Auch die Tradition der Berchtesgadener Ranggler berichtet davon, daß jährlich ein bayerischer König zu Berchtesgaden ein Preisranggln veranstaltete, zu dem auch das benachbarte Salzburg und Tirol ihre Meistermannschaften sandten. Ihm wohnte der König – es war angeblich der volkstümliche Max II. – mit anderen Fürstlichkeiten bei. Als erster Preis winkte die für die damalige Zeit recht beträchtliche Summe von 200 Gulden.

Fingerhakeln

Eine andere Herausforderung, bei der es nicht um Leben und Tod, aber desto mehr um Kraft und Geschick geht, bildet das Fingerhakeln.

Wieder einmal ist die Wirtsstube beim Pechlwirt voll. Es ist heute Sonntag. Draußen stürmt und schneibt es ganz mentisch. Der Wirt hat eingekachelt. Die angeschneibten Janker und Joppen dampfen und dunsten in der Wärme, die Bauern fühlen sich in ihren feuchtwarmen Wickeln wohl.

Am hinteren Tisch hockt der Schinaggl Veicht von der drentern Leitn und schaut sich schön schtad die Leutln an. ›Fehlt grad no der Holza Lois von Hintereck, der windige Fallot‹, denkt der Veicht. Schon seit einiger Zeit hat er, Gott allein weiß warum, einen Hock auf den Lois und badet diesen nachdenklich in seiner Halben Bier.

Jetzt kommt der Lois zur Tür herein. Er setzt sich an das druntere Eck vom Veichtl seinem Tisch. »A Maß!« schreit er der vorbeiflitzenden Kellnerin zu. Tut sich alleweil gern a bißl hagmoarisch geben, der Lois, darum er sich statt einer Halben gleich eine Maß bestellt.

Die Zenz bringt die Maß. Der Lois hängt seinen Schnurrbart

Friedrich Johann Voltz, 1817–1886, Rast auf der Alm (Bleistift)

in den Bierschaum und trinkt und trinkt, stellt den Maßkrug auf den Tisch und ruckt sein grünes Plüschhüatl auf dem Kopf von der rechten Seite auf die linke. Der Veichtl schaut ihm zu. »Muaß eahm leicht ebbas übers Leberl krocha sei, dem Lois«, philosophiert der Veichtl. Nach einer Weile wirft er so nebenbei, wie dem Tyrass eine Wursthaut, dem Lois die Frage zu: »Alloane heit?« – »Aba, ogeh tuats Di nix«, wirft der Lois den aufgeschnappten Bissen zurück. »No, ma moant halt«, begütigt in sanftestem Ton der Veicht. Fährt der Lois auf: »Wer moant?« – »Neamd moant«, erwidert der Veicht gelassen und lüftet dazu seinen heiß angelaufenen Haarboden und sumst vor sich hin:

> »Mei Federl am Huat, dös tuat si schö noagn,
> und wer koan Holzknecht net kennt,
> dem will i oan zoagn.«

Der Lois hört dies, springt auf und reckt dem Veicht über den Tisch seinen Arm mit dem gekrümmten Mittelfinger hin: »Traust dir oder traust dir net?« Gschwind wie der Wind hängt der Veicht seinen gekrümmten Mittelfinger in den des Lois.

»Aufpassen!« schreit einer in die Wirtsstube hinein. Die Stube wird auf einmal mäuserlstill. Aller Blicke liegen wie gebannt auf den zwei Haklern. Nur der Rauch aus den Tabakspfeifen wachelt auf und nieder.

Die zwei Haklerfäuste liegen auf der Tischplatte wie zwei festgewachsene Klötze. Kraft gegen Kraft. Dann hört man die Fingerknöchel krachen und der Lois und der Veicht beißen die Zähne aufeinander. Keinen Ruck bewegen sich die Fäuste vom Fleck. Da, mit einem Mal beginnt der Veichtl zu ziehen, zieht und zieht, und weil er zu seiner Kraft noch einen Hock hat, zieht er den Lois Zoll um Zoll zu sich heran, zieht ihn über den Tisch und aus der Bank, reißt ihn auf den Boden nieder und zieht ihn zur Tür hinaus. Eine Kraft spürt da der Veicht in sich, daß er es, wie das mitunter vorkommt, am liebsten gleich mit zweien zugleich aufgenommen hätte.

Wird das Fingerhakln als Spiel ausgeübt, dann gilt es den Gegner über das Mal, einen Strich durch die Tischmitte, zu ziehen und ihm den gekrümmten Hakelfinger geradezubiegen. Wenn einer dabei »abschnalzt«, d. h. vor Schmerzen losläßt, hat er das Spiel verloren. Wichtig ist immer, daß die gegnerischen Haklfinger die gleiche Länge haben, denn ein kürzerer Finger würde einem längeren gegenüber im Nachteil sein.

Es gibt oder gab auch Fingerhakler, die sich zu ihrem Kampf eines eisernen Ringes bedienten, den sie für alle Gegebenheiten stets in der Westentasche mit sich trugen. Als Verbindung zwischen den Mittelfingern fand daneben ein kranzförmig aus zähen Fichtenwurzeln geflochtener Ring Verwendung. Andere Hakler bezogen neben ihrer Kraft die Härte ihrer Haut in den Wettkampf mit ein. Die Probe darauf geschah mittels eines aus einer metallenen Zithersaite geformten Ringes. War die Haut nicht genügend hart, so kam es vor, daß der Saitenring das Fleisch bis auf den Knochen durchschnitt.

Um Kraftmeierei geht es beim Faustschieben, das ebenfalls in der Wirtsstube stattfindet. Durch die Tischplatte von einander getrennt, sitzen sich meist mehrere Gegner gegenüber, die Buckel fest an die Banklehne gedrückt. Manchmal läßt sich einer seine Stellung auch noch durch den Rücken eines hinter ihm sitzenden Mannes versteifen. Auf dem Mal, einem Kreidestrich, der den Tisch der Länge nach in zwei Hälften schneidet, stemmen sich die Fäuste der Spieler mit den Handballen gegeneinander. Wer die gegnerische Faust über das Mal zu schieben vermag, hat gewonnen.

Ein lustiger Zeitvertreib ist das »Kasdrucka«, bei geselligen Zusammenkünften gerne geübt. Die Teilnehmer sitzen dabei eng aneinander gereiht auf einer langen Bank, und wer ihnen, sei es im Scherz oder im Ernst, nicht paßt, wird aus der Bank hinausgedrückt.

Kegelspiel

Die beim Kegelspiel im allgemeinen vorgeschriebene Zahl Neun, welche den Germanen heilig war, verweist die Herkunft dieses Spieles in die Graue Vorzeit und in den Bereich des Kultischen. Das Spiel mit dem »Chegil« (altd. für Kegel, aber auch für Gelenkknochen – vgl. auch »auskegeln«, sich . . . verrenken) wurde bei den Feiern der Wotans- und Donarfeste geübt. Dabei steckte man die Unterschenkelknochen geopferter Pferde, aber auch die Oberarmknochen geopferter Gefangener in heiliger Zahl – als solche galten alle ungeraden Zahlen – in die Erde und brachte sie mit einem Wurfgeschoß zu Fall.

Die mittelalterlichen Klosterherren betrachteten in ihrem mit großem Eifer geübten Kegelspiel den mittleren Kegel, also den König, als germanisches Götzenbild und nannten ihn den »Heiden«. Nach diesem Heiden wurde, wie eine Chronik der Domherren zu Paderborn berichtet, alljährlich am Sonntag Lätare eine hölzerne Kugel mit dem Ausdruck christlichen Abscheues geworfen. Auf die Beziehung des Kegels zu den germanischen Götterfesten deutet außerdem die volkstümliche Redensart, wie sie von unserer Kindmagd und überhaupt von älteren Leuten uns Kindern gegenüber in Bezug auf ein in der Ferne hörbares Rollen des Donners

gebraucht wurde: »Hörst es? Der Peterl tuat Kegelscheim!«
Der Peterl, also St. Petrus ist aber niemand anders als der
christliche Stellvertreter des heidnischen Donar.

Schließlich ist das Kegelspiel auch in das Reich der Phantasie
eingegangen. Aus der Vielzahl der Sagen, die sich um dasselbe ranken, möchte ich nur jene anführen, nach welcher der
im Untersberg bei Berchtesgaden hausende Kaiser Barbarossa mit seinen Mannen sich mit Kegelspiel die Zeit vertreibt.
Ein Hirtenbub, ein Sonntagskind, ließ einmal an einem
Sommersonntag seine Schafe den Unterberg entlang weiden.
Plötzlich tat sich vor ihm der Zauberberg auf. In kindlicher
Unbekümmertheit trat er ein und gelangte in jenen Saal, in
dem sich Barbarossa mit Kegelspiel vergnügte. Als man den
Hirtenbuben gewahr wurde, forderte man ihn auf, als Kegel-
bub Dienste zu tun. Manche Kugel war abgerollt, mancher
Kegel von ihm zu dem unheimlichen Spiel aufgestellt, bis der
Bub endlich einen unbeobachteten Augenblick ausnutzen
und entwischen konnte. Er vergaß aber nicht, sich zum
Andenken einen kaiserlichen Kegel mitzunehmen. Kaum
war er in das Sonnenlicht zurückgekehrt, hatte sich auch
schon der Zauberberg hinter ihm geschlossen und der mitge-
nommene kaiserliche Kegel sich in pures Gold verwandelt.

Noch zu Ende des 12. Jahrhunderts spielte man das Kegelspiel mit drei Kegeln, also mit einer ungeraden Zahl. Seine
Kegel, ungeschlachte Holzblöcke, dazu ungeschlachte
Wurfgeschosse, haben sich in die Kegel und Kugeln von
heute verwandelt. Auch die ursprüngliche Spielform, bei der
nach den Kegeln geworfen wurde, ist nur noch vereinzelt in
manchen Gegenden anzutreffen. Man schiebt oder scheibt
mit der Kugel, doch sind die früheren Steinkugeln den
Kugeln aus Hartholz gewichen, von denen die härtesten aus
»lignum sanctum« gefertigt sind.

Was ein ausgetüftelter Kegelscheiber ist, der bringt immer

seine eigene Kugel mit, wenn er sie auch nicht selten einen stundenweiten Weg in seinem Rucksack schleppen muß.

In der heute gebräuchlichen Neunzahl ist der mittlere Kegel der König. Die Kegel auf der unteren und oberen Viereckspitze heißen der Erste und der Hintere, weil letzter hinter dem König steht. Die Kegel auf der linken und auf der rechten Viereckspitze nennt man den linken und den rechten Saunagel, die inneren Bohrer. Die Kegelkugel hat auf dem Laden, einem durch die Längsmitte der Kegelbahn laufenden Hartholzbrett, anzulaufen. Der gerissenste unter den Spielern ist der Moar.

Scheiben kann man einen Stier, einen Schusterstuhl, eine linke und eine rechte Gasse, ein Loch und einen Hundstrapp sowie 's Bettlwei (der äußerste Seitenkegel), »da is d'Hex a dabei.« Man kann owandln, eine glatte oder eine hupfate Kugel haben.

Von einem alten, ausgepichten Kegelscheiber, der, wie er mir erzählte, im Laufe seines Lebens am Kegelspiel bei 9000 Mark verdient hat, stammen nachfolgende Angaben:

Das Kegelspiel besteht aus fünf Gängen: dem Lübekeln, dem Kehrscheibn, dem Preisscheiben, dem Schmauzeln und dem Barteln.

Das Lübekeln: Jeder Beteiligte hat 3 Schub nacheinander. Angenommen werden 200 Holz (Kegel). 6 Kegel sind mit dem ersten Kegel 12 Holz; 7 Kegel sind 18 Holz, 8 Kegel sind 24 Holz, 9 Kegel 48. Mit einem Schub einen Kranz scheiben gilt 48 Holz; alle 9 auf einmal gelten 60 Holz.

Das Kehrscheiben: 6 Kegel, 5 Spieler. Es wird Geld eingesetzt. 6 Kegel heißt, es darf im ganzen nur sechsmal geschoben werden. Wer am meisten geschoben hat, erhöht den Betrag, andernfalls muß er jedem den ganzen Einsatz bezahlen.

Das Preisscheiben: Es wird ein Geldpreis oder ein Geißbock vom Wirt ausgesetzt. Geschoben wird mit zwei Kugeln. Ein

Stamm kostet 1 Mark. Fünfmal zwei Kugeln sind eine Runde. Solch ein Spiel dauert oft vier Wochen.

Das Schmaunzeln: Jeder, der geschoben hat, muß dem anderen die Differenz der nicht geschobenen Hölzer bezahlen. Trifft zum Beispiel der erste 6 oder 5 Hölzer, der zweite nur 3 oder 4, so muß letzter 2 oder 3 Hölzer bezahlen. Schiebt der dritte Schütz 7 oder 8, der vierte aber alle 9, dann zahlt der dritte dem vierten die Differenz. Das ist das lustigste Kegelspiel. – Schmaunzeln heißt aber auch noch, auf den Schub, den einer macht, 10 Pfennig oder mehr zu wetten. Hat der Wettende recht, so muß der Kegelscheiber bezahlen, hat er es nicht, so bekommt der Kegler das Geld. Beim Schmaunzeln hat jedoch keiner einen Gewinn oder nur einen kleinen, weil dieser nach jedem Spiel an den Kegelbuben zu bezahlen ist. Zunächst freilich erhalten die Buben Zettel, für fünf Zettel dann eine Maß oder eine Brotzeit.

Das Barteln: 6 Scheiber. Es werden von einer Spielkarte 3 Grafen und 3 Herz genommen und von den 6 Scheibern gezogen. 3 Grafen und 3 Herz sind zwei Parteien. Die Partei, welche die höchste vereinbarte Holzzahl erreicht, hat gewonnen. Ein Vorteil ist, wenn einer einen Kranz scheibt; er gilt 36 Holz. Alle 9 gelten 18 Holz. Wer am schlechtesten spielt, wird dreimal ausgesungen in stets gesteigertem Ton: »Iatzt ham ma wieda oan. (einen Bartl)«.

Das Karteln

»Is a wieda schö, wenn ma schö warm beim Ofn sitzn kon« – aus dieser Erkenntnis heraus beginnt im Dezember die winterliche Wirtsstubensaison.

Die »Spielratzen« hocken wie angenagelt hinter ihren Karten. Natürlich nicht bei den Spielen für die unschuldigen

Kindln, beim Schwarzpeterln, beim Graspeterln und beim Sechsundsechzigern, sondern die Bauernfäuste hauen ihre Trümpfe aus dem Tarock und aus dem Schafkopf auf die Tischplatte, daß die Maßkrüge hopsen und die Spielgelder auf und nieder hüpfen. Denn das Kartenspiel ist und bleibt eine hitzige Angelegenheit, ob es sich beim Austrag der Partie um eine Frage, um ein Solo, um einen Durchmarsch oder gar um einen Bettel handelt, der aufregend ist, weil, wer den Bettel ansagt, keinen einzigen Stich mehr machen darf. Der Spielteufel hat sich schon manche »arme Seel« vom Spieltisch weggeholt und nach Verlust von Hab und Gut in Elend und Verzweiflung gestoßen, wie ja auch auf der Kegelstatt nicht nur manches Heiratsgut verspielt, sondern als allerletzte Habe vom Schileleibl der allerletzte silberne Vierundzwanziger abgerissen und als Einsatz aufgeworfen wurde.

Das Kartenspiel soll von der Wüste Gobi aus seine Reise in die Welt angetreten haben und über Italien nach Deutschland gekommen sein. Hier galt es nach mittelalterlicher christlicher Anschauung als eine Erfindung des Satans und als sein Brevier und Alphabet. 1329 erließ der Bischof von Worms ein Verbot.

Dem Hochadel des Kartenspiels gehört das Tarocken an. Besonders beliebt ist das Watten, bei dem das »Bscheißn« nicht nur erlaubt, sondern geradezu eine spieltechnische Forderung ist. So kommt dieses Spiel dem Volksmund nach »gleich nach dem Stehlen«.

In jedem gewiegten Kartenspieler wohnt ein Stück Aberglaube: Immer nehmen die Kartler am gleichen Tisch Platz. Es soll »Glücks- und Unglücksplätze« geben. Auch hält mancher in seiner Spielkasse einen »Geldhüter«, irgend eine außer Kurs geratene Münze, auch einmal eine geweihte Medaille.

Dorffeindschaften

Wennst amal rafa magst,
derfst as grad sagn,
ziag i mein Janka aus,
nimm Di beim Kragn.

Gegensätzlichkeit ist welterhaltendes Naturgesetz. Sie ist notwendig im rein Kosmischen wie im geistigen und seelischen Bereich. Zum Licht gehört das Dunkel, zur Kraft die Schwäche, zum Segen der Fluch, zur Freundschaft die Feindschaft.

Wie und wo Dorffeindschaften ihren Ursprung genommen haben, weiß meist niemand mehr. Aber sie sind da, sie werden gepflegt, werden von den Vätern auf die Söhne vererbt und verbleiben der Sippe wie der Hof dem Geschlecht. »Is a alts Herkema und a ewigs Dableim«, erörterte mir einmal ein alter Graukopf, als ich ihn über Dorffeindschaften aushorchen wollte. »Und siehgst es«, meinte er, »i bin mit der Feindschaft gegen dö Piesenkamerer geborn, groß und alt worn, i wui a drinna sterbn. Ma is dös a so gwohnt und es gang oan glei ebbas ab, wanns nimma a so war.«

Dabei schwelt dieser Brand nicht nur in der Brust der Erwachsenen, er brennt schon lichterloh in den Kindern, die sich bei Begegnungen oder auf der Schulbank zur rechten Zeit handfeste Schmähungen oder auch den »Schulkanier« (Schulranzen) an das eigengewachsene Köpfl werfen. Ja sogar der Hofhund weiß, was er seinem feindlichen Nachbarn an bissigem Entgegenkommen schuldig ist.

Dorffeindschaften sind nichts anderes als Überbleibsel aus der Zeit des freien Bauernadels. Sie sind Widerhall aus der

Ursprungs-, Entwicklungs- und Siedlungsgeschichte der Menschheit überhaupt, in welcher der Kampf um das Eigentum, der Kampf um Feld und Wald, Herd und Weib den Artgenossen in feindliche Haltung gegen den Artgenossen stellte. In jenen frühen Zeiten, da jeder Fußbreit Boden errungen werden mußte, hieß fremd sein feind sein. Fremd aber war derjenige, der außerhalb einer Gemarkung stand.

Und so ist es bis auf den heutigen Tag geblieben, vor allem in schwer zugänglicher landschaftlicher Lage. Die Bewohner solcher Bezirke haben ihre Ursprünglichkeit und ihre Gepflogenheiten am stärksten bewahrt. Immer noch begegnet dort der Eingeborene mit unverhohlenem Mißtrauen und mit rücksichtsloser Zurückhaltung dem »Zuagroastn« oder »Zuawagschmecktn«, dem, der an Ort und Stelle keinen Kirchenstuhl und keine Grabstatt besitzt. Hat dieser auch im Laufe seiner Siedlungszeit die ihm von den Eingeborenen auferlegte Prüfung auf seine Persönlichkeit bestanden, ihr Vertrauen gewonnen und sich so gewissermaßen das Heimatrecht im Dorf erworben, nach Jahren kann wieder eine Gelegenheit kommen, bei der der Alteingesessene dem Eingewanderten einen »hergelaufenen Hanswurschten« ins Gesicht schleudert. Dem »Zuagroastn«, der ein frei gewordenes Anwesen erwirbt, bleibt ein Hausname zumeist versagt. Erst eine außerordentliche Leistung, etwa der selbstlose persönliche Einsatz in Unglücksfällen, vermag den Bann zu brechen und ihm die Einreihung ermöglichen.

Feindschaft kann auch gesetzt sein zwischzn den Innen- und Außendörflern oder innerhalb der Burschenschaft eines Ortes, und bis in unregistrierbare Zeiten und Geschlechter zurück weiß dann ganz von selber immer wieder der Sohn vom Vater, daß die einen nur beim obern Wirt, die anderen nur beim untern Wirt einzukehren haben. Will aber einer seine überschüssigen Kräfte und seine überflüssigen »Hitzn« austoben, dann braucht er nur in das Wirtshaus der anderen zu gehn. Sein Erscheinen am falschen Platz ist ein Signal. Steht indes im Dorf nur ein einziges Wirtshaus, dann geht die Unterscheidung »platzweis«. Die Jugend sitzt dann nach Tischen gesondert.

Wie der hohe Blutdruck zu seiner Entlastung eines Aderlasses oder einiger Schröpfköpfe bedarf, so braucht auch die Hochspannung der aufgestauten feindlichen Gefühle von Zeit zu Zeit ihre Entladung. Und die erfolgt in Form einer Rauferei. Denn »allzeit ist der Bayer, aus dem wilden Urtum absoluter Gewalt, geneigt, seinem Gegner mit der Faust sich sein Recht zu verschaffen.« Nicht umsonst haben sich die Ruhpoldinger Buam beim Ausbruch des ersten Weltkrieges gefreut: »Iatzt kina ma do gnua rafa, ohne daß mir gstraft wern.«

Gerauft wird um die Ehre des Dorfes, bei festlichen Gelegenheiten obendrein um die Ehre des Tages. Die Einladung zu solchem »Rafats« ergeht gerne durch gegenseitiges Foppen und Tratzen, Hansln, Aufziehen oder Derblecken.

Überlieferte Spitznamen

Der Volkswitz hat Spitznamen geprägt. Sie bedeuten eine Spitze, ob sie gutmütig neckenden oder bösartig aufreizenden, ob sie beleidigenden, ehrenden oder entehrenden Charakters sind. Ihre Begründung ist immer dem Leben entlauscht und stützt sich auf wirtschaftliche oder landschaftliche Verhältnisse, auf geistige oder körperliche Struktur der Träger, auf Lebensgewohnheiten, auf Taten oder weniger ruhmreiche Geschehnisse.

Die Freilassinger tragen den Beinamen die »Galgenviertler«. Er zielt auf die ehemals Freilassing zugehörende Gerichtsbarkeit über Leben und Tod. Weil das nächstgelegene Salzburghofen einst Asylgebiet für in Acht und Bann gelegten Personen war, heißen die Freilassinger auch noch die »Freiviertler«, die Salzburghofener nach ihrem Kirchenpatron, dem hl. Rupert, die »Salzburghofener Rüapln«. Im benachbarten Laufen trugen einst die Laufener Schöff- oder Schiffsleute von dem »naggelnden« (wackelnden) Geräusch der Rudergelenke den Namen »Laufener Schöffnakei«. In Fridolfing sind die »Kropfatn« daheim, in Aschau die »Halertauer Lappn«, in dem von Bergen eingeschlossenen Weißbach an der Mauthäuslstraße die »Nebeltreiber«, weil ihre Gegend viele Tage im Jahr in Nebel gehüllt ist. Nach den in den Waldungen um Traunwalchen gelegenen großen Heidegebieten gibt es die »Traunwalchener Hoaderer-Böck«. Die Bewohner von Prien verdanken ihren Spitznamen »Duttenfeiler« (Dutten = Busen) ihrer Schamhaftigkeit. Sie hatten seinerzeit unter Anführung eines jungen Pfarrers die üppig geratenen bronzenen Brüste einer Siegesgöttin einer Korrektur unterzogen, indem sie die Busen auf das »anständige Maß« zurückfeilten. Auf Frauenwörth hausen die »Frauenklösterer Haferlbrüder«, so genannt nach der weit bekannten Klampfleutnerschen Hafnerin. Die Reichenhaller heißen die »Zeiserlfanger«, die Vachendorfer die »Ruamhirschn«, die Staudacher die »Nußbeißer«. Die Söchtenauer gelten als die »Weckenfresser«, die Vogtareuter als die »Gschpreiztn«. In Baierbach bei Rosenheim sind die »Loabecker Haferlschmecker, Bamausreißer, Hosenscheißer« daheim, in Riedering die »Schbomiseimäh« und in Waging die »oanign Waginger«. Letzte haben die merkwürdige Eigenschaft, gerne das Wörtchen »oani« beizufügen und z. B. »oani Oa« (Eier) zu sagen.

Als Grabenstätt noch unmittelbar am Chiemseeufer lag, trieben die Bewohner viel Gänsezucht. Wenn dann in den Gaststätten das herbstliche Gansviertlessen einsetzte, konnte

Karl Enhuber, 1811–1867, Tegernseer Zitherspieler (Bleistift)

man die in großer Zahl benötigten Martinsvögel reihenweise an ihren Krägen aufgehängt sehen. So wurden aus den Grabenstätter die »Grabenstätter Gänshänger«. Die Bernauer und die Bewohner von Söllhuben mit ihren ertragreichen Moorgründen speisten – wenigstens in früherer Zeit – meist als einfache Kost Farveln oder Wasserspatzen und hießen darum die »Farveln« oder »Farvelhacker«. Vor 1900 nannte man die Bernauer auch noch »die laufenden Bernauer«, weil sie angeblich ihre Neugierde überall hin spazieren laufen ließen. Sie befehdeten sich, wo sie aneinander stießen, die »Untrigen« und die »Oberen«, die unmittelbar am Chiemsee anliegenden Bewohner von Felden und die berganwohnenden Feldener Bergler. Im Pechschnaiter Hochmoor, einem Legföhren- oder Latschengebiet, hausen die »Knappenfelder Latschenböck«, auch die »Königlichen« geheißen, weil seinerzeit der König jedem, der sich in Knappenfeld ansiedelte, einige Tagwerk Staatsgrund schenkte. In Surberg sind die »Surberger Moostapper« daheim, im Anbaugebiet der Stoppelrübe die »Vachendorfer Ruambeißer, Ruamhapler, Ruamzahner oder Ruamhirschn«.

Wo die Gegenden rauh waren, gab es wie in Schleching die »Hachein« (Bezeichnung für rauhe, derbe Menschen). Vom Kartenblatt mit dem Schellober oder -unter, das sich die Buben von Reit im Winkl beim Gang zur Musterung vorne auf den Hut steckten, führten sie den Namen »Schellhengste«. An den im August 1704 errungenen Sieg über die Österreicher in der Nähe des kurfürstlichen Schlosses Marquartstein – das österreichische Regiment unter Oberstleutnant de la Lologne wurde damals von bayerischen Grenadieren aufgerieben – knüpfen die »Oberwössener Sturmer« an mit dem Vers: »Wann's z'Unterwössn läutn / na wacklt der Turm / nacha werns glei kema / der Oberwössener Sturm.« In Grassau, das früher vor allem Hafer baute, wohnen die »Grassauer Haberspitz«. Wegen der früher mit Eifer betriebenen Aufzucht von Kletterbohnen, wozu man »Hanichln« oder Bohnenstangen benötigte, nennt man die Burschen von Rottau die »Rottauer Bohnenstangln«. Aus dem gleichen Grunde gibt es die »Bergener Hanichln«. Nach ihrem Leibgericht, den »Kletzen« oder »Kloutzn«, gedörrten Birnen, um die man in der weihnachtlichen Klopferzeit von Haus zu Haus ins »Klopfat« ging, gibt es die »Siegsdorfer Kloutznstingl«, während im benachbarten Ruhpolding die »Butternudelmarterer« bekannt sind. Warum die Überseer die »Taschnrama« (von Taschen ausräumen) heißen, war nicht zu ermitteln.

Auf den üppigen Wiesen- und Weidegründen um Staudach blüht nicht nur die Rinderzucht, dort gedeihen auch die zweibeinigen »Staudacher Büffln«, wegen der vielen Nußbäume in ihrem Gelände auch die »Staudacher Nußbeißer« genannt. Die Angrenzer an umzäunte Weidegründe gelten als »Stiaglhupfer«, weil an den Wegen, die durch Weidegründe liefen, der Zaun überstiegen werden mußte, wozu kleine Stiegen gesetzt waren. Diesen Namen trug in früheren Zeiten auch der berittene Gesellpriester, denn auch der ließ auf seinen priesterlichen Diensttritten seinen Gaul beim Stiegerl über den Weidezaun hüpfen.

Noch vor einem halben Jahrhundert beschäftigten sich die 32 Ansitzer von Baumgarten und Feldwies am Chiemsee, das von der Tiroler Ache aus den Bergen angeschwemmte Erdreich ausnützend, mit der Kultur der Speisezwiebel und ernteten von diesen jährlich etwa 800 Zentner. Die Zwiebeln wurden mit der Kraxe oder auch, zu Zöpfen geflochten, an einem Stock über der Schulter im Chiemgau verhausiert. Die Zwiebelkulturen sind zwar verschwunden, geblieben aber sind die »Feldwieser Zwieblbuam«. Wie die Wössener einst für ihren berittenen Gesellpriester oder Vikar auf Gemeindekosten den »Vikariblaß«, ein weißes Pferd, hielten, so wird dies wohl auch bei den Bewohnern von Otting der Fall gewesen sein, da es auch dort die »Ottinger Blaßn« gibt. Die »Kammerer Blaßn« beziehen sich dagegen auf ihre Rinderzucht. Nach Pittenhart, wo die großen Kartoffeln wachsen, gehören die »Pittenharter Erdäpfelpatzer«.

»Wann oana fahrn tuat und hat a schlechts Roß / so muaß er von Palling sei oder Freitmoos.« Eine Deutung dieses Verses ist nicht mehr auszumachen. Dagegen erklären sich nach Ludwig Hörmann die »Pallinger Huatschmeißer« von selbst: Wenn auf Bittgängen beim gemeinsamen Rosenkranzbeten ein neues »Bsatzl«, das heißt ein neues Rosenkranzgeheimnis begann, traten, wie sich die alten Leute noch erinnern, ein Dutzend Männer, die als Vorbeter fungierten, in die Mitte der zweigeteilten Beterreihe und gaben durch Hutschwingen das Zeichen dazu.

Die »Chieminger Zaunloana« verdanken ihren Namen einem Bittgang nach Hart. Weil der fragliche Tag heiß war, gab es viel Durst, und weil es viel Durst gab, gab es dementsprechend viel Räusche. Manchen wurde schlecht. Und so »riefen« sie, an den nächstbesten Zaun gelehnt, in ihrer leiblichen Not »den hl. Ulrich an«. Als sie nun 1912 wieder mit ihrem Bittgang in Hart anrückten, hatten die Burschen des Ortes zum Empfang der Wallfahrer eine Strohpuppe an einen Zaun gelehnt. So riet 1913 der Pfarrherr von Hart, der die Böcke unter seinen Lämmern nur allzugut kannte, den Chiemingern, ihre Bittfahrt lieber nach Irnsing zu machen. Dies wurde zwar ausgeführt, doch grüßte auch hier am Wäldchen vor dem Ort – ein Strohmandl.

Weil zu richtigen Tirolern auch ein richtiger Kehlsack gehört, nennt man sie im Bayerischen die »Tiroler Sackln«, wogegen die Tiroler die Bayern ob ihrer Liebe zur Schweinezucht die »Boarnfackn« heißen. Letzteres war lange Zeit sogar zu einem Politikum geworden. Das »Boarfakei« oder die Aufforderung: »Boarfakei hutz, hutz, hutz!« hatte durch die kriegerischen Auseinandersetzungen zwischen den beiden stammverwandten Ländern eine viel bösere Auslegung erfahren, als ursprünglich beabsichtigt war. Erst nach der gemeinsamen Waffenbrüderschaft in zwei Kriegen ist die Bedeutung des »Boarfakei« wieder entschärft, das heißt die Bayern greifen schon lange nicht mehr zum »Veitl«, wenn sie von einem »Tiroler Sackl« auf diese Weise »angespitzt« werden.

Sollen mehrere Dorfschaften in Bausch und Bogen abgewürdigt werden, dann bedient man sich einer »Dorflitanei«:

> Hopsassa, Hörgassing,
> Lampertsham, Weitgassing,
> Bromberg steht a danebn,
> Menscha hat's nach der Gröbn.

Oder:

> Über d'Salzach kim i husi (eilig) her,
> Durch die Stadt hoaßt's Laufn,
> Draußn am Lettn (Lehmgrund) sich a paar tretn,
> und in der Lebenau siech i a paar Sau,
> Kim i auf Fridolfing
> muaß i mi a weng niedalegn
> Kim i auf Piedling,
> da san lauta Mädling (langweilige)
> nacha kim i auf Abtenham,
> Da keman d'Narrn und d'Lappn zam
> Und i sags und i sags no amal a
> Dö Kirchweiderer san Schelm und dö Tirlinga a.

Im Achental kann man u. a. hören:

Von dö Grassaua eahnan Habern,
von dö Wößner eahna Blaß,
von dö Feldwieser eahane Zwiefln
werd Dir d'Fotzn so wax.

Bei den Ortschaften Kirchweidach und Tyrlaching handelt
es sich bei den »Schelmen« um wohlhabende Bauernsöhne,
die in der Zeit der Napoleonischen Kriege aus Abenteurer-
lust sich zu einer Bande zusammenschlossen, nachts einzeln
stehende Höfe überfielen und räuberisch ausbeuteten.
Großer Beliebtheit erfreut sich das Aussingen mit Trutz-
oder Tratzgsangln, die den Spott meist in Reimen wieder-
geben:

»Hanger Wind und Hanger Kind und Hanger Pferd
san alle drei koan Schuß Pulva wert.

Oder:

S, c, h, Bibergal,
Deppn gibt's überall,
aber net nach der Wahl
wia z'Reichahall.

Dieses Gsangl bezieht sich auf Reichenhalls ehemalige An-
stalt für Schwachsinnige.
Auf die von den Berchtesgadener Bauern an ihre Leonhardi-
kapelle zu Schellenberg in Viehangelegenheiten geopferten
Hufeisen bezieht sich folgender Reim:

Dö Berchtesgadner muaß ma preisn,
dö freßn 's Rößl bis auf's Eisn,
und 's Eisn hams zum Opfer bracht.

Weil die Samerberger einst auf glöckchenbehangenen Saumpferden das Salz verfrachteten, heißen die Bewohner die »Samerberger Glöckei«. Und weil sie ein armseliges Brot aßen, singt man ihnen:

> Samerglöckei, um an Kreiza Spitzweckei,
> um an Kreiza roggas Brot,
> Samer, liegst vor Hunga tot.

Für diesen Vers rächten sich die Samerberger mit dem Trutzvers:

> Dö Preana stehln uns d'Schafei,
> dö Aschaua dö Böck
> und d'Frasdorfa dö Kalmei
> am Berg obn weg.

Außerdem haben die Samerberger wegen ihres steinigen Bodens und ihrer rauhen Art den Beinamen »dö stoanan Samer«.
Schließlich blieb auch die Weiblichkeit nicht verschont. So stammt folgendes Trutzgsangl von einem, der am Kammerfenster abgeblitzt ist:

> Dö Rohrdorfer Menscha
> san spottisch beim Fensta,
> aba aufsteh toans gern,
> wanns an Gaßlbuam hörn.

Es soll sich niemand unterfangen, einen Burschen nach dem Sinn seines Spitznamens zu befragen. Ich tat es einmal ahnungslos in meinem volkskundlichen Forschungsdrang, als nach dem Traunsteiner Osterritt die Reiter im »Weissen Bräuhaus« saßen. Glücklicherweise war ich aber an einen

Burschen geraten, der in mir sofort den »Stadterer« erkannte. Auf meine Frage, ob es mit folgendem Gsangl seine Richtigkeit habe:

> Dö Feldwieser, dö Zwiefler,
> dö kennt ma's glei o,
> hat a jeda an Stecka
> und Zwieföröhrl dro.

meinte er lächelnd mit einem gleichzeitig mahnenden Augenzwinkern zum Tisch hinüber, wo die Feldwieser saßen: »Sell scho! Laß Di aba mit dem Versl net dawischn, sist werst bloit!« (grün und blau geschlagen). Heute weiß ich, daß die Burschen auf den Zuruf ihres Spitznamens hochgehen, wie die Rösser, so man ihnen Pfefferkörndln unter den Schweif steckt.

Ist so ein Stichwort gefallen, gibt es kein Halten mehr. Ein Pfiff, und die Gegner sind ineinander verknäuelt. Maßkrüge fliegen, breite Pratzen klatschen sich gegenseitig ins Gesicht, Prügel und ausgerissene Zaunlatten klopfen sich auf den Buckeln, und der Wirt läßt mit mächtigem Schwung seinen Ochsenfiesl dreinsausen. Plötzlich haut einer das Lampenlicht von der Weißdecke herunter. Von der Dunkelheit beschirmt, lösen sich die stehenden Messer aus den Hosentaschen und Blut beginnt zu fließen. Während der Wirt Kübel voll Wasser über die am Boden Liegenden schüttet, ist mit einemmal der Blutrausch verflogen. Auf einen Schlag ist der Kampf beendet. Eine Gruppe nach der anderen schleicht sich zur Wirtsstube hinaus in die Nacht. Draußen waschen sich die Verletzten am Pumpbrunnen die blutigen Köpfe. Die ganze Angelegenheit wird in Schweigen begraben. Angezeigt wird nichts, »denn dös is insa Sach, dös geht neamad nix o.«

Raufereien ganz großen Stils freilich, die einen Landfriedensbruch darstellen, können nicht ohne gerichtliches Nachspiel bleiben. So kam es bei einer Hochzeitsfeier am 30. September 1929 im Gasthaus »Zur Wimbachklamm« in der Ramsau bei Berchtesgaden zu einer Wirtshausschlacht, die zwischen den Schönauer und den Ramsauer Burschen durch den Kampfruf: »Ös Ramsaua Deppn!« ausgelöst wurde. In der nachfolgenden Verhandlung des Schwurgerichts bekundeten Zeugen, daß die Ramsauer und die Schönauer schon seit Urväterzeiten einander spinnefeind seien. Einer der Angeklagten erklärte dazu: »Graft is bei ins scho vor hundert Jahrn worn und wieder in hundert Jahrn werds zwischn dö zwoa Ortschaftn no öfters Prügl gebn.«

Die nach einer Rauferei Verurteilten sitzen ihre Strafe, selbst wenn sie auf Zuchthaus lautet, mit der gleichen Selbstverständlichkeit ab, wie andere ihre Militärzeit abdienen. Sie sind in den Augen des Volkes durch die Strafe nicht entehrt, denn das Raufen ist keine Schande. Und wenn das Raufen keine Schande ist, dann kann nach ländlicher Logik die Strafe dafür nicht schänden. Vielmehr ist jeder Vater stolz, wenn seinem Buam keiner Herr wird.

> Und iatzt wer i mir kafa
> an Ring und a Büx,
> der Ring gehört zum Rafa,
> zum Schiaßn dö Büx.
>
> Dö Büx trifft in d'Fern
> in d'Nachat der Ring,
> kemts her, wer a Schneid hat,
> nacha schaugn ma, wer gwint.

Eine Rauferei großen Stils, von der noch lange erzählt wurde, fand gelegentlich des Kirchweihfestes beim kleinen gotischen Kirchlein St. Alban statt. Alljährlich wurde dort zu Kirchweih ein Tanzplatz im Freien ausgesteckt, wo der Wirt von Peterskirchen bis 1840 das Recht hatte, Bier auszuschenken. In diesem Jahr brach eine Rauferei aus, der man nicht Einhalt tun konnte, so daß man gezwungen war, mit den Glocken Sturm zu läuten und dadurch Hilfe herbeizuholen. Etwa gleichzeitig kam es auch beim Peterlwirt zu einer Rauferei, bei der ein Knecht durch einen Schlag auf die Schläfe getötet wurde. Beteiligt sollen die Lampodinger mit ihren Menschern (Mädchen) gewesen sein. Die Weiberleut steckten dabei ihren Geliebten Schlagringe zu, die sie in ihren Kittelsäcken verborgen hatten, und langten außerdem selbst kräftig hin.

Besonders rauflustige Burschen trugen in weiser Voraussicht in ihrem Schiletaschl eine »Schanigglwurzel« bei sich, weil durch Bestreichen mit der angefeuchteten Wurzel die Wunden vernarbten, ohne eine sichtbare Narbe zu hinterlassen.

Die Schlagringe oder »Fotzringe« waren metallene, auch silberne Ringe, die an ihrer Oberfläche Zacken hatten und während des Raufens um die Faust gelegt wurden. Da aber meist im Schutze der Nacht gerauft wurde, konnte man später vor Gericht aussagen, man habe nur mit der Faust zugeschlagen. Daneben bedienten sich rohe Raufer auch des Totschlägers, einer Bleikugel, die am Ende eines biegsamen Stieles eingeriemt war. Ein Schlag mit ihm ging selten glimpflich ab.

Als vor Einführung des gemeinsamen Kirchweihfestes im Oktober die einzelnen Pfarrdörfer noch am Patroziniumstag ihrer Kirche, also am Namenstag ihres Kirchenheiligen ihr Kirchweihfest hatten, wußte man behördlicherseits schon, an welchen Orten die größten Raufer zusammenkamen. So war es Tradition, daß die Burschen von Waibhausen bei Traunstein an ihrem Kirchweihtag, am Sonntag nach Magdalena, rauften. An solchen Tagen hielt die Gendarmerie der umliegenden Ortschaften auf den Tanzböden Razzien. Die Burschen wurden auf stehende Messer, Schlagringe und Totschläger untersucht. Bei der Untersuchung kam aber meist nur ein harmloses Schnupftuch zum Vorschein, das sich hernach in eine gefährliche Waffe verwandelte: Man ging vom Tanzboden auf die Gasse, suchte sich einen kantigen Stein, band ihn in das Schnupftusch und war für das Raufen gerüstet.

> Und dö sakrische Schneid,
> dö lasst mir koa Ruah,
> kunt d'Hälfte voschenka,
> hätt allawei no gnua.

Aber auch die anderen ländlichen Festlichkeiten wurden von den Burschen so gerne besucht, weil sie Gelegenheit boten, sich einander »die Zeitigen herunterzuklauben« oder die blutigen Köpfe der letzten verlorenen Schlacht zu rächen.

Eine gerne genutzte Gelegenheit dazu war früher das »Mit-dem-Kreuz-Gehen«, also der Bittgang in eine bestimmte Wallfahrtskirche. Begegneten sich dabei zwei einem gemeinsamen Ziele zustrebende Wallfahrtszüge aus Ortschaften, die einander nicht »schmecken« konnten, dann maß man sich gegenseitig mit unmißverständlichen Gebärden. Aus den laut gebeteten Vaterunsern flogen Schimpfwörter und Spitznamen hinüber und herüber, und mit den frommen Gebeten glitten unheilige Flüche und stille Racheschwüre über die Lippen. Dies kam besonders dann vor, wenn den Grassauer »Habernspitz« zum Empfang am Wallfahrtsort Haber gestreut worden war oder wenn den Überseer »Taschenramern« mitten auf die Straße ein Pfennig gelegt wurde. In solchen Fällen wurde gleich nach dem Bittamt an einem geeigneten Platz gerauft. Es war stets ein eifervoller Kampf um die Dorfehre, bei dem Fahnenstangen und Dickschädel aufeinanderkrachten. Kreuz- und Zunftstangen platschten samt Herrgott und Schutzheiligen auf die Streitenden nieder, bis alles kurz und klein geschlagen war und nicht selten Schwerverletzte oder gar Tote auf dem Platze blieben. Bekannt ist die »Schlacht von Maria Eck«, die sich im Jahre 1806 bei einem Kreuzgang die Pfannhäusler, die Salinenarbeiter von Traunstein, mit den Grabenstättern lieferten.

Kreuzleute sind stolz auf ihre Wallfahrt und halten streng darauf, daß ihnen in der Wallfahrtskirche die Ehre zuteil wird, die ihnen je nach der Anlage von Gottesdienstgebühren zusteht. Als einmal, wie alle Jahre, die Höslwanger mit dem Kreuz in unsere Kirche St. Salvator kamen, hatten unsere Mutter das Amt zu spielen und ich die Messe zu singen. Weil der Orgelaufzieher nicht gekommen war, sollte ich an der Chorstiege einen Burschen bitten, uns die Orgel aufzuziehen. Aber da kam ich schön an. »Na na«, erwiderte er mir, »mir san Kreizleit, mir zahln ma dös Amt selwa, da ziagn mir koa Orgl net auf«.

Der zuerst angekommenen Bittfahrergemeinde stand die Ehre des ersten Gottesdienstes zu. Hatte sie ihren eigenen »Herrn«, also ihren Pfarrherrn bei sich, dann besaß nach Meinung der Wallfahrer nur dieser die Kraft, den von ihnen erbetenen Segen mit Erfolg vom Himmel herabzurufen. Wehe, wenn sich die Pfarrherrn verschiedener am selben Tag eintreffender Gruppen in der ihnen zustehenden Gottesdienststunde irren würden!

Harrte da einmal bei uns in St. Florian ein Wallfahrerzug andächtig im Kirchlein auf sein Bittamt und streckten sich die Hälse der Gläubigen aufgeregt, als ein fremder Priester die heilige Handlung beginnen wollte. »Dös is a fremda Herr!« hob das Tuscheln an. Die Unruhe wuchs, bis endlich einer der Bittgänger sich breitspurig in die Mitte des Kirchenraumes stellte und seinen Leuten zurief: »Manda,

Weiba, Kinda, gehts außa aus da Kirch, dös is insa Pfarra net!« Alle in den Bänken machten kehrt und verließen die Kirche, um draußen zu warten, bis ihr Pfarrherr zum Meßopfer aus der Sakristei geschritten kam.

Es geht um die Schneid

Vorn aufi drei Federn,
hint aufi koa,
den Buam möcht i kenna,
der mir's oba kunt toa.

Neben der Verteidigung der Dorfehre wird auch um die eigene, die persönliche Ehre gerauft, um die Schneid, symbolisiert durch die Feder auf dem Hut, die zu einem richtigen Burschen gehört wie die Hose zum Mannsbild.

Und 's Deandl hat gsagt,
was bist Du für oana,
balst koa Schneid net hast,
is mir liaba koana.

Die Schneid ist das Zeichen der Manneskraft und der Mannesehre.

Koa Feder am Huat,
der Bua is net guat,

ist ein »Laddirl« oder eine »Lefeign«, ein Schwächling im Leben wie im Lieben. Auch der, der seine Feder nicht zu schützen und zu verteidigen vermag, gilt nichts. Die Feder am Hut ist ein Hoheitszeichen. Kränkung durch Herabreißen oder Abschneiden durch einen anderen wiegt so schwer wie Beschimpfung der Fahne.

Die Vorbereitungen zum Kampf um die Feder des anderen werden in aller Öffentlichkeit, meist im Wirtshaus getroffen: »Was kost Dei Federl?« heißt eine der Herausforderungen, »Muaß i's Dir obatoa, Dei Federl?« eine andere. Es können aber auch Vorpostengefechte einen kommenden Kampf um die Schneid einleiten. Gutmütig oder boshaft wird über die Feder eines anderen gestichelt.

Um 1900 noch konnte man auf dem Hut der ledigen Burschen statt einer Feder einen roten Eichkatzlschwanz als Schneid sehen. Da dieses Tier mit Vorliebe in Donars heiligem Baum, in der Eiche, welche die Verkörperung der Kraft bedeutet, Aufenthalt nimmt, galt auch der Eichkatzlschweif als Zeichen der Kraft. Manche Rauferei wurde eingeleitet durch den Götz-von-Berlichingen-Ruf: »Brauchst net auf'n Kirta kema, konnst mi oachkatzln!«

Gerauft wird nicht zuletzt auch um das Dirndl, das zum Federl gehört wie zum Baum die Blüte. Gegen einen Eindringling stehen die Burschen des Dorfes zusammen. Mit schweren Scheitern bewaffnet erscheinen sie am Tatort, also am Kammerfenster des betreffenden Mädchens, um den ungebetenen Kostgänger »hoamzuscheiteln«:

Draußdahoi Garching
is a greana Boschn,
wann a fremda Bua reigeht,
werd er außi droschn.

Besonders rauflustige Buam setzen gerne ihren Hut verkehrt auf, daß das Federl wie ein »Hakl« nach vorne steht und daß ein jeder gleich weiß, mit wem er es zu tun hat. Aufschneiderische Buam, das sind Prahler, die auf dem Tanzboden ein Markstückl nach dem anderen den Musikanten in die Trompete werfen zum Aufspielen eines »Extrigen«, so daß sie den anderen ständig an der Nase vorbeitanzen, solchen Prahlburschen wird mit dem eingeweichten hagelbuchenen Stekken heimgeleuchtet.

Die Gefahr des stehenden Messers als Stichwaffe in der Hand des Volkes war schon früh erkannt worden. In einem Landfrieden erließ Kaiser Rudolph von Habsburg speziell für bayerische Gebiete ein Verbot, stehende Messer zu tragen: »swer Stechmesser in den hosen trait, dem sul man die hand abslahen«.

> Und a wuida Bua bin i,
> bei de Leutl veracht,
> und iatzt bin i's scho gwohnt,
> daß's mir gar nix mehr macht.

© 1977. Das Buch erscheint in der Reihe »Rosenheimer Raritäten« im Rosenheimer Verlagshaus Alfred Förg, Rosenheim. Gedruckt wurde es in der Buchdruckerei Georg Wagner, Nördlingen, und gebunden in der Verlagsbuchbinderei Hans Klotz, Augsburg. Den Schutzumschlag gestaltete Ulrich Eichberger unter Verwendung eines Gemäldes von Max Josef Wagenbauer, »Landschaft mit Jahrmarkt«, das sich im Besitz der Bayerischen Staatsgemäldesammlung, München befindet. Die Illustrationen stammen aus einem Privatbesitz im Chiemgau. Der Stich auf dem Vorsatzpapier wurde angefertigt nach einer Zeichnung von Friedrich Doppelmayr und stellt den Blick auf den Chiemsee von Rimsting aus dar.
ISBN 3-475-52199-7